吴晗经典
作品集

吴晗 著

吴晗论明史 上

民主与建设出版社
·北京·

© 民主与建设出版社，2021

图书在版编目（CIP）数据

吴晗经典作品集/吴晗著. —北京：民主与建设出版社，2020.11
ISBN 978-7-5139-3288-2

Ⅰ.①吴… Ⅱ.①吴… Ⅲ.①中国历史–明代–文集 Ⅳ.① K248.07-53

中国版本图书馆 CIP 数据核字（2020）第 211762 号

吴晗经典作品集
WUHAN JINGDIAN ZUOPINJI

著　　者	吴　晗
责任编辑	刘树民
封面设计	煊坤博文
出版发行	民主与建设出版社有限责任公司
电　　话	（010）59417747　59419778
社　　址	北京市海淀区西三环中路 10 号望海楼 E 座 7 层
邮　　编	100142
印　　刷	三河市华晨印务有限公司
版　　次	2021 年 2 月第 1 版
印　　次	2021 年 2 月第 1 次印刷
开　　本	690mm×960mm　1/16
印　　张	80.5
字　　数	1072 千字
书　　号	ISBN 978-7-5139-3288-2
定　　价	198.00 元（全五册）

注：如有印、装质量问题，请与出版社联系。

前言

吴晗,原名吴春晗,字辰伯,出生于1909年,是浙江义乌吴店苦竹塘村人。吴晗的父亲吴瑸珏是清末的秀才,也曾在新式学堂里上过几年学,毕业后当过公务员。吴晗的母亲蒋山荫出身贫农家庭,没有上过学,不识字。

吴晗的父母亲对待孩子十分严厉,加上吴晗又是家中四个孩子中的老大,要起带头作用,因此父母经常采用打骂的方式管教吴晗,这导致他在青少年时期与父母,尤其是父亲的关系比较紧张。也许是出于这个原因,吴晗上中学的时候是个名副其实的"坏学生",拿他自己的话说:"同班年岁大的学生教我吸烟、打麻将,被学校发现了,记了很多次过。"不过吴晗自有别人不及之处——他从小就非常喜欢读书,尤其爱读历史著作,加上他天资聪慧,记忆力也非常好,让他的国文和历史成绩非常优秀,因此"才没有被开除"。

中学毕业后,吴家家境不复往日的殷实,无力承担他继续深造的费用,他只好在家乡谋得一份小学教员的工作来糊口。不过是金子总会发光,沉寂不久,他便通过自己的努力以及朋友的帮助,先后得到胡适、顾颉刚等学者的赏识,最终来到清华大学学习历史,专攻明史,他的治学之路也就此展开。

天才加上勤奋,使吴晗的治学之路走得很顺畅,他最终成为著名的历史学家,尤其在明史研究方面取得了丰硕的成果,是中国近现代明史研究的开拓者和奠基者之一。早在求学期间,他便发表了令当时史学界颇为青睐的《胡应麟年谱》《胡惟庸党案考》《〈金瓶梅〉的著作时代及其社会背景》《明代之农民》等著述。而倾尽他几十年心血、数易其稿的《朱元璋传》更是研究明史的专家、学者，乃至历史爱好者必读的著作，这本书更是与梁启超的《李鸿章传》、林语堂的《苏东坡传》和朱东润的《张居正大传》一起，被称为20世纪华语世界传记文学的四大巅峰之作。

除了在历史研究的本职工作上取得了辉煌的成就之外，吴晗在杂文的写作上也成绩斐然。吴晗的杂文语言博雅，文字质朴，题材广泛，有的直指时弊，有的授人以渔，还有的谈古论今……这其中的多数作品虽是针砭彼时之弊端，就当时之事而论，但今天读来仍能读出一位大学问家那至真至纯、忧国恤民的胸怀。

斯人已逝，在缅怀故去之人的同时，我们还可以继承和发扬他的精神，学习他的智慧。为此，我们选取吴晗先生最具代表性的历史著述和杂文，汇集成《吴晗经典作品集》，读者若能以此窥得吴晗先生学问及精神之一隅，便是对吴晗先生最大的怀念。

目录

元帝国之崩溃与明之建国 _ 001

明代靖难之役与国都北迁 _ 056

明初统治阶级内部的斗争 _ 075

明初卫所制度之崩溃 _ 084

明初社会生产力的发展 _ 094

明代的军兵 _ 128

明初的学校 _ 176

明代之农民 _ 199

明代汉族之发展 _ 226

明代之粮长及其他 _ 233

元帝国之崩溃与明之建国

一

十四世纪中叶勃发的民族革命，经过了二十年（1348至1368）的长期战争，方才告一结束。战争所波及的地带，北至和林，东至高丽，南至两广，西至陕甘，无一地不受蹂躏。战争的主角，最初是被统治的南人、汉人向统治者的蒙古、色目人进攻，夺取当地的政权形成群雄割据的局面。后来这些割据者的向外发展，引起各个利益的冲突，陷于混乱的互相残杀的吞并战中，同时对方的统治阶级也发生内部的政变，也同样地互相吞并，发生内战。这样，一方面是统治者和被统治者不断地在苦战，一方面统治者因内部分化而发生内战，被统治者也因个别发展而互相吞并，结果，双方的实力俱因内战外战而减削，许多有势力的领袖都自然地被淘汰，被吞并，形成一个混乱的分裂的局面。最后，统治者因内讧而失去抵抗的能力，被统治者的无数集团则为一后起的有力的革命领袖所吞并，一蹴而将盘踞中原百余年的蒙古族逐出塞外，建立了一个统一的汉族自治的大帝国。这一次大混战的发动，动机是民众不堪经济的政治的压迫而要求政权的让与，最后才一转而喊出民族革命的口号。在革命开始时，外表上蒙着极浓厚的宗教的迷信的罩袍，绝大多数的革命领袖和群众都是白莲教和弥勒教的信徒，举行着种种仪式，宣传弥勒下世救民疾苦的口号。一方面又假托是宋的后人，把这次革命解释为宋的复国运动。一直到朱元璋出来，他本人及其军队虽然曾隶属于上述的团体，可是一到了能独立行动的时候，他便决然地舍弃这双重的矛盾的策略——肤浅的欺骗的神话宣传和已经失去时效的冒牌的复宋掩护旗帜，更进一步赤裸裸地提出这一次革命的目标是民族的解放,汉族应由汉人治理。这一鲜明的转变,更掀起了过去百多年被剥削被压迫的民族仇恨,得到知识分子和一般民众的深切同情,地主们也因利益的保全而加入合作,十年中便完成了他们的使命,把整个汉族从蒙古人铁蹄之下解放出来。可是从另一方面看,二十年混战的结果虽然完成了民族革命的伟业,而在实质上,分析双方所含的因子,官吏地主商人完全拥护旧势力,和蒙古皇室及贵族站在同一战线。在反面,革命的领袖及其群众却完全是另一阶级,贫农、佃户、流民,组成了以推翻统治者为共同目标的革命势力。阶级意识的潜伏性划分了双方的群众,农民和地主冲突的尖锐化发动了这一次战争。统治者是代表地主利益的,革命集团所代表的却是农民的利益,所以在表面上,尽管是揭出政治的民族的解放口号,而在实质上,却完全是农民和地主的斗争。到后期民族意识的自觉,使革命集团的口号从政治经济的被压迫,转而侧重于民族地位的歧视方面去,因此,民族革命虽然完全成功,这一群领导者却已忘记了当初起事时的动机和目标,外族的压迫虽已解除,同族同种间的畸形的经济社会组织,却并未因之而有所改变。并且,这一群成功的领袖,都因他们的劳绩从下层爬到最上层,从平民变成新贵族,从农民变成大地主,代替他们所打倒的蒙古、色目人的贵族地主的地位,以暴易暴,农民所受的剥削,日积月累,愈来愈厉害,统治者的榨取技术,经过长期的训练,却愈来愈高明。这一口号的转变,虽然在当时是革命成功的主要手段,可是,同时也因为这转变,忽略了革命之所以发生的背景和最初所指出的社会病态,不能对最切要的土地问题加以彻底的解决,这是一个严重的失败。

二

蒙古人在中国失去政权,被逐回到蒙古去,与其说是被汉族用武力所推翻,不如说是元帝国的自然崩溃。

元代的社会组织，是畸形的，不健全的。在文化方面，蒙古族比汉族落后，在人口方面，蒙古族和汉族的比例正如苍鹰之和大鹏同笼，他们单凭了武力的优越来控制一切。皇室、贵族、僧侣、官吏、商人、地主所组成的统治阶级，和用以维持政权的巨额军队，一切的费用均由被征服的汉、南人负担。汉、南人的生命财产由统治者任意处分，在政治上享受差别待遇，在同为被征服者的色目人之下。汉、南人的一部分被强迫作奴隶，世世子孙都为政府及其主人服役。统治阶级一方面是大地主，拥有全国最大部分的土地，汉、南人除一小部分例外，都被逼失去土地降为贫农及佃户。国内最大的商业经营都被操纵在回鹘人手中，他们更替蒙古贵族经营惊人的高利贷，挤取汉、南人的血汗。一方面下令没收军器马匹，不许集党结合，各地遍驻戍军，武装弹压，用以防止汉、南人的叛乱。[①]

可是，正因为对于汉、南人钳制之过分精密，一方面不待说深深种下民族间被歧视的仇恨，一方面则统治者因之松懈了警备征服地的情绪，耽溺于生活服用之享受，放恣任性的政治行为，替自己掘下待终的坟墓。

元世祖（1260至1294）继承先人未竟的遗志，继续用武力统一中国，是一个雄才大略励精图治的英主。元代的一切规模都由他开始奠定。他在位的几十年中是元代的极盛时代，同时也由他的登极而种下帝国崩溃和覆亡的因素。

按蒙古族的习惯，合罕（即皇帝）的产生须由库利尔台（Khuriltai）选举。库利尔台在蒙古语中为聚会之义，凡国家有重大事件，须召集贵族大臣开库利尔台决定之。除选举合罕外，凡出征外国，颁布法令均有召集库利尔台之举。据可信记载，蒙古族自俺巴孩合罕（Ambakhai）以来即用选举制度。前合罕对其后继者有指名之惯例，但无左右库利尔台之权力，合罕之位，不但非父子世袭，即前合罕发表其所希望之后继者时，亦不必

―――――――――――

① 详见《社会科学》第一卷第三期拙著《元代之社会》一文。

由己子中选之，而有由其他皇族选之者。1189年帖木真（Temudjin）由库利尔台选举为蒙古合罕，始称成吉思合罕（Chingis Khaghan）。1206年以统一北方民族之故，由敖嫩河源地所开之库利尔台，更上同样尊号，举行第二次即位礼。成吉思合罕生前，指定第三子斡哥歹（Ogede）为后继者。成吉思合罕崩后，1229年秋于怯绿连河曲雕阿拉（即Kerülen河之Kodeghü-aral，Kodeghü为荒野草原之意，aral为岛之意）召开库利尔台，推戴斡哥歹为合罕。斡哥歹合罕（即太宗）初指定其子曲出（Guchu）为后继者，曲出死，更指定曲出之子失烈门（Shiramun）。但斡哥歹合罕死后，皇后朵咧格捏（Döregene）称制，召开库利尔台，不依指定改选己子贵由（Kuyuk即定宗）为合罕。不为皇族中最有势力之拔都大王（Batu）所赞同。定宗崩，拔都以与太宗后人不合之故，拥立成吉思合罕第四子拖雷（Tului）之子蒙哥（Müngge），虽经成吉思合罕长子察阿歹（Changhadai）系及太宗后人之反对，卒召开库利尔台立为合罕，是为宪宗。即位后对反对派大加屠杀，由此察阿歹汗国及斡哥歹汗国始不附。宪宗崩，末弟阿里不哥（Arigu Bukha）居守和林，中弟忽必烈（Khubilai）帅师征宋，回军在开平开库利尔台，即蒙古合罕之位。阿里不哥亦于漠北开库利尔台自立，内乱以起。宪宗诸子及察阿歹系诸王均附阿里不哥，太宗孙合失大王子海都（Khaitu）亦起兵助之。阿里不哥虽于至元元年（1264）势蹙来降，但海都仍拥兵与察阿歹后王笃哇联合抗中央。至元二十四年诸王乃颜叛于辽东，诸王哈丹等应之。由此钦察汗国、斡哥歹汗国、察阿歹汗国联为一系以与中央作战，数十年中兵祸相仍，蒙古大帝国在事实上完全瓦解，忽必烈合罕（世祖）及其子孙所领有的只是东方一部分的土地而已。①

世祖即位以后，库利尔台的形式虽然保存，但在实质上则已完全废

---

① 箭内亘：《蒙古库利尔台之研究》；《元史纪事本末》卷二，《北边诸王之乱》；赵翼：《廿二史劄记》卷二九，《元代叛王》。

弃，改选举制为世袭，采用汉人制度预立太子。至元十年二月立嫡长子真金（Chinkin）为皇太子，在册命中指明过去的内乱的原因是库利尔台制度的失败，他说：

> 仰惟太祖皇帝遗训，嫡子中有克嗣服继统者，预选定之，是用立太宗英文皇帝，以绍隆丕构。自时厥后，为不显立冢嫡，遂启争端。①

制度虽然改变，但贵族大臣的势力仍足以左右帝室，成宗以后诸帝全由大臣拥立，再照例由库利尔台通过。世祖太子真金早薨，未及即位。真金子成宗（铁穆耳）方抚军北边，玉昔帖木儿拥之即位。成宗崩，丞相哈剌哈孙拥真金孙武宗、仁宗相继御极。仁宗立英宗为皇太子，英宗后为铁失所弑，拥立世祖长孙晋王甘麻剌子也孙铁木儿为泰定帝。泰定帝崩于上都，丞相倒剌沙立其皇太子阿速吉八为皇帝，枢密使燕铁木儿则立武宗子文宗，力战破上都军。文宗后让位其兄明宗，燕铁木儿弑明宗，仍立文宗。后文宗、宁宗相继崩，皇后卜答失里已遣人迎明宗长子妥懽帖木儿入京欲付以位，而燕铁木儿不愿，遂不得立，燕铁木儿死，顺帝始立。②政变内乱，相继不已，帝位的继承全由权臣操纵，引起帝国的分裂和统治权之动摇，这是元室崩溃的第一步。

世祖自平宋后，即从事于海外之征服。至元十九年（1282）命阿塔海、范文虎、忻都、洪茶邱等率兵十万出海征日本，遇飓风破舟，丧师而还。帝大怒，欲再征日本，遣王积翁往招谕，为舟人杀于途，始终不得要领乃止。又兴安南之役，占城之役，缅国之役，爪哇之役。安南凡三征（1284至1294），最后师还，几为所邀截，从间道始得归。缅国凡两征（1282至1287），亦丧师七千，仅取其成。征占城（1282至1284）时舟为风涛所碎者十之七八，深入为所截，力战始得归。征爪哇（1292）亦不得要

---

① 《元史》卷一一五，《裕宗传》。
② 《廿二史劄记》卷二九，《元诸帝多由大臣拥立》；《元史纪事本末》卷一九至二二。

领。统计数十年中，无岁不用兵。用兵的军费无从设法，就从百姓头上打主意，任用擅于剥削的商人作财政官。中统三年即以财赋之任委阿合马，兴铁冶，增盐税，小有成效，拜中书平章政事。又立制国用使司，以阿合马领使事。已复罢制国用使司，立尚书省，以阿合马平章尚书省事，奏括天下户口，下至药材榷茶，亦纤屑不遗，其所设施，专以掊克敛财为事。逋赋不蠲，征敛愈急，天下之人无不思食其肉。阿合马死，又用卢世荣，亦以增多岁入为能，盐铁榷酤商税田课凡可以罔利者益利搜括。世荣诛死后，又用桑哥，再立尚书省，改行中书省为行尚书省，六部为尚书六部，以丞相领尚书兼统制使，奏遣忻都、阿散等十二人理算六省钱谷，以刑爵为贩卖，天下骚然，自至元二十四年至二十八年始伏诛。世祖在位的三十几年中，几和这三位财政家相终始。①政治腐败，民穷财尽的情形，恰和这时期用兵海外的成绩相映照。因黩武用兵而极力搜括民财，任用以理财见长的官吏，造成一种贪污刻薄的吏治空气，这是元室崩溃的第二步。

除用兵外，对于诸王和僧侣的负担，也是促进元室崩溃的一个主要因素。上文曾说过合罕之举出须经库利尔台的同意；而库利尔台之最主要人物即为帝室同族的诸王及贵族勋臣。诸王贵族例有岁赐，如察阿歹大王位岁赐银一百锭（锭五十两），缎三百匹，绵六百二十五斤，常课金六锭六两。斡真那颜位岁赐银一百锭，绢五千九十八匹，绵五千九十八斤，缎三百匹，诸物折中统钞一百二十锭，羊皮五百张，金一十六锭四十五两。又有岁例外之赐与，如中统四年赐公主巴古银五万两。至元二年赐诸王只必帖木儿银二万五千两，钞千锭。四年赐诸王玉龙答失银五千两，币三百匹，岁以为常。其非时之赐予，如武宗以金二千七百五十两，银十二万九千二百两，钞万锭，币帛二万二千二百八十匹奉兴圣宫，赐皇

---

① 《廿二史劄记》卷三〇，《元世祖嗜利黩武》；《元史纪事本末》卷七，《阿合马卢桑之奸》；《元史》卷二〇五，《奸臣传》。

太子（弟仁宗）亦如之。又有朝会之赐与，元贞二年（1296）定太祖位下金千两，银七万五千两，世祖位下金各五百两，银二万五千两，余各有差。成吉思合罕的宗族后人遍布欧亚，这几笔开支的数目是无法计算的。单就库利尔台会后赐与一项算，如武宗至大元年（1308）中书省臣言朝会应赐者为钞总三百五十万锭，已给者百七十万，未给者犹百八十余万，两都所储已罄。至大四年仁宗即位时的赐与总数是金三万九千六百五十两，银百八十四万九千五十两，钞二十二万三千二百七十九锭，币帛四十七万二千四百八十八匹。①这一年的额外赏赐是钞三百余万锭。②僧侣的费用也占国家支出之大部，赵翼记：

> 古来佛事之盛，未有如元朝者。邵戒三谓元起朔方，本尚佛教，及得西域，世祖欲因其俗以柔其人，乃即其地设官分职尽领之帝师，初立宣政院，正使而下，必以僧为副，帅臣而下亦必僧俗并用。于是帝师授玉印，国师授金印，其宣命所至，与朝廷诏敕并行，自西土延及中夏，务屈法以顺其意，延及数世，寝以成俗，而益至于积重而不可挽……此体制之僭，虽亲王太子不及……仗卫之侈，虽郊坛卤簿不过……土木之费，虽离宫别馆不过……供养之费，虽官俸兵饷不及……财产之富，虽藩王国戚不及……威势之横，虽强藩悍相不过。③

并且时代愈后，僧侣势力愈大，费用也愈多。至大三年（1310）张养浩上疏言僧侣之病国云：

> 古者十农夫而闲民或一，今也十闲民而农夫仅一焉。欲民无饥寒之虞邈矣。夫富民之道，固不必家赐户赏，塞其蠹财害民之源而已……今释老二氏之徒，畜妻育子，饮醇啖腴，萃浦逃游惰之民，为暖食饱衣之计，使吾民日羸月瘠，曾不得糠秕蓝缕以实腹盖体焉。今

---

① 《新元史》卷七八，《食货志》，《赐赉》下。
② 《元史》卷二四，《仁宗纪》。
③ 《陔余丛考》卷一八，《元时崇奉释教之滥》。

日诵藏经，明日排好事，今年造某殿，明年构某宫，凡天下人迹所到，精蓝胜观，栋宇相望，使吾民穴居露处，曾不得茎茅撮土以覆顶托足焉……谬论生死，簧鼓流俗，聚徒结党，使人施五谷以为之食，奉丝麻以为之衣，纳子弟以为之童仆，构木石以为庐室，而人见其不蚕不稼，不赋不征，声色自如，而又为世所钦，为国家所重，则莫不望风奔效，髡首从游，所以奸民日繁，实本于此……臣尝略会国家经费三分为率，僧居二焉。以之犒军则卒有余粮，以之振民则民有余粟，以之裕国则国有余资。①

僧侣的耗费竟占国家经费的三分之二。试以具体的事实作证，以内廷佛事一项而论，至元中内廷佛事之目每岁仅百有二，大德七年（1303）再立功德司，其目增至五百有余。十年中增至五倍。以内廷佛事的费用一项而论，据延祐四年（1317）宣徽院会计，岁供以斤计者：面四十三万九千五百，油七万九千，酥二万一千八百七十，蜜二万七千三百，他物称是。延祐五年前各寺作佛事，日用羊至万头。②元代的国家财政岁出岁入，据至大四年（1311）的报告，每岁支出钞六百余万锭，土木营缮百余处计钞数百万锭，北边军需又六七百万锭，又加上内降旨赏赐三百余万锭，总计约须二千万锭。岁入常赋则仅钞四百万锭，入京师者又只二百八十万锭。而且同年十一月份国库所存止十一万锭③，岁出竟超过岁入十分之八。弥补的办法一面饮鸩止渴，豫卖盐引，动支钞本，例如至大元年的办法：

二月……乙未，中书省臣言：陛下登极以来，锡赏诸王，恤军力，赈百姓，及殊恩泛赐，帑藏空竭，豫卖盐引。今和林、甘肃、大同、隆兴、两都军粮，诸所营缮，及一切供亿，合用钞八百二十余万

---

① 《归田类稿》卷二，《时政书》。
② 《陔余丛考》卷一九，《元时崇奉释教之滥》。
③ 《元史》卷二四，《仁宗纪》；《新元史》卷六八，《食货志序》。

锭。往者或遇匮急，奏支钞本。臣等固知钞法非轻，曷敢轻动，然计无所出。今乞权支钞本七百一十余万锭，以周急用，不急之费姑后之。①

结果是阻滞盐法和钞法，扰乱金融，国家和人民都受其弊。另一办法是加税，延祐元年（1314）的课额已比国初时增五十倍。②中叶以后，课税较世祖时代亦增二十余倍，即包银之赋亦增至二十余倍。③可是国家财政仍不免入不敷出，陷于破产的地位，《元史·陈思谦传》记：

> 至顺二年（1331）九月上言：户部赐田，诸怯薛支请，海青狮豹肉食，及局院工粮，好事布施，一切泛支，以至元三十年以前较之，动增数十倍。至顺经费，缺二百三十九万余锭。④

柯劭忞论元代财政，以为"夫承平无事之日，而出入之悬绝若此，若饥馑荐臻，盗贼猝发，何以应之。是故元之亡，亡于饥馑盗贼。盖民穷财尽，公私困竭，未有不危且乱者也"⑤。是说得很中肯的。

三

元代中叶的政治情形，武宗至大三年（1310）有一概括的报告。在这文件中已经很感慨地说一代不如一代，世祖时代的搜括政治，已成为后人咏叹的资料了。这文件的开头就说：

> 近年以来，稽厥庙谟，无一不与世祖皇帝时异者……世祖皇帝时官外者有田，今乃假禄米以夺之。世祖皇帝时江南无质子，今乃入泉谷以诱之。世祖皇帝时用人必循格，今则破宪法以爵之。世祖皇帝时

---

① 《元史》卷二二，《武宗纪》。
② 《元史》卷二〇五，《铁木迭儿传》。
③ 《新元史》卷六八，《食货志序》。
④ 《元史》卷一八四，《陈思谦传》。
⑤ 《新元史》卷六八，《食货志序》。

守令三载一迁，今则限九年以因之。世祖皇帝时楮币有常数，今则随所费以造之。世祖皇帝时省台各异选，今则侵其官而代之。世祖皇帝时墨敕在所禁，今则开幸门以纳之。世祖皇帝时课额未常添，今则设苛禁以括之。世祖皇帝时言事者无罪，今则务锻炼以杀之。

以下列举当时政治腐败的情形，最值得注意的几点，第一是名爵太轻：

故于左右之人，往往爵之太高，禄之太重，微至优伶屠沽僧道，有授左丞平章参政者。其他因修造而进秩，以技艺而得官曰国公，曰司徒，曰丞相者相望于朝。自有国以来，名器之轻，无甚今日……今朝廷诸大臣不知有何勋何戚，无一不阶开府仪同三司者。①

左右近侍因之恃恩斁法，紊乱官政，《元史》记：

至大二年正月乙巳，塔思不花、乞台普济言：诸人恃恩径奏，玺书不由中书，直下翰林院给与者，今核其数，自大德六年至至大元年所出，凡六千三百余道，皆于田土、户口、金银铁冶、增余课程、进贡奇货、钱谷、选法、词讼、造作等事，害及于民。②

更互相援引，以中旨授官，破坏铨法：

时承平日久，风俗奢靡，车服僭拟，上下无章，近臣恃恩，求请无厌。时宰不为裁制，乃更相汲引，望幸恩赐，耗竭公储，以为私惠。③

英宗时近臣传旨以姓名赴中书铨注者六七百员，选曹为之壅滞。④此种由嬖幸得官之内外官吏，其对于平民及政府之恶影响，当可想见。第二是贵族擅政：

今国家为制宽大，所以诸王家室皆有生杀人进退人之权……天下淫僧邪巫庸医谬卜游食末作及因事亡命无赖之徒，往往依庇诸侯王

---

① 《归田类稿》卷二，《时政书》。
② 《元史》卷二三，《武宗纪》。
③ 《元史》卷一七五，《李孟传》。
④ 《元史》卷一三六，《拜住传》。

驸马，为其腹心羽翼。无位者以之而求进，有罪者以之而祈免。出则假其势以凌人，更因其众而结党。入则离间宗戚，造构事端，啖以甘言，中以诡计，中材以下鲜不为其所惑。①

第三是刑禁太疏，纪纲破坏。僧侣和嬖幸的恣肆，使法律成为具文，如秃鲁麻：

> 西僧为佛事，请释罪人祈福，谓之秃鲁麻。豪民犯法者皆贿赂之以求免。有杀主杀夫者，西僧请被以帝后御服，乘黄犊出宫门释之，云可得福。不忽木曰：人伦者，王政之本，风化之基，岂可容其乱法如是。帝责丞相曰：朕戒汝无使不忽木知，今闻其言，朕甚愧之。使人谓不忽木曰：卿且休矣，朕今从卿言。然自是以为故事。②

如大赦之频数，张养浩说：

> 近年臣有赃败，多以左右贿赂而免。民有贼杀，多以好事赦宥而原。加以三年之中未尝一岁无赦，杀人者固已幸矣，其无辜而死者冤孰伸耶？……臣尝官县，见诏赦之后，罪囚之出，大或仇害事主，小或攘夺编氓，有朝蒙恩而夕被执，旦出禁而暮杀人，数四发之，未尝一正厥罪者。又有始焉鼠偷，终成狼虎之噬者。问之则曰赦令之频故耳。意者以为先犯幸而不死，今犯则前日应死之罪，两御人货而止坐一罪，于我已多，况今犯未必死，我因而远引虚攀，根连株逮，故蔓其狱，未及期岁，又复宥之。岂人性固恶，防范不能制哉！诚以在上者开其为盗之涂故也。③

奖励官吏及人民之犯罪。政事浊乱如此，在荒旱交逼的时候，统治者犹自大兴土木，极宫室犬马之娱：

> 累年山东河南诸郡蝗旱洊臻，沴疫暴作，郊关之外，十室九空。

---

① 《归田类稿》卷二，《时政书》。
② 《元史》卷一三〇，《不忽木传》。
③ 《归田类稿》卷二，《时政书》。

民之扶老携幼，累累焉鹄形菜色，就食他所者络绎道路。其他父子兄弟夫妇至相与鬻为食者在在皆是……今闻创城中都崇建南寺，外则有五台增修之扰，内则有养老官展造之劳，括匠调军，旁午州郡，或度辽伐木，或济江取材，或陶甓攻石，督责百出。蒙犯毒瘴，崩沦压溺而死者无日无之。粮不实腹，衣不覆体，万目睊睊，无所控告，以致道上物故者在所不免。①

在另一方面，基于种族的成见，内外官之长必以蒙古人为之，以汉人、南人为贰，色目人则与汉、南人处于互相钳制的地位。②南北的区分，种族的畛域，分别极严，歧视极甚，使当时人极感愤恨，叶子奇说：

元朝自混一以来，大抵皆内北国而外中国，内北人而外南人，以至深闭固拒，曲为防护，自以为得亲疏之道。是以王泽之施，少及于南，渗漉之恩，悉归于北。③

蒙古、色目人不谙中国情势，不习政治，甚至不识中国文字：

国朝故事以蒙古、色目不谙政事，必以汉人佐之，官府色目居长，次设判署正官，谓其识治体练时务也。近年以来，正官多不识字。④

叶子奇记：

北人不识字，使之为长官。或缺正官，要题判署事，及写日子，七字钩不从右亐转而从左亍转，见者为笑。⑤

其唯一的使命即为牵制汉官，事事掣肘：

国朝之制，州府司县各置监临官谓之达鲁花赤，州府官往往不能

---

① 《归田类稿》卷二，《时政书》。
② 箭内亘：《蒙汉色目待遇考》；吴晗：《元代之社会》。
③ 《草木子》卷三，《克谨篇》。
④ 李翀：《日闻录》卷一。
⑤ 《草木子》卷四，《杂俎篇》。

相下。①

蒙古官之作威肆恶，固不待说，即和蒙古官有关系之汉官亦倚以肆虐，此种关系，当时称为蒙古根脚：

> 新昌州有人命狱，府委公（刘基）覆检，案核得其故杀状。初检官得罢职罪。其家众倚蒙古根脚欲害公以复仇。②

色目官吏则更豪横，殴詈汉官，一无忌惮，如宋濂所记邵武路长官事：

> 郡长官乃西域人，恃与宪部有连，其猛若虎，与守议稍不合，遽引杖击之，守俯首遁去。③

上下相蒙，惟以贪污相尚，卖官鬻爵，贿赂公行：

> 元初法度犹明，尚有所惮，未至于泛滥。自秦王伯颜专政，台宪官皆谐价而得，往往至数千缗。及其分巡，竟以事势相渔猎而偿其直，如唐债帅之比。于是有司承风，上下贿赂，公行如市，荡然无复纪纲矣。肃政廉访司官，所至州县各带库子，检钞秤银，殆同市道矣。④

各项勒索及贿赂均有名色：

> 元朝末年，官贪吏污，始因蒙古、色目人罔然不知廉耻之为何物。其问人讨钱，各有名目，所属始参曰拜见钱，无事白要曰撒花钱，逢节曰追节钱，生辰曰生日钱，管事而索曰常例钱，送迎曰人情钱，勾追曰赍发钱，论诉曰公事钱。觅得钱多曰得手，除得州美曰好地分，补得职近曰好窠窟，漫不知忠君爱民之为何事也。⑤

当时最高的弹劾机关为御史台，末期的御史大夫几乎成为首相亲属的专官，如太平王燕铁木儿为相，即用其弟买里古思为御史大夫。秦王伯颜为相，即用其兄子脱脱为御史大夫。脱脱为相，亦用其弟野先不花为御史

---

① 王磐：《中书右丞相史公神道碑》（《元文类》卷五八）。
② 吴伯生：《诚意伯刘公行状》（《诚意伯文集》卷首）。
③ 《宋学士文集》卷三，《元故翰林待制朝散大夫致仕雷府君墓志铭》。
④⑤ 《草木子》卷四，《杂俎篇》。

大夫。答麻为相，御史大夫又是其弟雪雪。①行政权和监察权同属于一人之手，政权虽因势力之消长而有转移，但执政的始终仍是这一群为时人所诅咒不知廉耻的蒙古、色目人。

任用官吏除种族的差别外，又有地域上的差别，两广和江淮是两个划然不同的政治区域，被任为两广官吏的便一生无升调之望，只好向百姓剥削，作发财之计：

> 五岭之南，列郡数十，县百有一十，统于广、桂、雷三大府。自守令至簿尉，庙堂岁遣郎官御史与行省考其岁月，第其高下而迁之，谓之调广海选。仕于是者政甚善不得迁中州江淮，而中州、江淮夫士一或贪纵不法，则左迁而归之是选焉，终身不得与朝士齿。虽良心善性油然复生，悔艾自新，不可得已。夫如是则孜孜为利，旦旦而求仇贼其民而鱼肉之……地益远而吏益暴，法益黩而民益偷。②

吏治的情形如此，在军伍方面，恰也有同样趋势。蒙古、色目军世驻中原的结果，荒于酒色，完全失去作战能力：

> 元朝自平南宋之后，太平日久，民不知兵，将家之子累世承袭，骄奢淫佚，自奉而已。至于武事，略不之讲。但以飞觞为飞炮，酒令为军令，肉阵为军阵，讴歌为凯歌，兵政于是不修也久矣。③

在平时除耗费国家俸饷外，最主要的工作是向百姓敲诈勒索，和地方官吏采一致行动。元人有作诗嘲当时官吏和盗贼相差无几的：

> 廉访司官分巡州县，每岁例用巡尉司弓兵旗帜金鼓迎送，其音节则二声鼓一声锣。起解杀人强盗，亦用巡尉司金鼓，则用一声鼓一声锣。后来风纪之司，赃污狼藉，有轻薄子为诗嘲之曰：解贼一金并一

---

① 《草木子》卷三，《杂制篇》。
② 朱思本：《贞一斋杂著》卷一，《广海选论》。
③ 《草木子》卷三，《克谨篇》。

鼓，迎官两鼓一声锣，金鼓看来都一样，官人与贼不争多。①

无独有偶，当时的军人竟有一面作皇帝的侍卫，一面是横行无阻的盗魁的。张宪《怯薛行》：

怯薛儿郎年十八，手中弓箭无虚发，黄昏偷出齐化门，大王庄前行劫夺。通州到城四十里，飞马归来门未启，平明立在白玉墀，上直不曾违寸晷。两厢巡警不敢疑，留守亲侄尚书儿，官军但追上马贼，冒夜又差都指挥。都指挥，宜少止，不用移文捕新李，贼魁近在王城里。②

在战时则但知劫掠，见敌即溃：

朝廷闻红军起，令枢密院同知赫厮领阿速军六千并各支汉军讨颍上红军。阿速者绿睛回回也，素号精悍善骑射。与河南行省徐左丞俱进军，二将沉湎酒色，军士但以摽掠为务。赫厮军马望见红军阵大，扬鞭曰阿卜，阿卜者走也，于是所部皆走，至今淮人传以为笑。③

当时名相脱脱弟野先不花率重兵平乱，也遇敌即逃：

汝宁余寇尚炽，丞相脱脱命其弟中台御史大夫野先不花董师三十万讨之。至城下，与贼未交锋即跃马先遁。汝宁守官某执马不听其行，即拔佩刀欲斫之曰：我的不是性命。遂逸，师遂大溃。汝宁不守，委积军资如山，率为盗有。脱脱匿其败，反以捷闻。④

蒙古、色目军既不能用，只得调湖广的苗军来剿除叛乱，苗军是以犷悍著名的士兵，无军纪可言，淫掠更甚：

杨完者凶肆掠人货钱，至贵家命妇室女，见之则必围宅勒取淫污，信宿始得纵还。少与相拒，则指以通贼，纵兵屠害。由是部曲骄横。凡屯壁之所，家户无得免焉。民间谣曰：死不怨泰州张（士

---

① 《草木子》卷四，《谈薮篇》。
② 《玉笥集》卷三。
③ 权衡：《庚申外史》。
④ 《草木子》卷三，《克谨篇》。

诚），生不谢宾庆杨。①

就官军和叛军的军纪比较，恰好相反，有下列一事可以证明：

> 至正十二年（1352）七月初十日，蕲黄徐寿辉贼党入杭州城……其贼不杀不淫，招民投附者注姓名于簿，借府库金银悉辇以去。至二十六日，浙西廉访使自绍兴率盐场灶丁过江，同罗木营官军克复城池，贼遂溃散……四平章教化自湖州统军归，举火焚城，残伤殆尽。②

蒙、汉兵都不能用，于是有募兵和义兵出来。募兵是用钱雇人为兵：

> 江州已陷，贼据池阳。太平官军止有三百人，贼号百万……乃贷富人钱，募人为兵。先是，行台募兵，人给百五十千，无应者。至是，星吉募兵，人五十千，众争赴之。一日得三千人。③

义兵则为地主及官吏所组织的地方私军。这两种军队的领袖大体都是汉人，在帝国将亡的前夕，蒙古人种族之见仍未稍泯，汉人有功亦不蒙赏，而对于叛军领袖则一抚再抚，縻以好爵，结果义军大部均次第叛变，加入对面的队伍中去。叶子奇记：

> 天下治平之时，台省要官皆北人为之，汉人、南人万中无一二，其得为者不过州县卑秩，盖亦仅有而绝无者也。后有纳粟获功二途，富者往往以此求进。令之初行，尚犹与之，及后求之者众，亦绝不与。南人在都求仕者，北人目为腊鸡，至以相訾诟，盖腊鸡为南方馈北人之物也，故云。及方寇起，濒海豪杰如蒲圻、赵家、戴纲司家、陈子游等，倾家募士，为官收捕，至兄弟子侄皆歼于盗手，卒不沾一命之及，屯膏吝赏至于此。其大盗一招再招，官已至极品矣。于是上下解体，人不向功，甘心为盗矣。又获功之官，于法非得风宪体覆牒文，不辄命官。宪使招权非得数千缗，不与行遣，故有功无钱者往往事从中辍，皆抱怨

---

① 姚桐寿：《乐郊私语》。
② 钱谦益：《国初群雄事略》卷三。
③《元史》卷一四四，《星吉传》。

望。其后盗塞寰区，空名宣敕，遇微功即填给，人已不荣之矣。①

在另一方面无功而有钱之富商大贾，则都乘机用贿拜官：

> 庐州开义兵三品衙门，而使者悉以富商大贾为之。有一巨商五兄弟受官者，此岂尝有寸箭之功！而有功者皆不受赏。故寇至之日，得赏者皆以城降，而未赏者皆去为贼。②

在这局面下，当时比较有眼光的学者的看法，一派人以为是纪纲败坏的结果，应由中央负责：

> 承平以来，百年于兹。礼乐教化，日益不明，纪纲法度，日益废弛，上下之间，玩岁愒日，率以为常，恬不为怪。一旦盗贼猝起，茫若无措，总兵者唯事虚声，秉钧者务存姑息，其失律丧师者未闻显戮一人，玩兵养寇者未闻明诛一将。是以不数年间，使中原云扰，海内鼎沸，山东、河北莽为丘墟，千里王畿，举皆骚动，而终未见尺寸之效者，此无他，赏罚不明而是非不公故也。③

另一派人以为是吏治腐败的缘故，应由地方负责：

> 国家承平百年，武备浸弛，盗发徐、颍，炽于汉、淮、武昌，南纪雄藩，一旦灰灭，洪省坚壁，寇蔓延诸郡，水陆犬牙，北来名将，相继道殒。丞相出督步骑，直抵高邮，事垂成以逸废，方面多贵游子弟，贪鄙庸才，漫不省君臣大义，草芥吾民，虚张战功，肆意罔上，诛求冤滥，惨酷百端。重以吏习舞文，旁罗鹰犬，意所欲陷，则诬与盗贼通，其弊有不忍言者。间存一二廉介，则又矜独断，昧远图，坐失机会，民日以弊，盗日以滋。④

可以说是都说中了，但只是病态的一面。

---

① 《草木子》卷三，《克谨篇》。
② 余阙：《青阳山房集》卷二，《再上贺丞相书》。
③ 李士瞻：《经济文集》卷一，《上中书丞相书》。
④ 周霆震：《石初集》卷二，《古金城谣并序》。

四

元代的土地大部分属于处征服者地位的蒙古、色目的贵族及僧侣，一部分集中于汉、南人的大地主手中。占极大多数的农民只耕种着最小部分的土地，同时却负担着国家赋役的绝大部分，除掉他们自己应尽的义务和应纳的赋税以外，他们还应当替贵族和地主们尽一部分对国家的责任。①

世祖平江南后，于各地遍驻戍军，官吏和军帅的苛扰，使农民不能忍受，到处发生叛乱。内中一部分假宋后为名，如至元二十年建宁路总管黄华第二次叛变时称宋祥兴年号。二十三年西川赵和尚自称宋福王子广王作乱。一部分则纯为对新治权之反抗，如至元十七年漳州陈桂龙、建宁黄华之乱，二十年广州新会林桂芳、赵良钤等拥众万余，号罗平国，称延康年号。二十一年漳、邕、宾、梧、韶、衡诸州农民之乱。二十三年婺州永康县民陈巽四之乱。二十五年广东民董贤举，浙江民杨镇龙、柳世英，循州民钟明亮相继起兵，皆称大老，明亮势尤猖獗，数降数叛。二十七年江西贼华大老、黄大老等掠乐昌诸郡。成宗元贞二年赣州民刘六十聚众至万余，建立名号。二十年中蒙古人眼光中所称为南人的地带，无一处无一年不发生变乱。②《元史》记福建之叛系由戍军扰民所致：

> 至元十六年左丞唆都行省福建……中书言：唆都在福建，麾下扰民，致南剑等路往往杀长吏叛。③

再叛则由长吏贪残之故：

> 至元二十六年，授（王恽）少中大夫、福建闽海道提刑按察使……乃进言于朝曰：福建所辖郡县五十余，连山距海，实为边徼重地。而民情轻诡，由平定以来官吏贪残，故山寇往往啸聚，愚民因而

---

① 参看作者所著《元代之社会》一文。
② 《元史纪事本末》卷一，《江南群盗之平》。
③ 《元史》卷一三一，《忙兀台传》。

蚁附，剽掠村落，官兵致讨，复蹂践之甚。①

农民是最能忍耐最驯顺的，可是到了山穷水尽无可容受时，也会突变为最勇敢的斗士，奋臂一呼，立刻成为一支不可侮的革命势力。在开始的十几年，蒙古军队的压迫愈厉害，农民的抵抗力也愈强，一波未平，一波又起，使元军疲于奔命。可是，到后来，刘六十叛变之平定，却并未经过武力的镇压，政府所采的手段只是除去害民的官吏：

> 赣州盗刘六十伪立名号，聚众至万余。朝廷遣兵讨之，主将观望退缩不肯战，守吏又因以扰良民，贼势益盛。（董）士选请自往，众欣然托之，即日就道，不求益兵，但率掾史李霆镇、元明善二人持文书以去，众莫测其所为。至赣境，捕官吏害民者治之。民相告语曰：不知有官法如此！进至兴国县，去贼巢不百里，命择将校分兵守地待命察知激乱之人，悉置于法，复诛奸民之为囊橐者。于是民争出请自效，不数日遂擒贼魁，散余众归农。②

农民除受地方军政长官之压迫及剥削外，最使农民陷于绝境的是中央政府的搜括和过重的负担。因赋税之无法完纳，不能不舍弃乡里而度逃亡生活的农民大流动在元代是常见的现象。在未统一前，刘秉忠曾上书太宗说：

> 天下户过百万，自忽都那演断之后，差徭甚大。加以军马调发，使臣烦扰，官吏乞取，民不能当，是以逃窜。宜比旧减半，或三分之一，就见在之民以定差税，招逃者复业，再行定夺。③

这文件指明当时汉人逃亡已超过总数的三分之一。嘉熙二年（1238）的报告，农民因灾逃亡者竟占十分之四五：

> （太宗）戊戌，天下大旱蝗……初籍天下户得一百四万，至

---

① 《元史》卷一六七，《王恽传》。
② 《元史》卷一五六，《董士选传》。
③ 《元史》卷一五七，《刘秉忠传》。

是逃亡者十四五，而赋仍旧，天下病之。公（耶律楚材）奏除逃户三十五万，民赖以安。①

统一后仍有此种情形，北人多流徙江南。至元二十年（1283）崔彧言：

> 内地百姓流移江南避赋役者，已十五万户。去家就旅，岂人之情，赋重政繁，驱之致此。

二十三年又奏：

> 军站诸户，每岁官吏非名取索，赋税倍蓰，民多流移。②

在江南，则政府要增加税收，理算天下钱粮，农民被逼逃亡，政府仍不放松，发兵搜捕：

> 先是，桑哥遣忻都及王济等理算天下钱粮，已征入数百万，未征者尚数千万。害民特甚，民不聊生，自杀者相属。逃山林者，则发兵捕之，皆莫敢沮其事。③

引起了农民的强烈反感，结合抵抗政府的无理压迫。欧阳玄《魏国赵文敏公神道碑记》：

> （此役）名曰理算，其实暴敛无艺，州县置狱株逮，故家破产十九，逃亡入山，吏发兵搜捕，因相挺拒命，两河间盗有众数万。④

延祐元年（1314）又从章闾之议，经理钱粮，括江南民田，作增税之计，"期限猝迫，贪刻并用，官府震动，人不聊生，富民黠吏，并缘为奸，盗贼并起，田莱荒芜"⑤。《元史》记：

> 延祐改元……铁木迭儿奏：……江南田粮，往岁虽尝经理，多未核实。可始自江浙，以及江东、西，宜先事严格信罪赏，令田主手实

---

① 宋子贞：《中书令耶律公神道碑》（《元文类》卷五七）。
② 《元史》卷一七三，《崔彧传》。
③ 《元史》卷一七二，《赵孟頫传》。
④ 《圭斋文集》卷九，《魏国赵文敏公神道碑记》。
⑤ 《经世大典序录·经理》（《元文类》卷四）。

顷亩状入官，诸王、驸马、学校、寺观亦令如之。仍禁私匿民田，贵戚势家毋得沮挠。请敕台臣协力以成，则国用足矣。仁宗皆从之。寻遣使者分行各省，括田增税，苛急烦扰，江右为甚。致赣民蔡五九作乱宁都，南方骚动，远近惊惧，乃罢其事。①

当时经理情形，地方官务以增多为功：

> 延祐二年吴元珪奏曰：今经理江淮田土，第以增多为能，加以有司头会箕敛，俾元元之民，困苦日甚。②

农民无法，也只好虚报塞责：

> 朝廷令民自实田土，有司绳以峻法，民多虚报以塞命。其后差税无所于征，民多逃窜流移者。③

剥削过甚，于是延祐二年有蔡五九之变：

> 八月丙戌，赣州贼蔡五九陷汀州宁花县，僭称王号。诏遣江浙行省平章张驴等率兵讨之……乙未，台臣言蔡五九之变，皆由昵匝马丁经理田粮，与郡县横加酷暴，逼抑至此。新丰一县撤民庐千九百区，夷墓扬骨，虚张顷亩，流毒居民。乞罢经理及冒括田租。制曰可。④

昵匝马丁因括田激起民变，遣张驴率兵平定，政府并即下令罢冒括田租，这事似已告一结束了。但这只是书面上的报告，括田的举动并不因民变而暂停，因为蔡五九叛于延祐二年八月，同年九月又有负责平变的张驴以括田逼死九人的记载。⑤并且括田所得的新租，还是照样征收，三年后在同一地点又引起第二次的民变：

> 五年十月癸丑，赣州路雩都县里胥刘景周，以有司征括田新租，聚众作乱，敕免征新租，招谕之。

---

① 《元史》卷二〇五，《铁木迭儿传》。
② 《元史》卷一七七，《吴元珪传》。
③ 《元史》卷一二二，《塔海传》。
④⑤ 《元史》卷二五，《仁宗纪》。

同年七月，亦因同样原因罢河南省左丞陈英等所括民田，止如旧例输税。①可是两年后又改变了策略，江南田地一律增加田赋：

> 七年四月己巳，增两淮、荆湖、江南东西道田赋，斗加二升。②

同时凡括田地带未经农民武装反抗的仍照新加赋额征收：

> 泰定元年（1324）（张珪）奏：国家经费，皆取于民。世祖时，淮北内地惟输丁税。铁木迭儿为相，专务聚敛，遣使括勘两淮、河南田土，重并科粮。又以两淮、荆襄沙碛作熟收征，徼名兴利，农民流徙。臣等议：宜如旧制，止征丁税。其括勘重并之粮及沙碛不可田亩之税，悉除之……帝终不能从。③

除田赋外，又对日常生活必需品茶盐酒醋之类课以重税，一增再增，后来竟超过原额数十倍，这也是农民的直接负担：

> 近来盗贼四起，在在用兵，课赋无艺，即税额一节，往往增加无算，市中不堪其扰。当延祐间，程文宪条言：江南茶盐酒醋等税，近来节次增添，比初时十倍。今又逐季增添，正缘管课程官虚添课额以谄上司，其实利则归己，虚额则张挂欠籍云云。奉仁宗皇帝圣旨，诸色课程从实恢办，既许从实，岂可虚增。除节累增课额实数及有续次虚增数目，特与查照，并行蠲减，从实恢办。明旨凛然，今但挂壁而已。④

农民在生活方面已经苦到无可再苦，一遇荒年，政府不管，社会不管，除忍饿外，还须应付催租吏的勒索。随便打开一种元人文集，便可看见当时诗人同情农民疾苦的呼声，例如耶律铸《苦旱叹》：

> 六月亢旱田苗枯，自嗟自叹耕田夫，差官咫尺征秋税，今岁田家一粒无。饥民日日望霖雨，雨意欲成云散去，天公胡不用老龙，年年

---

① 《元史》卷二六，《仁宗纪》。
② 《元史》卷二七，《英宗纪》。
③ 《元史》卷一七五，《张珪传》。
④ 姚桐寿：《乐郊私语》。

只被蛟螭误。①

张养浩《闵农》：

> 父子傅衣出，夫妻趁熟分，未言先欲泣，乍见内如焚，征负敲门急，充饥饮水勤，何当天雨粟，四海共欢欣。②

政府在名义上虽有劝农使的设置，却并不过问农民所遭遇的困难，陈泰《苗青青》：

> 苗青青，东阡西陌苗如云，经年不雨过秋半，苗穗不实空轮囷。田家留苗见霜雪，免使来岁劳耕耘，县官催租吏胥急，籴粟输官莫论直，劝农使，不汝恤。③

一方面徭役繁重，农民只能忍痛卖去田产去换取个人的自由。元淮《农家》：

> 田夫有话向谁言，麦饭依稀野菜羹，半顷薄田忧户役，近来贱卖与人耕。④

有若干地带的壮丁被征发充军，田土即随之而荒芜，无论年岁丰歉，均不免于饥寒，童冀所咏永州即是一例：

> 永州荒田多宿草，永州田多人苦少，南村田荒无人耕，北村草深人不行。往年峒瑶据城壁，驱迫编户充军役，十户迨今无一存，当时宁望长儿孙，壮者随军入军伍，老者尽作泉下土，少者仅存虽长成，十家九户惟单丁。应当门户倦奔走，岂有余力到农亩。荒苗积草如人长，熟田近年亦抛荒。男啼女号饭不足，草根本实常充腹。荒田幸免官征科，熟田征科真奈何，永民自叹生来苦，不信人间有乐土。⑤

---

① 《双溪醉隐集》卷二。
② 《归田类稿》卷一六。
③ 《所安遗集》。
④ 《金囷集》。
⑤ 《尚絅斋集》卷三，《荒田行》。

农民困于赋役和荒旱，在本土不能生活，只好相率逃亡，成为流民，张养浩的《哀流民操》最能道出这种情形：

> 哀哉流民，为鬼非鬼，为人非人。哀哉流民，男子无缊袍，妇女无完裙。哀哉流民，剥树食其皮，掘草食其根。哀哉流民，昼行绝烟火，夜宿依星辰。哀哉流民，父不子厥子，子不亲厥亲。哀哉流民，言辞不忍听，号泣不忍闻。哀哉流民，朝不敢保夕，暮不敢保晨。哀哉流民，死者已满路，生者与鬼邻。哀哉流民，一女易汁粟，一儿钱数文。哀哉流民，甚至不得将，割爱委路尘。哀哉流民，何时天雨粟，使汝俱生存，哀哉流民。①

可是旁的地带也同样是蒙古人在统治着，同样不能生活，结果人自相食，弱肉强食，演成人类史上的悲剧。如大德十一年（1307）两浙饥，浙东为甚，越民死者殆尽，人相食以图苟存。②吾衍《丁未岁哀越民》说：

> 越壤吴江左，州民泰伯余，田莱空草莽，井邑共萧疏，相食能无忍，传闻信不虚，寒沙满骸骨，掩骼意何如？③

周霆震描写人相食的惨状：

> 髑髅夜哭天难补，旷劫生人半为虎，昧甘同类日磨牙，肠腹深于北邙土。郊关之外衢路旁，旦暮反接如驱羊，喧呼朵颐择肥载，快刀一落争取将。凭陵大嚼刳心燎，竞赌呪觚夸饮醨，不知剑吼已相随，后日还贻髑髅笑。阴风腐余犬鼠争，白昼鬼语偕人行，衔冤抱恨连死骨，著地春草无由生。④

甚至沟中死尸也不免为饥民所食。张翥《书所见》：

> 沟中人啖尸，道上母抛儿，有眼不曾见，无方能疗饥，干戈未解

---

① 《归田类稿》卷一二。
② 吾衍：《闲居录》。
③ 《竹素山房集》卷一。
④ 《石初集》卷三，《人食人》。

日，风雪正寒时，归与妻孥说，毋嫌朝食糜。①

这是至正十八年（1358）的事。蒙古政府对于此种情形的处置，我们可以举一个可信的记载来作代表。余阙《书合鲁易之作颍川老翁歌后》：

> 至正四年（1344）河南、北大饥，明年又疫，民之死者半。朝廷尝议鬻爵以赈之，江淮富民应命者甚众，凡得钞十余万锭，粟称是。会夏小稔，赈事遂已。然民罹此大困，田莱尽荒，蒿藜没人，狐兔之迹满道。时予为御史，行河南、北请以富民所入钱粟贷民具牛种以耕，丰年则收其本，不报。②

政府不但不肯负责救济，并且连赈款也整个吞没。《元史·顺帝纪》记陈思谦事可以作这一记述的旁证：

> 至正五年三月，以陈思谦参议中书省事。先是思谦建言：所在盗起，盖由岁饥民贫，宜大发仓廪赈之，以收人心，仍分布重兵镇守中夏。不听。③

农民左右是死路一条，铤而走险，势所必至。再加上地方官吏的盲目的压榨，农民遂揭竿而起，和政府对抗。刘基所述永嘉的农民暴动可以代表这一时期的情形：

> 永嘉浙名郡，有州曰平阳，面海负山林，实维瓯闽强，闽寇不到瓯，倚兹为保障，官司职防虞，当念怀善良，用民作手足，爱抚勿害伤，所以获众心，即此是仞墙，奈何纵毒淫，反肆其贪攘，破廪取荻粟，夷垣劫牛羊，朝出系空橐，暮归荷丰囊，丁男跳上山，妻女不得将，稍或违所求，便以贼见戕，负屈无处诉，哀号动穹苍，斩木为戈矛，染红作巾裳，鸣锣撼岩谷，聚众守村乡，官司大惊怕，弃鼓撒旗枪，窜伏草莽间，股栗面玄黄，窥伺不见人，淌江走怅怅，可中得火

---

① 《蜕庵诗集》卷一。
② 《青阳山房集》卷五。
③ 《元史》卷四一，《顺帝纪》。

伴，约束归营场，顺途劫寡弱，又各夸身强，将吏悉有献，欢喜赐酒
觞，杀贼不计数，纵横书荐章，民情大不甘，怨气结肾肠，遂令父子
恩，化作蚕与螅，恨不斩官头，剔骨取肉尝。①

朱德润替这运动下一经济的解释，他说：

> 今太平日久，民不知兵，经费所入，江、浙独多。（岁给馈饷
> 二百五十余万）而比岁以来，水旱频仍，田畴淹没，昔日膏土今为陂
> 湖者有之。而亲民之官不谙大体，重赋横敛，务求羡余，致有激变。
> 所得有限，所费不赀。且以州县税粮言之，有额无田，有田无收者一
> 例闭纳，科征之际，枷系满屋，鞭笞盈道，直致生民困苦，饥寒迫
> 身，此其为盗之本情也。至于酒课盐课税课，比之国初，增至十倍，
> 征需之际，民间破家荡产，不安其生，致作贩夫入海者有之。目今沿
> 海贫民食糠秕不足，老弱冻饿，而强壮者入海为盗者有之。一夫唱
> 首，众皆胁从，此其为盗之本情也。其言谓与其死于饥寒，孰若死于
> 饱暖，因是啸聚群起，劫掠官粮，杀伤军民。②

在未叛乱的地带，则官军所至，鸡犬皆空，舒頔《感时歌》：

> 郡邑自从乱离后，官设总制因防寇，奉公守法能几人，窃禄贪婪
> 来贸贸。大府日夜催军需，和籴草料无时无，富家卖田为供给，贫者
> 缚窘充寨夫。老幼不得息，抱恨向天泣，元戎贪利病民力，盐半斤，
> 斗米入……道路多白骨，髑髅带绛抹，道旁遇行人，一半是兵卒。荒田
> 弥望无人耕，深夜时见鬼火明，居无室庐隐无所，排列县官不识名。③

犒赏饮食，均强迫农民负担，周霆震《农谣》：

> 万田草生农务忙，饭牛夜半饥且僵，侵晨荷耒散阡陌，和买犒军

---

① 《诚意伯文集》卷一三，《赠周宗道六十四韵》。
② 《存复斋续集·平江路问弭盗策》。
③ 《贞素家藏集》卷三序："移曳元帅为总制，病民本甚，邑中添设罔计数，无非苛政，姑计之。"

官取将，高堂大嚼饮继烛，持遗妻子丰括囊（官吏饱足之后，复以大囊满贮，送至其家），苍头庐儿饱欲死，义丁畴敢染指尝，锄耰漫劳犊方稚，十步九顿空徬徨，将军大笑不负腹，东皋南亩从渠荒。①

征敛税粮，较平时更形苛急，袁彦章《征粮叹》：

> 至正十七载，丁酉夏六月，江淮尚兵戈，岁久未休息，捍敌百万兵，甲胄生虮虱，有司供馈饷，费冗每匮乏，上官急诛求，僚属走折展，嗟此穷海邦，田赋岁不给，巨室能几家，何如有蓄积，况罹去年秋，农苗半无买，民生正艰危，朝来不谋夕，未秋先借粮，粮米从何出？吏曹幸此灾，公檄出如蝶，皂隶且欣然，纷纷入村落，喧呼夜打门，鸡犬尽惊怛，恣取无不为，孰忍受驱迫，顾兹田野间，青黄曾未接，米缸久无来，楮币不堪籴，一升百青蚨，杖头何处觅，督责严限程，十室九逃匿，田莱尚多荒，讵暇颐耕织，隔篱有邻翁，头颅白如雪，七十若膺门，一日两遭责，日暮寄衣归，斑斑血犹湿，相看重叹伤，家赀复谁惜，负郭数亩田，出鬻不论值，求售卒亦难，搔首了无策，新谷曾沫升，粜一从折十，肯为身后思，且济目前急，养兵固自壮，剥民无乃瘠，寄言吾父母，夫何至此极。②

结果是已叛乱区域的势力蔓延日广，未叛乱的区域也因加速度的压迫而被逼反抗，革命的队伍在同一目标之下向统治者进攻。

五

至正十一年（1351）五月刘福通作乱陷颍州，奉韩林儿诈称宋徽宗九世孙，颁发诏书，略曰：

---

① 《石初集》卷二。
② 《书林外集》卷一。

> 蕴玉玺于海东，取精兵于日本。贫极江南，富称塞北。

前两句指宋广王走崖山，丞相陈宜中走倭，托此说以动摇天下。后两句指出蒙古人统治下的掠夺结果，说明反抗的动机。前两句是政治的宣传，后两句则为经济的解剖。"时天下承平已久，法度宽纵，人物贫富不均，多乐从乱，曾不旬月，从之者殆数万人。"①

韩山童是一个白莲教世家，同时又倡弥勒佛（Maitreya）下生之说，《元史·顺帝纪》：

> 初，栾城人韩山童祖父，以白莲会烧香惑众，谪徙广平永平县。至山童，倡言天下大乱，弥勒佛下生，河南及江淮愚民皆翕然信之。刘福通与杜遵道、罗文素、盛文郁、王显忠、韩咬儿复鼓妖言，谓山童实宋徽宗八世孙，当为中国主。福通等杀白马黑牛，誓告天地，欲同起兵为乱，事觉，县官捕之急，福通遂反。山童就擒，其妻杨氏，其子韩林儿，逃之武安。②

起事时以红巾为号，故号红军。以烧香礼弥勒佛，又号香军。③同年八月，萧县李二及老彭、赵君用反，攻陷徐州。李二号芝麻李，亦以烧香聚众而反。蕲州罗田县人徐贞一（寿辉）与麻城人邹普胜等，以妖术阴谋聚众，举兵为乱，亦以红巾为号。④又有北锁红军，南锁红军：

> （刘福通起兵），河、淮、襄、陕之民翕然从之。故荆、汉、许、汝、水东、丰、沛以及两淮红军皆起应之。颍上者推杜遵道为首，陷朱皋，据仓粟，从者数十万，陷汝宁、光、息、信阳。蕲、黄者宗彭莹玉和尚，又推徐真逸为首，陷德安、沔阳、安陆、武昌、江陵、江西诸郡。起湘、汉者推布王三、孟海马为首，布王三号北锁红军，奄有唐、邓、南阳、嵩、汝、河南府。孟海马号南锁红军，奄有

---

① 叶子奇：《草木子》卷三，《克谨篇》。
② 《元史》卷四二，《顺帝纪》。
③ 权衡：《庚申外史》卷上。
④ 《元史》卷四二，《顺帝纪》。

均、房、襄阳、荆门、归、峡。起丰、沛者推芝麻李为首。①

在几个月内，湖南、北、河南、安徽、江苏、山东诸地纷纷起事，不约而同地都称红军，把元帝国中截为二，南北不通。元人记红军起后，"当时贫者从乱如归"②。可见这是一种贫农的结合。再看前后红军和非红军的起事领袖的身份，如方国珍和张士诚是贩私盐的，陈友定是农人，曾为佣于富家。韩林儿的祖父被罪迁谪，郭子兴是相命的儿子，陈友谅为渔家子，徐寿辉（真一）是贩布的，明玉珍家世务农，朱元璋是游方穷和尚，没有一个是出身于有产阶级的。③

至正十一年红军的起事，只是最后一次的大爆发，事实上在元代前期已有此种秘密组织，并曾陆续地发生过几次暴动。红军是白莲教徒的武装团体，所崇拜的偶像是弥勒佛。元代是信仰自由的时代，白莲教也被准许公开传教，成宗时（1295至1307）并曾特降圣旨受政府的保护，并建有寺院，有报恩堂、复一堂、清应堂诸祠宇。以都掌教为首领。④武宗即位后忽然取消此项特权，至大元年（1308）五月丙子禁白莲社，毁其祠宇，以其人还隶民籍。⑤至治二年（1322）五月癸卯又下诏禁白莲佛事。⑥从此白莲教便成秘密团体，不能公开活动。弥勒佛下生当有天下的预言，也早在泰定二年（1325）即已流行，《元史》记：泰定二年六月，息州民赵丑厮、郭菩萨，妖言弥勒佛当有天下，有司以闻，命宗正府刑部枢密院御史台及河南行省官杂鞫之。⑦后伏诛。⑧至元三年（1337）弥勒教徒反于河南。

---

① 《庚申外史》卷上。
② 《草木子》卷三，《克谨篇》。
③ 钱谦益：《国初群雄事略》。
④ 《元典章》卷三三，《礼部》六，《白莲教》。
⑤ 《元史》卷二二，《武宗纪》。
⑥ 《元史》卷二八，《英宗纪》。
⑦ 《元史》卷二九，《泰定帝纪》。
⑧ 《新元史》卷一九，《泰定帝纪》。

> 二月棒胡反于汝宁信阳州。棒胡本陈州人，名闫儿。以烧香惑众，妄造妖言作乱，破归德府鹿邑，焚陈州，屯营于杏冈。命河南行省左丞庆童领兵讨之……己丑，汝宁献所获棒胡弥勒佛小旗、伪宣敕，并紫金印量天尺。①

同年朱光卿等反于广东，自拜其徒为定光佛：

> 正月癸卯，广州增城县民朱光卿反，其党石昆山、钟大明率众从之，伪称大金国，改元赤符。命指挥狗札里江西行省左丞沙的讨之……四月己亥，惠州归善县民聂秀卿、谭景山等造军器，拜戴甲为定光佛，与朱光卿相结为乱，命江西行省左丞沙的捕之。②

据至正二十六年（1366）朱元璋讨张士诚檄所数元廷罪状：

> 近睹有元之末，王居深宫，臣操威福，官以贿成，罪以情免，宪台举亲而劾仇，有司差贫而优富，庙堂不以为忧，方添冗官，又改钞法，役数十万民，湮塞黄河，死者枕藉于道，哀苦声闻于天，致使愚民，误中妖术，不解偈言之妄诞，酷信弥勒之真有，冀其治世，以苏其苦。聚为烧香之党，根据汝、颍，蔓延河、洛，妖言既行，凶谋遂逞。焚荡城郭，杀戮士夫，荼毒生灵，无端万状。③

按此檄文中所指弥勒为一事，烧香又为一事，弥勒（Maitreya）为佛教中之重要人物，相传"弥勒菩萨应三十劫，当成无上正真等正觉"④。应入世三十次，佛薄伽梵（Buddha Bhagavat）灭度后八百年，胜军王都有阿罗汉名难提蜜多罗（Nandimitra）在般涅槃前预言人寿七万岁时，十六阿罗汉（Arhat）既护法藏毕，造窣堵波（Stupa）赞叹已，至窣堵波金地之中，入般涅槃，释迦牟尼正法遂灭：

---

① 《元史》卷三九，《顺帝纪》。
② 《元史》卷三九，《顺帝纪》。
③ 祝允明：《九朝野记》。
④ 《增一阿含》第四十二品八难品，《八大人念经》。

次后弥勒如来应正等觉出现世间时,瞻部州(Jambudvipa)广博严净,无诸荆棘,溪谷堆阜,平正润泽,金沙覆地,处处皆有清池茂林,名华瑞草,及众宝聚,更相辉映,甚可爱乐。人皆慈心修行十善,以修善故,寿命长远,丰乐安稳。士女殷稠,城邑邻次,鸡飞相及。所营农稼,一营七获,自然成实,不须耘耨。[①]

这是佛教徒所幻想的极乐园,也是农民所最渴望的理想世界。烧香则为白莲教徒必需举行的仪式。白莲教徒有政治的目的,可是缺少一个为农民所了解所注意的最后目标。弥勒佛的下生预言已经流传了快一千年,为农民所熟知,其意义即等于救世主。白莲教徒就利用这传说,强合为一,宣传弥勒已经降生为尘世主宰,其使命即为解除现在农民身受之一切疾苦。农民久困于异族统治下之苛政重敛,一听有能使他们"所营农稼,一营七获",并且是"自然成实,不须耘耨"的救主出来,自然死心塌地的信仰,一致加入去追求这理想的乐园了。并且,农民是不很能了解政治革命的意义的,一般的都以忍耐苟安为最好的德性,要他们来参加革命,也非加上一些宗教的或迷信色彩的外障不可。弥勒佛和定光佛的出现,正是一种麻醉农民,集中其意志力的手段。

红军中势力最大的,是韩林儿、芝麻李、徐寿辉三支。韩林儿最先起,兵力最强。芝麻李不久即为元所灭。徐寿辉的势力后分二系,一为陈友谅,一为明玉珍。非红军中最强的是张士诚、方国珍、陈友定三支。红军的目的是推翻蒙古政府的政权,从异族压迫之下解放自己,和蒙古政府完全处于敌对的不两立的地位。非红军则无一定宗旨,起事的目的只是为自己个人的生命安全,割据一隅,恣意于生活的享受,和蒙古政府的关系也以利害为转移,时降时叛,时合时离,和红军则处于敌对地位,互相攻击。

在蒙古政府方面,贵族和官吏为保持自己的地位和身家,当然竭力

---

① 《大阿罗汉难提蜜多罗所说法住记》。

拥护政府，可是这一些养尊处优惯的上流人和他们的军队一样，事实上并不能作战。和红军抵抗作战的却是各地的地主，他们在逼不得已的环境之下，出私财，募义军，用全力保卫自己的家族和家产，间接地也替蒙古政府支持了十几年。各地的义兵倏起倏灭的不可计数，如东莞李氏、凌氏：

> 东莞李氏尤豪于诸族。朝政不行，盗贼蜂起，富民各专武断，聚兵自卫。既而各据乡土，争为长雄，或更相攻掠，井邑萧然，凌氏亦结民为保，内援官军，外御群盗，里人赖之以安。①

龙泉胡氏：

> 至正壬辰，江、淮俶扰，盗贼蔓延闽、浙，由建之浦城、松溪入龙泉。公（胡深）叹曰：浙水东地气白矣。生民无所赖，祸将及矣。乃集乡民，共为守御计而结寨于湖山。②

京山刘氏：

> 至正辛卯两河乱。（京山人刘则礼）割财募兵，隶四川平章乂著麾下，攻安陆、襄、樊、唐、邓，悉讨平之。兄弟子侄多死于兵。③

临川陈氏：

> 元至正十二年壬辰大盗起江、汉间，郡县相继陷落，聚民争揭竿为旗以应寇。天锡顿足曰：事急矣，可奈何！即跃马入郡城，白监郡完者帖木儿曰：天锡家世以义声著吴、越间。今天下大乱，贼以红巾帕首，呼啸成群，所蹂躏处绝无一人御者。天锡虽不才，愿竭忠以报国家。自度乡里健儿，一呼之间，可得千人，甲胄糗粮当一一自给，不以烦县官。教以坐作击刺进退之法可用，或攻或守，惟明公所命。即从所请奖励者甚力。天锡还，朝夕聚兵训练如前谋。④

---

① 王叔英：《静学文集》卷二，《凌府君行录》。
② 王祎：《王文忠公集》卷二二，《故参军缙云郡伯胡公行述》。
③ 李继本：《一山文集》卷六，《刘则礼传》。
④ 宋濂：《翰苑别集》卷九，《元赠进义副尉金溪县尉陈府君墓铭》。

江阴许氏：

> 至正十二年十月红巾陷江阴州。州大姓许晋，字德昭，与其子如章聚无赖恶少，资以饮食。贼四散抄掠，诱使深入，殪而埋之。战于城北之祥符寺，父子皆死。①

其他地方官吏所率之军队，亦多由地主私军改编，如王宣之黄军：

> 淮东豪民王宣……募城墅骄勇惯捷者，可以攻城，前后各得三万人，皆黄衣黄帽，号曰黄军……须臾脱脱至，一鼓攻之，遂夷其城。②

答失八都鲁所统之义丁：

> 至正十二年，遂用宋廷杰计，招募襄阳官吏及土豪避兵者，得义丁二万，编排部伍，申其约束。行至蛮河……贼大败。③

地主不约而同地自组私军，抵抗农民的攻击，名义上是红军和蒙古政府作战，而实际上则成为农民和地主的战争。内中势力最大，和红军相持最久的是起自沈丘的察罕帖木儿父子。《元史·察罕帖木儿传》：

> 察罕帖木儿字廷瑞，系出北庭……幼笃学，尝应进士举，有时名……居常慨然有当世之志。至正十一年盗发汝、颍，焚城邑，杀长吏，所过残破，不数月，江、淮诸郡皆陷。朝廷征兵致讨，卒无成功。十二年察罕帖木儿乃奋义起兵，沈丘之子弟从者数百人。与信阳之罗山人李思齐合兵，同设奇计，袭破罗山。事闻，朝廷授察罕帖木儿中顺大夫、汝宁府达鲁花赤。于是所在义士俱将兵来会，得万人，自成一军，屯沈丘，数与贼战，辄克捷。

十五年定河北，十七年定关陕，十九年复汴梁，定河南，韩林儿遁走，檄书始能达江浙，以兵分镇关陕、荆襄、河洛、江淮，而重兵屯太行，营垒旌旗相望数千里，谋大举以复山东。正在准备东征的时候，和另

---

① 陶宗仪：《辍耕录》。
② 权衡：《庚申外史》卷上。
③ 《元史》卷一四二，《答失八都鲁传》。

一支抵抗红军的有力军队孛罗帖木儿发生地盘的冲突，内战已起。①

孛罗帖木儿为答失八都鲁之子，答失八都鲁是蒙古政府的世将，红军起后，率义丁复襄阳。十五年攻克亳州，韩林儿遁走。数和刘福通作战，均有功。②死后，子孛罗帖木儿领其众，移镇大同。陕西、晋、冀之地皆察罕帖木儿所平定，孛罗帖木儿欲据晋、冀，两军交战数年，政府几次派人为之讲和，二十一年冬兵始解。时察罕帖木儿已收复山东大部，二十二年围攻益都，为降人田丰、王士诚所刺死，子扩廓帖木儿代领其兵，攻克益都，山东悉平。而孛罗帖木儿复以兵来争晋、冀，内战又起。③

同时蒙古政府和宫廷间也发生重大的政变，名相脱脱于至正十二年出师复徐州，擒芝麻李后，威名大震。与幸臣哈麻交恶，十四年脱脱率大兵征张士诚，围高邮，城垂破，为哈麻所潜贬死，士诚势复振。④哈麻为相后，以前进西天僧劝帝行秘密法为耻，谋废帝立皇太子爱育失里达腊，事发诛死。⑤太子母高丽奇皇后和皇太子仍图废立，遣宦者朴不花喻意于丞相太平，太平不肯，为皇太子所恶，潜杀之。⑥时扩廓帖木儿正和孛罗帖木儿相持，于是皇太子派丞相搠思监及朴不花倚扩廓为外援，皇帝派老的沙则为皇太子所怒，逃奔孛罗军中。皇太子怨孛罗匿老的沙，搠思监、朴不花等遂诬孛罗帖木儿与老的沙等谋不执，二十四年四月诏扩廓帖木儿举兵讨之。孛罗知非帝命，先举兵向阙，皇帝派杀搠思监、朴不花以谢，孛罗始还大同。皇太子出走，再征扩廓兵讨孛罗，攻大同，孛罗复帅兵犯阙，皇太子战败逃太原，孛罗入京师，拜中书右丞相。二十五年皇太子调扩廓及

①《元史》卷一四一，《察罕帖木儿传》。
②《元史》卷一四二，《答失八都鲁传》。
③《元史》卷一四一，《察罕帖木儿传》；卷二〇七，《孛罗帖木儿传》。
④《元史》卷一三八，《脱脱传》；卷二〇五，《哈麻传》。
⑤《元史》卷二〇五，《哈麻传》。
⑥《元史》卷一四〇，《太平传》；卷二〇四，《朴不花传》。

诸路兵进讨，孛罗战败，被刺死于宫中。①太子奔太原时，欲用唐肃宗灵武故事自立，扩廓不可。及孛罗死，扩廓还京师，奇皇后谕指令以重兵拥太子入城，胁顺帝禅位，扩廓又不听，因此扩廓为太子所恨。②先至正二十六年扩廓奉命总天下兵出平江淮，檄关中四将军会师大举，李思齐以与察罕帖木儿同起义兵，得檄怒不肯受命，下令一甲不得出武关。张思道、孔兴、脱列伯三军亦不受节制，连兵力拒扩廓。相持经年数百战，未能决。顺帝谕扩廓罢兵南征，扩廓不听，其部下骁将貊高、关保叛归朝廷，和李思齐等合。顺帝乃尽削扩廓官，分其兵隶诸将，并令关保戍太原。扩廓怒，尽杀朝廷所置官吏，顺帝令诸将四面讨之。时朱元璋兵已下山东，收大梁，元兵方忙于内战，列城望风降遁，无一人抗者。兵逼潼关，李思齐等仓皇解兵西归，而貊高、关保亦皆为扩廓所擒杀，顺帝大恐，立刻复扩廓官，令与思齐等分道南征，诏下一月，朱元璋兵已逼大都，元帝北走。扩廓仍拥兵西北，谋恢复，洪武元年败明将汤和于韩店，北出雁门欲攻北平，明将徐达、常遇春乘虚攻太原，扩廓还救大败，以十八骑遁去。明兵遂西入关，李思齐以临洮降，张思道、张良臣败死。洪武三年明徐达大败扩廓于沈儿峪，扩廓奔和林，时顺帝已崩，皇太子继位，复任以国事。四年明复遣大将徐达、李文忠、冯胜将十五万人出塞攻扩廓，至岭北与扩廓遇，明兵大败，死者数万人。明年扩廓复攻雁门，以明兵严备不得入。后随宣光帝徙金山，洪武八年卒。③

蒙古人虽失去在中国的政权，可是在漠北，却仍未失去合罕的地位。明前期国力强时，数出兵北讨，蒙古族逐渐北徙。自明成祖五次北征以后，明兵力渐衰，国防线渐由开平内移，三卫弃而辽东和宣大的声援隔绝，东胜、兴和徙而边防虚，蒙古族又渐南移，至入居河套，边墙之外，

---

① 《元史》卷二〇七，《孛罗帖木儿传》；卷二〇四，《朴不花传》。
② 《明史》卷一二四，《扩廓帖木儿传》。
③ 《元史》卷一四一，《察罕帖木儿传》；《明史》卷一二四，《扩廓帖木儿传》。

即为敌国，三百年中汉人和蒙古人的战争迄未停止。"北虏"的威胁至使明用全力防御北边，偏设戍兵，置九边要塞，国力为之疲敝，为明一代的大患。

六

蒙古政府的政变和内战，给红军以一个发展的好机会。红军的内讧和对非红军的混战，又给一个后起的红军小领袖朱元璋以一个发展的好机会。这一幸运的成功者在称帝后三年发表一道极有趣味的文件，说明他的成功是偶然的，他取天下于群雄之手，元的覆亡是自身的崩溃。他说：

> 当元之季，君宴安于上，臣跋扈于下，国用不经，征敛日促，水旱灾荒，频年不绝。天怒人怨，盗贼蜂起，群雄角逐，窃据州郡，朕不得已起兵欲图自全。及兵力日盛，乃东征西讨，削除渠魁，开拓疆宇。当是时，天下已非元氏有矣。向使元君克畏天命，不自逸豫，其臣各尽乃职，罔敢骄横，天下豪杰曷得乘隙而起。朕取天下于群雄之手，不在元氏之手。①

他是起义于濠州红军领袖郭子兴的部下，郭子兴死后，代为领袖，直隶于韩林儿，受宋的官爵，用龙凤年号，是红军中后起的一支有力部队。可是一到红军干部因内讧而势力锐减，韩林儿失去根据地来投奔以后，就立刻抛去红军的宗教意味的宣传，严厉地加以指斥。在至正二十六年讨张士诚的檄文中，竟公开地抨击红军说：

> 致使愚民误中妖术，不解偈言之妄诞，酷信弥勒之真有，冀其治世以苏其苦，聚为烧香之党，根据汝、颍，蔓延河、洛。妖言既行，凶谋遂逞，焚荡城郭，杀戮士夫，荼毒生灵，无端万状。②

---

① 《明太祖实录》卷五三。
② 祝允明：《九朝野记》。

前一部分斥红军为妖术为妖言,后一部分以采恐怖手段,屠杀地主——有产阶级为红军的罪状。接着他说:

> 元以天下钱粮兵马大势而讨之,略无功效,愈见猖獗,终不能济世安民。是以有志之士,旁观熟虑,乘势而起。或假元氏为名,或托香军为号,或以孤军独立,皆欲自为,由是天下土崩瓦解。余本濠县之民,初列行伍,渐至提兵,灼见妖言,不能成事,又度胡运,难与立功,遂引兵渡江。

指斥蒙古政府之不能维持治安,把自己的立场和红军分开,不愿分担红军所负的责任。可是这时候在名义上他还是韩林儿的臣下,在这文件的开首还不能不用"皇帝圣旨,吴王令旨",末后也不能不用龙凤十二年的年号。同年十二月他采取更进一步的手段,彻底排除红军的残余势力,授意部下大将廖永忠,沉韩林儿于瓜步①,以次年为吴元年,自为最高领袖。韩林儿死后,他听取了幕中儒生的劝告,把这次革命解释为民族自决运动,喊出驱逐蒙古人的口号。原来韩林儿在起事时虽假托宋后,国号也用宋的旧称,以图收拾民心。可是这到底是一幕假制的剧本,在实际上并不能发生什么效力。韩林儿之非赵氏子孙,是举世皆知的事实,日子一久,马脚渐露,他们也就索性不提宋后的话,专意于弥勒救世的宣传。到这时候红军势力消失,社会秩序混乱,弥勒之说已不能再鼓动人心,所以不能不提出一个新口号,从复宋的旧口号扩充放大为民族革命的口号,从恢复一家一系的帝统扩大到争取整个民族的自由。明显地指示出这次革命是民族与民族的战争,集合汉族的力量。同时也给予知识分子及旧地主官吏以安全的保障,求其合作。吴元年(至元二十七年,1367)十月丙寅檄谕齐鲁、河洛、燕蓟、秦晋之人,以北伐之意曰:

> 自古帝王临御天下,中国居内以制夷狄,夷狄居外以奉中国,

---

① 朱权:《通鉴博论》;钱谦益:《太祖实录辨证》。

未闻以夷狄居中国治天下者也……当此之时，天运循环，中原气盛，亿兆之中，当降生圣人，驱逐胡虏，恢复中华，立纲陈纪，救济斯民……方今河洛、关陕虽有数雄，忘中国祖宗之姓，反就胡虏禽兽之名，以为美称，假元号以济私，恃有众以要君，凭陵跋扈，遥制朝权，此河洛之徒也。或众少力微，阻兵据险，贿诱名爵，志在养力，以俟衅隙，此关陕之人也。二者其始皆以捕妖人为名，乃得兵权。及妖人既灭，兵权已得，志骄气盈，无复尊主庇民之意，互相吞噬，反为生民之巨害，皆非华夏之主也……予恭天成命，罔敢自安，方欲遣兵北逐群虏，拯生民于涂炭，复汉官之威仪……归我者永安于中华，背我者自窜于塞外。盖我中国之民，天必命中国之人以安之，夷狄何得而治哉。①

这是一个划时代的转变，也是朱元璋之所以成功的条件之一。

红军诸领袖之所以不能成功，一方面是受地主阶级的顽强抵抗，一方面是红军内部的分裂。红军之发动地为河南、湖北一带，起事后诸领袖人自为战，不相统属，并各自称帝称王，互相颉颃。至正十五年（1355）刘福通等立韩林儿为帝，国号宋，年号龙凤（1355至1366），建都于亳。至正十八年迁都汴梁。十九年察罕帖木儿破汴梁，韩林儿退据安丰。二十三年吴张士诚将吕珍破安丰，韩林儿奔滁州依朱元璋。宋势力最盛时，四出略地，所至无不摧破，至元十七年分兵三道，关先生、破头潘、冯长舅、沙刘二、王士诚趋晋、冀，白不信、大刀敖、李喜喜趋关中，毛贵出山东，刘福通则率众出没河南、北。白不信一支被察罕帖木儿、李思齐所破走入蜀，毛贵一支则陷济南、蓟州，略柳林，直逼大都，蒙古政府至议迁都以避之。关先生一支则分军为二，一出绛州，一出沁州，逾太行，破辽潞，陷冀宁，掠大同、兴和塞外诸郡，至陷上都，毁诸宫殿，转掠辽阳，抵高丽，复折回陷大宁，犯上都。李喜喜余党则陷宁夏，掠灵武诸边地。

---

① 《明太祖实录》卷二六；王世贞：《诏令杂考》一（《弇山堂别集》卷八五）。

黄河以北，东至高丽，北至和林，西至宁夏，蹂躏殆遍。可是初建国时，同党就争权夺利，互相残杀，丞相杜遵道得宠用事，平章政事刘福通阴令甲士挝杀之，自为丞相，国事均决于福通，韩林儿只是一个象征的偶像，丝毫不能过问。其他诸将俱与福通同起事，率不肯遵约束，福通不能制，兵虽盛，威令不行。所攻城邑，亦不能守，随得随失。接着在山东最得民心的毛贵为同党赵均用所杀，赵均用又被其党续继祖所杀，所部自相攻击。远征诸大将李喜喜、关先生等转战万里，亦多走死。于是在北为蒙古军队所围剿，在南则又受张士诚的攻击，安丰破后，势力就完全消灭。①

起自湖北的徐寿辉（1351至1360），于至正十一年称帝，国号天完，建元治平，都蕲水。后迁都汉阳，分兵四出陷饶信，连陷湖广、江西诸郡，东南发展至杭州、太平诸路。天完和宋一样，同样地也陷于内讧的局面。至正十七年丞相倪文俊谋弑寿辉自立，不克奔黄州。其将陈友谅杀文俊代其位。二十年弑寿辉自立为帝，国号汉，改元大义（1360至1363），尽有江西、湖广之地。②寿辉别部明玉珍略地四川，闻寿辉被弑，因自立为陇蜀王，以兵塞瞿塘，绝不与友谅通。至正二十年即皇帝位于重庆，国号夏，建元天统（1362至1366）。③

陈友谅势力方盛时，朱元璋亦起据集庆路，取太平和友谅接界。友谅陷池州，元璋遣将击取之，由是结仇，连兵不解。友谅大将赵普胜守安庆最骁勇，为朱元璋所间，友谅杀普胜，并其军。恃其兵强，欲东取应天，约张士诚从东面夹攻，朱元璋惧两面受敌，以计促友谅先发兵，大败之于龙湾。其部下诸将因赵普胜被杀，多不安，于光、欧普祥、吴宏、王溥、胡廷瑞等纷纷以所守地来降，友谅疆土日蹙。至正二十三年大发兵来围洪都，与朱元璋军相遇于鄱阳湖，大战三日，友谅兵败中矢死，大将张定边挟其次子

---

① 《明史》卷一二二，《韩林儿传》；《国初群雄事略》卷一，《韩林儿》。
② 《明史》卷一二三，《陈友谅传》；《国初群雄事略》卷三，《天完徐寿辉》。
③ 《明史》卷一二三，《明玉珍传》；《国初群雄事略》卷五，《夏明玉珍》。

理奔还武昌，立为帝。至正二十四年二月朱元璋亲督师围武昌，陈理出降，汉亡。①玉珍在位五年死，子昇嗣位方十岁。诸大臣皆粗暴不肯相下，大将万胜以私憾杀知院张文炳，内府舍人明昭复矫皇后旨杀万胜。胜为玉珍开国大将，功最高，人心多不平，保宁镇守平章吴友仁举兵杀明昭，入执国政，朝事大坏。洪武四年明将汤和、廖永忠、傅友德等伐蜀，昇出降，夏亡。②

在非红军的集团中，张士诚以被地主凌侮起事：

> 以操舟运盐为业，缘私作奸利。颇轻财好施，得群辈心。常鬻盐诸富家，富家多凌侮之，或负其直不酬。而弓手丘义尤窘辱士诚甚。士诚忿，即帅诸弟及壮士李伯昇等十八人杀义，并灭诸富家，纵火焚其居。入旁郡场，招少年起兵。盐丁方苦重役，遂共推为主。③

陷泰州、高邮。至正十四年自称诚王，国号大周，建元天祐。十六年陷平江、湖州、松江、常州诸路，改平江为隆平府，自高邮来都之。时朱元璋亦下集庆，境遂相接。士诚遣将攻镇江，徐达败之于龙潭。朱元璋亦遣将来攻常州，士诚大败，由此交兵不已。士诚所据要塞长兴、常州、江阴相继失，兵不得四出，不得已请降于元，乘间袭取杭州，所据南抵绍兴，北逾徐州，达于济宁之金沟，西距汝、颍、濠、泗，东至海，二千余里，带甲数十万。二十三年九月复自立为吴王。士诚无远图，自据吴后，渐奢纵，怠于政事。诸将帅日夜歌舞自娱，偃蹇不用命，不以军务为意。及丧师失地还，亦概置不问。已，复用为将。陈友谅约士诚夹攻应天，士诚欲守境观变，虽许而兵不出。及陈友谅既平，朱元璋遂大发兵取吴，至正二十七年九月破平江，擒张士诚，吴亡。④

浙东的方国珍的起事，和张士诚颇相类，其对蒙古政府的态度，也和

---

① 《明史》卷一二三，《陈友谅传》；《国初群雄事略》卷四，《汉陈友谅》。
② 《明史》卷一二三，《明玉珍传》；《国初群雄事略》卷五，《夏明玉珍》。
③ 《明史》卷一二三，《张士诚传》。
④ 《明史》卷一二三，《张士诚传》；《国初群雄事略》卷七，《周张士诚》。

张士诚同样地反复不定。《明史》记：

> 元至正八年，有蔡乱头者行剽海上，有司发兵捕之。国珍怨家告其通寇，国珍杀怨家，遂与兄国璋，弟国瑛、国珉亡入海，聚众数千人，劫运艘，梗海道。

地方官往讨为所败，胁使请于朝，授定海尉。未几复叛，再又降元为海道漕运万户，进行省参政，据有温、台、庆元之地。以兵和张士诚相攻，至士诚亦降元，始罢兵。朱元璋取婺州，与国珍接境，国珍惧不敌，自请纳土，未几又反复不受命。张士诚被擒后，朱元璋将朱亮祖、汤和取浙东，国珍不能抗，奉表降。①

非红军领袖中始终对蒙古政府维持君臣的关系的是陈友定。友定以乡农立功为黄土寨巡检，十年中以次削平闽、粤叛乱，西拒陈友谅，北拒朱元璋，累官至平章，尽有福建八郡之地。所收郡县仓库悉入为家赀，收官僚以为臣妾，有不从者必行诛窜。八郡之政皆用其私人以总制之，朝廷命官不得有所与。方国珍败降后，朱元璋即发兵由海陆两道入闽，洪武元年（1368）明兵取建宁、延平二路，友定被执死。②

在这样一个混乱局面之下，红军中的三等头目朱元璋竟能利用机会，统一全国，逐出蒙古人，建设汉人自治的帝国，除开上述提出民族革命的口号以外，是有其他的重要原因的。他出身于贫农之家，很懂得农民的心理。青年时代过的是漂流乞食的生活：

> 年十七，父母兄相继殁，贫不克葬。里人刘继祖与之地，乃克葬，即凤阳陵也。太祖孤无所依，乃入皇觉寺为僧。逾月，游食合肥……凡历光、固、汝、颍诸州三年，复还寺。

起兵后极力拉拢知识分子，一方面给自己以历史的训练，一方面受儒

---

① 《明史》卷一二三，《方国珍传》；《国初群雄事略》卷八，《方谷真》。
② 《明史》卷一二四，《陈友定传》；《国初群雄事略》卷一三，《陈友定》。

家的政治教育。至正十三年（1353）破滁州后即得名儒范常，留置幕下。范常首先劝他整饬兵纪：

> 诸将克和州，兵不戢。常言于太祖曰：得一城而使人肝脑涂地，何以成大事？太祖乃切责诸将，搜军中所掠妇女，还其家，民大悦。①

十五年（1355）渡江取太平后，又得耆儒李习、陶安。陶安批评当时诸领袖的行为，独推重他的不乱杀人：

> 海内鼎沸，豪杰并争，然其意在子女玉帛，非有拨乱救民安天下心。明公渡江，神武不杀，人心悦服，应天顺人，以行吊伐，天下不足平也。②

十六年克集庆，立即宣布政纲。他说：

> 元政渎扰，干戈蜂起，我来为民除乱耳。其各安堵如故。贤士吾礼用之，旧政不便者除之，吏毋贪暴殃吾民。③

这正是农民所渴望的政治，地主阶级因为地方治安得以保持，也对新政权表示好感。十七年克徽州后，耆儒朱升劝他"高筑墙，广积粮，缓称王"④。十八年克婺州后，得学者范祖干、叶仪、许元等十三人，二十年复征学者刘基、宋濂、叶琛、章溢，为其定策安民，及取天下大计。农民地主和知识分子三方面的合作，是他之所以成功的最大原因。

次之，个人的人格意志和军事学识的卓越也是他之所以成功的要素之一。在天下平定后，他曾自述成功的原因：

> 朕遭时丧乱，初起乡土，本图自全。及渡江以来，观群雄所为，徒为生民之患，而张士诚、陈友谅尤为巨蠹。士诚恃富，友谅恃强，朕独无所恃。惟不嗜杀人，布信义，行节俭，与卿等同心共济。初与二寇相持，士诚尤逼近，或谓宜先击之，朕以友谅志骄，士诚器小，

---

① 《明史》卷一三五，《范常传》。
② 《明史》卷一三六，《陶安传》。
③ 《明史》卷一，《太祖本纪》。
④ 《明史》卷一三六，《朱升传》。

志骄则好生事，器小则无远图，故先攻友谅。鄱阳之役，士诚卒不能出姑苏一步，以为之援。向使先攻士诚，浙西负固坚守，友谅必空国而来，吾腹背受敌矣。二寇既除，北定中原，所以先山东，次河洛，止潼关之兵不遽取秦、陇者，盖扩廓帖木儿、李思齐、张思道皆百战之余，未肯遽下，急之则并力一隅，猝未易定，故出其不意，反旆而北。燕都既举，然后西征。张、李望绝势穷，不战而克，然扩廓犹力抗不屈。向令未下燕都，骤与角力，胜负未可知也。①

这是一个最公平的自白。

至正二十七年（1367）冬天的时候，红军势力除僻处四川的夏国以外，已全部消灭，非红军方面，张士诚已被扑灭，方国珍来降。北面则已派徐达、常遇春乘元军内战北伐，南面则汤和、廖永忠已逼福州，两路大军均势如破竹，天下指日可定。遂以至正二十八年为洪武元年，即皇帝位，定有天下之号曰明，是为明太祖（1368至1398）。

洪武元年陈友定平后，即命廖永忠率舟师取广东，广东行省左丞何真迎降。广西亦继定。北征军方面以次定山东、河南，八月入大都，元帝北走。十二月扩廓帖木儿走甘肃，也西平。二年八月徐达克庆阳，斩张良臣，陕西平。四年元平章刘益以辽东降。明昇降，四川平。时元梁王把匝剌瓦尔密犹据云南，纳哈出据辽东。十四年遣傅友德定云南。二十年复大举讨纳哈出，时大宁已为明所取，纳哈出和蒙古政府的呼应断绝，势竭来降，始成大一统之业。

七

蒙古人在中国所施的种族压迫政策，引起了汉族的反感，发生一场战

---

① 《明史》卷三，《太祖本纪》。

争二十年的民族革命,终于被逐回到蒙古去。这教训明太祖是很记得的。他北征时的口号虽然是"驱逐胡虏",但其意义只限于推翻异族的统治权,对蒙古、色目人并不采歧视的态度。在北征檄文中并特别提出这一点说:

> 如蒙古、色目虽非华夏族类,然同生天地之间,有能知礼义,愿为臣民者,与中国之人抚养无异。①

即位以后,蒙古、色目的官吏和汉人同样地登用,中央官如以鞑靼指挥安童为刑部尚书,以咬住为副都御史,忽哥赤为工部右侍郎②,以高昌安为吏部侍郎。③外官如以高昌安为河东盐运司同知。以脱因为廉州知府。以道同为番禺知县。④军官如以鞑靼酋长孛罗帖木儿为庐州卫指挥佥事,仍领所部鞑官二百五十人。⑤即亲军中亦有蒙古军队,如洪武五年之置蒙古卫亲军指挥使司,以答失里为佥事。⑥二十二年特设泰宁、朵颜、福余三卫于兀良哈之地,以居降胡。⑦时蒙古、色目人多改为汉姓,与汉人无异,有求仕入官者,有登显要者,有为富商大贾者。⑧洪武三年曾一度下诏禁止擅改汉姓:

> 四月甲子,禁蒙古、色目人更易姓氏。诏曰:……朕起布衣,定群雄为天下主,已尝诏告天下,蒙古诸色人等皆吾赤子,果有材能,一体擢用。比闻入仕之后,或多更姓名。朕虑岁久,其子孙相传,昧其本源,诚非先王致谨氏族之道。中书省其告谕之,如已更易者听其

---

① 王世贞:《弇山堂别集》卷八五。
② 《明太祖实录》卷一九九。
③ 《明太祖实录》卷二〇二。
④ 《明太祖实录》卷二〇二;《明史》卷一三八《周祯传》,卷一四〇《道同传》。
⑤ 《明太祖实录》卷一九〇。
⑥ 《明太祖实录》卷七一。
⑦ 《明太祖实录》卷一九六。
⑧ 《明太祖实录》卷一〇九。

改正。①

但此项法令不久即自动取消：

> 永乐元年九月庚子，上谓兵部尚书刘儁曰：各卫鞑靼人多同名，无姓以别之，并宜赐姓。如是兵部请如洪武中故事，编置勘合，给赐姓名。从之。②

可知在洪武时代已有"编置勘合，给赐姓名"之举。其唯一的限制为特立一条蒙古、色目人的婚姻法：

> 凡蒙古、色目人听其与中国人为婚姻，务要两相情愿。不许本类自相嫁娶，违者杖八十，男女入官为奴。其中国人不愿与回回、钦察为婚姻者，听从本类自相嫁娶，不在禁例。③

这禁例的用意一面是要同化蒙古、色目人，一面是防止其种类之繁殖。法令虽然颁布，可是实行的程度，也许也和禁改汉姓一样，实际上并不发生效力。

在反面，太祖登极后立刻下令将衣冠恢复唐制，并禁止生活习俗之蒙古化：

> 洪武元年二月壬子，诏复衣冠如唐制……其辫发椎髻、胡服（男袴褶窄袖及辫线腰褶，妇女衣窄袖短衣，下服裙裳）、胡语、胡姓一切禁止。④

元制尚右，吴元年十月令百官礼仪尚左。⑤元人轻儒，至有九儒十丐之谣，谢枋得记：

> 滑稽之雄以儒为戏者曰：我大元制典，人有十等，一官二吏，先

---

① 《明太祖实录》卷五一。
② 《明成祖实录》卷二三。
③ 《明律》卷六，《户律》。
④ 《明太祖实录》卷三〇。
⑤ 《明史》卷一，《太祖纪》。

之者贵之也，贵之者谓有益于国也。七匠八娼九儒十丐，后之者贱之也，贱之者谓无益于国也。嗟乎卑哉，介乎娼之下丐之上者今儒也。①

郑思肖也说：

鞑法：一官二吏三僧四道五医六工七猎八民九儒十丐。②

这虽都是宋末遗老的话，但元人也有同样记载，余阙《贡泰父文集序》：

至元初奸回执政，乃大恶儒者，因说当国者能科举，摈儒士。其后公卿相师，皆以为常然，而小夫贱棣亦皆以儒为嗤呲。当是时士大夫有欲进取立功名者，皆强颜色，昏旦往候于门，媚说以妾婢，始得尺寸。③

可见儒者在元代之被摈斥。而明则在太祖初起时已重儒者，建国以后，大臣多用儒生，后来流弊至以科举为入官之唯一途径。反之元人重吏：

国初有金宋，天下之人，惟才是用之，无所专主，然用儒者为居多也。自至元以下始浸用吏，虽执政大臣亦以吏为之。由是中州小民，粗识字能治文书者，得入台阁供笔札，累日积月皆可以致通显。④

方孝孺《林君墓表》也说：

元之有天下，尚吏治而右文法。凡以吏仕者捷出取大官，过儒生远甚。⑤

因法令极繁，案牍冗泛，故吏得恣为奸利，为弊最甚。明兴即革此弊，从简严法令下手：

吴元年十一月壬寅，上谓省台官曰：近代法令极繁，其弊滋甚。今之法令正欲得中，毋袭其弊。如元时条格极繁冗，吏得夤缘出入为

---

① 《叠山集》卷六，《进方伯载归三山序》。
② 《心史》下，《大义略》。
③ 《青阳先生文集》卷四，《贡泰父文集序》。
④ 《青阳先生文集》卷四，《杨君显民诗集序》。
⑤ 《逊志斋集》卷二二。

奸，所以其害不胜……今立法正欲矫齐旧弊，大概不过简严下手，简则无出入之弊，严则民知畏而不敢轻犯。①

洪武十二年又立案牍减繁式颁示诸司：

> 初元末官府文移案牍最为繁冗，吏非积岁莫能通晓，欲习其业必以故吏为师。凡案牍出入，惟故吏之言是听。每曹自正吏外，主之者曰主文，附之者曰贴书曰小书生，觚文繁词，多为奸利。国初犹未尽革。至是，吏有以成案进者，上览而厌之曰：繁冗如此，吏焉得不为奸弊而害吾民也。命廷臣议减其繁文，著为定式，镂版颁之，俾诸司遵守。②

自后吏员遂为杂流，其入仕之途，惟外府外卫盐运司首领官，中外杂职入流未入流官，由吏员承差等选。③这是一个大变化。一面用严法重刑来肃清元代所遗留的政治污迹，《明史》记：

> 太祖惩元纵弛之后，刑用重典……凡官吏人等犯枉法赃者，不分南北，俱发北方边卫充军。

采辑官民过犯，条为《大诰》、《续诰》，后又增为《三编》，诸司敢不急公而务私者，必穷搜其原而罪之。凡所列凌迟枭示种诛者无虑千百，弃市以下万数。《三编》稍宽容，然所记进士监生罪名自一犯至四犯者犹三百六十四人，幸不死还职，率戴斩罪治事。郭桓之狱，直省诸官吏系死者数万人：

> 郭桓者，户部侍郎也。帝疑北平二司官吏李彧、赵全德等与桓为奸利，自六部左右侍郎下皆死，赃七百万，词连直省诸官吏，系死者数万人。核赃所寄借遍天下，民中人之家，大抵皆破。

空印之狱，也施行一次官吏的大屠杀：

> 十五年空印事发。每岁布政司、府州县吏诣户部核钱粮、军需

---

① 《明太祖实录》卷二七。
② 《明太祖实录》卷一二六。
③ 《明史》卷七一，《选举志》。

诸事，以道远，预持空印文书，遇部驳即改，以为常。及是，帝疑有奸，大怒，论诸长吏死，佐贰榜百戍边。①

由此中外官吏均重足凛息以"不保首领"为惧，以生还田里为大幸。②

在另一方面，蒙古人的政权虽然被推翻，但在典章制度方面，则仍有若干部分被因袭保留，最显明的是官制、兵制和教育制度。

中央的官制，在洪武十三年以前，大抵依据元制，行政最高机关为中书省，置左右丞相、平章政事、左右丞、参知政事等官，下设吏礼户兵刑工六部为执行机关。监察最高机关则为御史台，置御史大夫、御史中丞等官。军政最高机关改元之枢密院为大都督府，置左右都督、同知都督等官。洪武十三年胡惟庸党案发生后，更改官制，提高皇权，集中军政庶务一切权力在皇帝个人手中。废中书省不设，提高六部地位，使得单独执行政务，改御史台为都察院，分大都督府为五军都督府，均直隶于皇帝。地方行政则置行中书省，设行省平章政事等官，改路为府，设知府，州设知州，县设知县。洪武九年改浙江、江西、福建、北平、广西、四川、山东、广东、河南、陕西、湖广、山西诸行省俱为承宣布政使司，后增设云南、贵州为十三布政使司（北平后改为京师，与南京称为两京，直隶中央），置布政使、参政、参议诸官。司法则仍元制置各道提刑按察司，设按察使及副使佥事领之。军政则置都指挥使司十三（北平、陕西、山西、浙江、江西、山东、四川、福建、湖广、广东、广西、辽东、河南），行都指挥使司三（陕西、山西、福建），后增都司三（云南、贵州、万全，北平改为大宁），行都司二（四川、湖广），置都指挥使领之，掌一方军政。③

在兵制方面，元代内设左右前后中五卫，卫设都指挥使，下设镇抚

---

① 《明史》卷九四，《刑法志》。
② 《明史》卷一三八，《杨靖传》附《严德珉传》。
③ 《明史》卷七六，《职官志》。

所、千户所、百户所，以总宿卫诸军。又因各族兵设阿速、唐兀、贵赤、蒙古、西域、钦察诸卫亲军指挥使司。外则万户之下置总管，千户之下置总把，百户之下置弹压，立枢密院以总之。军士则蒙古壮丁无众寡尽佥为兵，汉人则以户出军，定入尺籍伍符，不可更易，死则役次丁，户绝别以民补之。①明兴后，中外皆用卫所制，亲军都尉府（后改为锦衣卫）统中左右前后五卫，其下有南北镇抚司。又别置金吾前后、羽林左右、虎贲左右、府军左右前后十卫，以时番上，号亲军。外则革诸将袭元旧制枢密平章元帅总管万户诸官号，度要害地，系一郡者设所，连郡者设卫，大率五千六百人为卫，千一百二十人为千户所，百十有二人为百户所，所设总旗二，小旗十，大小联比以成军。卫以指挥使领之，外统之都指挥使司，内则统于五军都督府。这是依元亲军制扩充的。征伐则命将充总兵官，调卫所军领之，既旋，则将上所佩印，官军各回卫所，将无专兵，兵无私将。这又是模仿唐代的府军制度。②其内军之分配训练，则又略近汉制。刘献廷说：

> 明初军制仿佛汉之南北军。锦衣等十二卫卫官禁者南军也。京营等四十八卫巡徼京师者北军也。而所谓春秋班换，独取山东、河南、中都、大宁者，则又汉调三辅之意也。③

军士则行垛集令，民出一丁为军。三丁以上，垛正军一，别有贴户，正军死，贴户丁补。外又有从征，有归附，有谪发。从征者，诸将所部兵，既定其地，因以留戍。归附，则胜国及僭伪诸降卒。谪发，以罪迁隶为兵者。其军皆世籍。④

在教育制度方面，元制于京师立国子学、蒙古国子学、回回国子监，

---

① 《元史》卷九八，《兵志》；卷八六，《百官志》。
② 《明史》卷八九、卷九〇，《兵志》。
③ 《广阳杂记》卷一。
④ 《明史》卷九一、卷九〇，《兵志》。

教授汉、蒙、回学术。监设祭酒、监丞、博士、助教，教授生徒。地方则诸路府州县皆置学，其他先儒过化之地，名贤经行之所，与好事之家出钱粟赡学者并立为书院。凡师儒之命于朝廷者曰教授，路府上中州置之。命于礼部及行省宣慰司者曰学正、山长、学录、教谕，路州县及书院置之。又有医学及阴阳学教授专门人才。生徒皆廪饩于官，诸学皆有学田。各行省设儒学提举司，提举凡学校之事。①明代完全接受这制度，于京师设国子监，府州县卫所皆建儒学，生员各地皆有定额。生员考试初由地方官吏主持，后特设提督学政官以领之。士子未入学者通谓之童生；入学者谓之诸生（有廪膳生、增广生、附学生之别）。三年大比，以诸生试之直省曰乡试，中式者为举人。次年以举人试之京师曰会试，中式者再经皇帝亲自考试曰殿试，分三甲。一甲止三人，曰状元、榜眼、探花，赐进士及第。二甲若干人，赐进士出身。三甲若干人，赐同进士出身。状元授修撰，榜眼、探花授编修，二三甲考选庶吉士者，皆为翰林官。其他或授给事、御史、主事、中书、行人、评事、太常、国子博士，或授府推官、知州、知县等官。举人贡生不第，入监而选者，或授小京职，或授府佐及州县正官，或授教职。由此入仕必由科举，而科举则必由学校，《明史》说：

> 盖无地而不设之学，无人而不纳之教。庠声序音，重规叠矩，无间于下邑荒徼，山陬海涯。此明代学校之盛，唐、宋以来所不及也。②

学校的教育和科举的范围，元初许衡即提议罢诗赋，重经学。皇庆二年（1313）中书省臣言：

> 夫取士之法，经学实修己治人之道，词赋乃摘章绘句之学，自隋、唐以来，取人专尚词赋，故士习浮华。今臣等所拟，将律赋省题诗小义皆不用，专立德行明经科，以此取士，庶可得人。帝然之。③

---

① 《元史》卷八一，《选举志》，《学校》。
② 《明史》卷六九，《选举志》。
③ 《元史》卷八一，《选举志·科目》。

由此专重经学，"四书"、"五经"成为学者的宝典，入仕的津梁。至明更变本加厉，专取"四书"、"五经"命题取士，又特定一种文体，略仿宋经义，然代古人语气为之，体用排偶，通谓之制义。①指定限于几家的疏义，不许发挥自己见解。文章有一定的格式，思想又不许自由，这是明代科举制度的特色。学校和科举打成一片，官吏的登用必由科举，而科举则必由学校，政治上一切人物均由学校产生，而训练这一些未来政治人物的工具，却是过去几千年前的古老经典，这些经典又不许用自己的见解去解释去研究。选用这一些未来政治人物的方法，却是一种替古代人说话，替古代人设想，依样画葫芦的八股文。这是近代史上最大的一个污点，这污点从元传到明，明传到清，束缚了多少人的聪明才智，造成了无量数的八股政治家，是一个消磨民族精力的最大损失。

红军之起，最大的目的是要求经济的政治的民族的地位之平等，在政治和民族方面说，明的兴起已经完全解决了过去的歧视。在经济方面，虽已推翻了蒙古、色目人对汉族的控制特权，但就汉族而说，则本土的地主和农民之间的纠纷，并未觅得解决的途径。

在上文曾经说明地主是拥护旧政权的，在混乱的局面之下，他们要保存自己的地位，便用尽可能的力量组织私军来抵抗农民的袭击。可是一等到有一个新政权建立，而这一新政权是能够保持地方秩序的时候，他们便毫不犹疑地投入这一新政权的怀抱，竭力拥护。同时一批新兴的贵族、大臣、官吏也因他们的劳绩获得大量的田土，成为新的地主。新兴的政府对这两种地主不能不加顾虑，因之农民的生活问题就被搁浅，永远不能提出一个解决彻底的办法。

明太祖及其大部分臣下都是农民出身的，他们过去曾身受过地主的压迫。但是在革命的过程中，他们又不得不靠地主的财力和他们合作。在

---

① 《明史》卷七〇，《选举志》。

这矛盾的关系之下,产生对地主的双层矛盾政策。他们一面仍旧和地主合作,让地主参加政治,如登用富户,《明史·选举志》:

> 俾富户耆民皆得进见,奏对称旨,辄予美官。①

洪武八年十月特下诏举富民素行端洁达时务者。②如用地主为粮长:

> 洪武四年九月丁丑,上以郡县吏每遇征收赋税,辄侵渔于民。乃命户部令有司科民土田,以万石为率。其中田土多者为粮长,督其乡之赋税。且谓廷臣曰:此以良民治良民,必无侵渔之患矣。③

《明史》记:

> 粮长者,太祖时,令田多者为之,督其乡赋税。岁七月,州县委官偕诣京,领勘合以行。粮万石,长副各一人,输以时至得召见,语合,辄蒙擢用。④

但在另一方面,则又极力排除地主势力。排除的方法第一是迁徙,如初年之徙地主于濠州:

> 吴元年十月乙巳,徙苏州富民实濠州。⑤

建国后徙地主实京师,《明史》记:

> (太祖)惩元末豪强侮贫弱,立法多右贫抑富。尝命户部籍浙江等九布政司应天十八府州富民万四千三百余户,以次召见,徙其家以实京师,谓之富户。⑥

第二是用苛刑诛灭,方孝孺《采苓子郑处士墓碣》:

> 妄人诬其家与权臣(胡惟庸)通财。时严通财党与之诛,犯者不

---

① 《明史》卷七一,《选举志》。
② 《明史》卷二,《太祖纪》。
③ 《明太祖实录》卷六八。
④ 《明史》卷七八,《食货志》,《赋役》。
⑤ 《明太祖实录》卷二六。
⑥ 《明史》卷七七,《食货志》。

问实不实,必死而覆其家……当是时浙东西巨室故家多以罪倾其宗。①

不问实不实,必诛而覆其家,这是消灭地主的另一手段。

对农民方面,在开国时为了应付农民过去的要求和谋赋税之整顿,曾大规模地举行土地丈量:

> 元季丧乱,版籍多亡,田赋无准。明太祖即帝位,遣周铸等百六十四人,核浙西田亩,定其赋税。复命户部核实天下土田。②

以后每平定一地后,即派人丈量土地,如:

> 洪武五年六月乙巳,命户部遣使度四川田,以蜀始平故也。③

洪武十九年,又再丈量一次,方孝孺《贞义处士郑君墓表》:

> 洪武十九年诏天下度田,绘疆畛为图,命太学生莅其役。④

量度田亩方圆,次以字号,悉书主名及田之丈尺,编类为册,状如鱼鳞,号曰鱼鳞图册。另一面则调查人口,编定黄册:

> 洪武十四年诏天下编赋役黄册。以二百一十户为一里,推丁粮多者十户为长,余百户为十甲,甲凡十人。岁役里长十人,甲首一人,董一里一甲之事。先后以丁粮多寡为序。

以户为主,详具旧管新收开除实在之数为四柱式。而鱼鳞图册以土田为主,诸原阪、坟衍、下隰、沃瘠、沙卤之别毕具。以鱼鳞图册为经,土田之讼质焉,黄册为纬,赋役之法定焉。凡买卖田土备书税粮科则,官为籍记之,毋令产去税存,以为民害。⑤这法度虽然精密,可是地主舞弊的方法也随之而进步,农民仍然和过去一样,要负几重义务,生活之困苦,并

---

① 《逊志斋集》卷二二。
② 《明史》卷七七,《食货志》。
③ 《明太祖实录》卷七四。
④ 《逊志斋集》卷二二。
⑤ 《明史》卷七七,《食货志》;参看梁方仲先生:《明代鱼鳞图册考》,载《地政月刊》第八期。

不因政权之转换而稍减。①

最后，元代因滥发交钞的结果，财政破产，民生困瘁。《元史》记：

至正十一年，置宝泉提举司，掌鼓铸至正通宝钱、印造交钞，令民间通用，行之未久，物价腾踊，价逾十倍。又值海内大乱，军储供给，赏赐犒劳，每日印造，不可数计，舟车装运，轴轳相接，交料之散满人间者无处无之，昏软者不复行用，京师料钞十锭易斗粟不可得。既而所在郡县皆以物货相贸易，公私所积之钞，遂俱不行，人视之若弊楮，而国用由是遂乏矣。②

原来在初行钞法时，钞本和钞相权印造，钞本或为丝，或为银，分存在中央和地方，所以钞和物货能维持稳定的比率，流通无阻。到末年钞本移用一空，却一味印发，用多少就印多少，自然物价愈高，钞价愈跌，驯至不能行使市面了。明兴以后，仍沿其弊。洪武初年铸大中通宝钱，商贾用钞惯了，都不愿用钱。洪武七年设宝钞提举司，造大明宝钞，命民间通行，分六等：曰一贯，曰五百文，四百文，三百文，二百文，一百文。每钞一贯，准钱千文，银一两，四贯准黄金一两。禁民间不得以金银物货交易，违者罪之。可是并无钞本，政府唯一的准备是允许用钞交纳赋税。初期凭政治的威力，虽然滥发，钞法尚通，后来钞价渐跌，钱重钞轻，一贯只值钱一百六十文，物价愈贵，政府虽屡次想法改进钞的价值，严禁其他货币行使，可是仍不相干。宣德初年米一石至用钞五十贯，成化时钞一贯至不值钱一文。这是蒙古人遗传给明代的一个最大祸害。

在这样一个局面之下，农民并没有从革命得到什么好处，也许比从前还更糟，可是新的统治权并不因此而发生动摇。这有两个原因可以解释，第一是已经经过几十年的战争，农民已经厌倦了，不能再忍受那样的生活

---

① 参阅吴晗：《明代之农民》，载天津《益世报·史学》第十二、三期，1935年10月。

② 《元史》卷九七，《食货志》，《钞法》。

了，暂时能够苟安一下，虽然还是吃苦，也比在兵火之下转侧强一点。并且壮丁多已死亡，新统治者的军力超过旧政府远甚，农民只好屈服。第二是战争的结果，天然地淘汰了无数千万的人口，空出了大量无人耕种的土地，人口比过去少，土地却比过去多，农民生活暂时得到一个解决。元末残破的情形试举一例：

> 丁酉（1357）十月甲申，遂命元帅缪大亨取扬州，克之。青军元帅张明鉴以其众降……明鉴日屠城中居民以为食。至是大亨攻之，明鉴等不支，乃出降……按籍，城中居民仅余十八家。（李）德林以旧城虚旷难守，乃截城西南隅筑而守之。①

这是至正十七年的事，扬州是江南最繁富的地方，几年的战争，便残破如此，其他各地的情形可想而知。土地空旷的情形也举一例：

> 洪武三年（1370）六月丁丑，济南府知府陈修及司农官上言：北方郡县近城之地多荒芜，宜召乡民无田者垦辟，户率十五亩，又给地二亩，与之种蔬。有余力者不限顷亩，皆免三年租税。其马驿巡检司急递铺应役者各于本处开垦，无牛者官给之。守御军在远者亦移近城。若王国所在，近城存留五里以备练兵牧马，余处悉令开耕。从之。②

可是一过几十年，休养生息，人口又飞快地增加，土地又不够分配，同时政府的军力也逐渐衰敝的时候，政治的腐化，政府和地主的苛索，又引起了接连不断的农民革命。③

一九三五年除夕

（原载《清华学报》第十一卷第二期，1936年4月）

---

① 《明太祖实录》卷五。
② 《明太祖实录》卷五三。
③ 参看《明代之农民》；吴晗：《晚明流寇之社会背景》，载天津《大公报·史地周刊》第五至六期，1934年10月。

明代靖难之役与国都北迁

一、明太祖的折衷政策

自称为淮右布衣，出身于流氓而作天子的朱元璋，在得了势力称王建国之后，最惹他操心的问题第一是怎样建立一个有力的政治中心？建立在何处？第二是用什么方法来维持他的统治权？

明太祖在初渡江克太平时（至正十五年六月，公元1355），当涂学者陶安出迎：

> 太祖问曰："吾欲取金陵，何如？"安曰："金陵古帝王都，取而有之，抚形胜以临四方，何向不克？"太祖曰："善！"①

至正十八年叶兑献书论取天下规模：

> 今之规模，宜北绝李察罕（元将察罕帖木儿），南并张九四（吴张士诚），抚温、台，取闽、越，定都建康，拓地江、广，进则越两淮以北征，退则画长江而自守。夫金陵古称龙蟠虎踞，帝王之都，藉其兵力资财，以攻则克，以守则固。②

部将中冯国用亦早主定都金陵之说：

> 洪武初定淮甸，得冯国用，问以天下大计。国用对曰："金陵龙蟠虎踞，真帝王之都，愿先渡江取金陵，置都于此。然后命将出师，扫除群寇，倡仁义以收人心，天下不难定也。"上曰："吾意正如此。"③

---

① 《明史》卷一三六，《陶安传》。
② 《明史》卷一三五，《叶兑传》。
③ 孙承泽：《春明梦余录》卷一；《明史》卷一二九，《冯胜传》附《冯国用传》。

参酌诸谋士的意见，经过了长期的考虑后，以至正二十六年（1366）六月拓应天城，作新宫于钟山之阳，至次年九月新宫成。这是吴王时代的都城。同月灭吴张士诚，十月遣徐达等北伐。十二月取温、台，降方国珍，定山东诸郡县。

至正二十八年（1368）正月吴王称帝，改元洪武，汤和平福建，四月平广东、河南。七月广西平。八月徐达帅师入大都，元帝北走。十二月山西平。二年八月陕西平，南北一统。四年夏明昇降，四川平。十五年平定云南。二十年元纳哈出降，辽东归附，天下大定。在这一长时期中，个人的地位由王而帝，所统辖的疆域由东南一隅而扩为全国。元人虽已北走，仍保有不可侮的实力，时刻有南下恢复的企图。同时沿海倭寇的侵轶也成为国防上的重大问题。在这样情形之下，帝都的重建和国防的设计是当时朝野所最属目的两大问题。

基于天然环境的限制，东南方面沿海数千里时时处处有被倭寇侵犯的危险，东北方面长城外即是蒙古人的势力，如不在险要处屯驻重兵，则黄河以北便非我有。防边须用重兵，如以兵权付诸将，则恐尾大不掉，有形成藩镇跋扈的危险。如以重兵直隶中央，则国都必须扼驻边界，以收统辖指挥之效。东南是全国的经济中心，东北为国防关系，又必须成为全国的军事中心。国都如建设在东南，则北边空虚，不能防御蒙古人的南侵，如建设在北边，则国用仍须仰给东南，转运劳费，极不合算。

在政治制度方面，郡县制和封建制的选择，也成为当前的难题。秦、汉、唐、宋之亡，没有强藩屏卫是许多原因中之一。周代封建藩国，则又枝强干弱，中央威令不施。这两者中的折衷办法，是西汉初期的郡国制。一面设官分治集大权于中央，一面又封建子弟，使为国家捍御。这样一来，设国都于东南财赋之区，封子弟于东北边防之地，在经济上，在军事上，在统治权的永久维持上都得到一个完满的解决。这就是明太祖所采用的折衷政策。

二、定都南京①

明太祖定都南京的重要理由是受经济环境的限制。第一因为江、浙富饶为全国冠，所谓"财赋出于东南，而金陵为其会"②。第二是吴王时代所奠定的宫阙，不愿轻易弃去。且若另建都邑，则又须重加一层劳费。第三从龙将相都是江淮子弟，不愿轻去乡土。洪武元年四月取汴梁后，他曾亲到汴梁去视察，觉得虽然地位适中，可是四面受敌，形势还不及南京。③而在事实上，则西北未定，为转饷屯军计，不能不有一个军事上的后方重地，以便策应。于是仿成周两京之制以应天（金陵）为南京，开封为北京。二年八月陕西平。九月以临濠（安徽凤阳）为中都，事前曾和廷臣集议建都之地：

> 上召诸老臣问以建都之地，或言关中险固，金陵天府之国。或言洛阳天地之中，四方朝贡道里适均。汴梁亦宋之旧京。又言北平元之宫室完备，就之可省民力。上曰："所言皆善，惟时有不同耳。长安、洛阳、汴京实周、秦、汉、魏、唐、宋所建国。但平定之初，民力未苏息，朕若建都于彼，供给力役悉资江南，重劳其民。若就北平，要之宫室不能无更，亦未易也。今建业长江天堑，龙蟠虎踞，江南形胜之地，真足以立国。临濠则前江后淮，以险可恃，以水可漕，朕欲以为中都。何如？"群臣称善。至是始命有司建置城池宫阙，如京师之制焉。④

---

① 旧名建业、建康、金陵，元为集庆，明太祖克集庆后以为应天府，洪武二年以为南京。十一年改为京师，成祖北迁后以为南京，以北京为京师。文中为行文便利计，除引原文处仍其原称外，一律称南京。
② 丘濬：《大学衍义补》，都邑之建。
③ 刘辰：《国初事迹》。
④ 黄光昇：《昭代典则》。

在营建中都时，刘基曾持反对的论调，以为"凤阳虽帝乡非建都地"①。八年四月罢营中都。②

洪武十一年（公元1378）以南京为京师。③太祖对于建都问题已经踌躇了十年，到这时才决定。可是为着要控制北边，仍时时有迁都的雄心。选定的地点仍是长安、洛阳和北平。当时献议都长安的有胡子祺：

> 洪武三年以文学选为御史，上书请都关中。帝称善，遣太子巡视陕西。后以太子薨，不果。④

他的理由是：

> 天下形胜地可都者四。河东地势高，控制西北，尧尝都之，然其地苦寒。汴梁襟带河、淮，宋尝都之，然其地平旷，无险可凭。洛阳周公卜之，周、汉迁之，然嵩、邙非有崤函、终南之阻，涧、瀍、伊、洛非有泾、渭、灞、浐之雄。夫据百二河山之胜，可以耸诸侯之望，举天下莫关中若也。⑤

皇太子巡视陕西在洪武二十四年。则太祖在十一年定都南京以后仍有都长安之意。皇太子巡视的结果，主张定都洛阳：

> 太祖以江南地薄，颇有迁都之意。八月命皇太子往视关、洛。皇太子志欲定都洛阳，归而献地图。明年四月以疾薨。⑥

郑晓记此事始末，指出迁都的用意在控制西北：

> 国朝定鼎金陵，本兴王之地。然江南形势终不能控制西北，故高皇时已有都汴、都关中之意，以东宫薨而中止。⑦

---

① 《明史》卷一二八，《刘基传》。
② 《明史》卷二，《太祖本纪》二。
③ 《明史》卷四〇，《地理志》一。
④ 《明史》卷一四七，《胡广传》。
⑤ 《明史》卷一一五，《兴宗孝康皇帝传》。
⑥ 姜清：《姜氏秘史》卷一。
⑦ 郑晓：《今言》卷二七四。

《明史》记：

> 太子还，献陕西地图，遂病。病中上言经略建都事。①

是则假使太子不早死，也许在洪武时已迁都到洛阳或长安了。又议建都北平：

> 逮平陕西，欲置都关中。后以西北重地非自将不可，议建都于燕，以鲍频力谏而止。②

何孟春记鲍频谏都北平事说：

> 太祖平一天下，有北都意。尝御谨身殿亲策问廷臣曰："北平建都可以控制边塞，比南京何如？"修撰鲍频对曰："元主起自沙漠，立国在燕今百年，地气天运已尽，不可因也。南京兴王之地，宫殿已完，不必改图。传曰：'在德不在险也。'"③

明太祖晚年之想迁都，次要的原因是南京新宫风水不好。顾炎武记：

> 南京新宫吴元年作。初大内填燕尾湖为之，地势中下南高而北卑。高皇帝后悔之。二十五年祭光禄寺灶神文曰："朕经营天下数十年，事事按古有绪。维宫城前昂后洼，形势不称，本欲迁都。今朕年老，精力已倦。又天下新定，不欲劳民，且兴废有数，只得听天。惟愿鉴朕此心，福其子孙。"④

由此看来，从洪武初年到二十四年这一时期中，明太祖虽然以南京作国都，可是为了控制北边的关系，仍时时有迁都的企图。迁都到北边最大的困难是漕运艰难。北边硗瘠，如一迁都，则人口必骤然增加，本地的粮食不能自给，必须仰给东南，烦费不赀。次之重新创建城地宫阙，财力和人力耗费过多。懿文太子死后，这老皇帝失去勇气，就从此不再谈迁都了。

---

① 《明史》卷一一五，《兴宗孝康皇帝传》。
② 《春明梦余录》卷一。
③ 何孟春：《余冬录》卷二。
④ 顾炎武：《天下郡国利病书》卷一〇三，江南一。

三、封建诸王

洪武二年四月编《祖训录》，定封建诸王之制。①在沿边要塞，均置王国：

> 明兴，高皇帝以宋为惩，内域削弱，边围勿戍，使胡人得逞中原而居闰位。于是大封诸子，连亘边陲。北平天险，为元故都，以王燕。东历渔阳、卢龙，出喜峰，包大宁，控塞葆山戎，以王宁。东渡榆关，跨辽东，西并海被朝鲜，联开原，交市东北诸夷，以王辽。西按古北口，濒于雍河，中更上谷、云中，巩居庸，蔽雁门，以王谷若代。雁门之南，太原其都会也，表里河山，以王晋。逾河而西，历延、庆、韦、灵，又逾河北，保宁夏，倚贺兰，以王庆。兼崤、陇之险，周、秦都圻之地，牧埆之野，直走金城，以王秦。西渡河领张掖、酒泉诸郡，西扃嘉峪，护西城诸国，以王肃。此九王者皆塞王也，莫不敷险陋，控要害，佐以元戎宿将，权崇制命，势匹抚军，肃清沙漠，垒帐相望。②

在内地则有：

> 周、齐、楚、潭、鲁、蜀诸王，护卫精兵万六千余人，牧马数千匹，亦皆部兵耀武，并列内郡。③

洪武五年置亲王护卫指挥使司，每府设三护卫。④护卫甲士少者三千人，多者至万九千人。⑤王国中央所派守镇兵亦得归王调遣：

> 凡王国有守镇兵，有护卫兵。其守镇兵有常选指挥掌之。其护卫

---

① 《明史》卷二，《太祖本纪》二。
② 何乔远：《名山藏》卷一，《分藩记》。
③ 何乔远：《名山藏》卷一，《分藩记》。
④ 《明史》卷九十，《兵志》二，《卫所》。
⑤ 《明史》卷一一六，《诸王传序》。

兵从王调遣。如本国是险要之地，遇有警急，其守镇兵、护卫兵并从王调遣。①

守镇兵之调发，除御宝文书外并须得王令旨方得发兵：

> 凡朝廷调兵须有御宝文书与王，并有御宝文书与守镇官。守镇官既得御宝文书，又得王令旨，方许发兵。无王令旨，不得发兵。②

扼边诸王尤险要者，兵力尤厚。如宁王所部至"带甲八万，革车六千，所属朵颜三卫骑兵皆骁勇善战"③。洪武十年又以羽林等卫军益秦、晋、燕三府护卫。④时蒙古人犹图恢复，屡屡南犯。于是徐达、冯胜、傅友德诸大将数奉命往北平、山西、陕西诸地屯田练兵，为备边之计。又诏诸王近塞者每岁秋勒兵巡边⑤，远涉不毛，校猎而还，谓之肃清沙漠。⑥诸王封并塞居者皆预军务，而晋、燕二王尤被重寄，数命将兵出塞以筑城屯田，大将如宋国公冯胜、颍国公傅友德皆受节制。⑦洪武二十六年三月诏二王军务大者始以闻⑧，由此军中事皆得专决。一方面又预防后人懦弱，政权有落于权臣和异姓人之手的危险，特授诸王以干涉中央政事之权。诸王有权移文中央索取奸臣：

> 若大臣行奸，不令王见天子，私下傅致其罪而遇不幸者，到此之时，天子必是昏君。其长史司并护卫移文五军都督府索取奸臣，都督府捕奸臣奏斩之，族灭其家。⑨

---

① 《皇明祖训》，兵卫条。
② 《皇明祖训》，兵卫条。
③ 《明史》卷一一七，《宁王传》。
④ 《明史》卷二，《太祖本纪》二。
⑤ 《明史》卷九一，《兵志》三，《边防》。
⑥ 祝允明：《九朝野记》卷一。
⑦ 《明史》卷一一六，《晋王传》。
⑧ 《明史》卷三，《太祖本纪》三。
⑨ 《皇明祖训》，法律条。

甚至得举兵入清君侧：

> 如朝无正臣，内有奸恶，则亲王训兵待命。天子密诏诸王统领镇兵讨平之。①

又怕后人变更他的法度，把一切天子亲王大臣所应作和不应作的事都定为祖训，叫后人永远遵守。洪武二十八年九月正式颁布《皇明祖训条章》于中外，并下令后世有言更祖制者以奸臣论。②由此诸王各拥重兵，凭据险阨，并得干涉国事，在军事上和政治上都握大权，渐渐地酿成了外重内轻之势。

分封过制之害，在洪武九年叶伯巨即已上书言之。他说：

> 先王之制，大都不过三国之一，上下等差，各有定分，所以强干弱枝，遏乱源而崇治本耳。今裂土分封，使诸王各有分地，盖惩宋、元孤立，宗室不竞之弊。而秦、晋、燕、齐、梁、楚、吴、蜀诸国，无不连邑数十，城郭宫室亚于天子之都，优之以甲兵卫士之盛。臣恐数世之后，尾大不掉，然后削其地而夺之权，则必生觖望，甚者缘间而起，防之无及矣……愿及诸王未之国之先，节其都邑之制，减其卫兵，限其疆理，亦以待封诸王之子孙。此制一定，然后诸王有贤且才者入为辅相；其余世为藩屏，与国同休。割一时之恩，制万世之利，消天变而安社稷，莫先于此。③

书上以难间骨肉坐死。其实这时诸王止建藩号，尚未就国，有远见的人已经感觉到不安的预兆了。到洪武末年诸王数奉命出塞，强兵悍卒，尽属麾下，这时太祖衰病，皇太孙幼弱，也渐渐地感觉到强藩的迫胁了。有一次他们祖孙曾有如下的谈话：

> 先是太祖封诸王，辽、宁、燕、谷、代、晋、秦、庆、肃九国皆

---

① 《皇明祖训》，法律条。
② 《明史》卷三，《太祖本纪》三。
③ 《明史》卷一三九，《叶伯巨传》。

> 边房，岁令训将练兵，有事皆得提兵专制便防御。因语太孙曰："朕以御虏付诸王，可令边尘不动，贻汝以安。"太孙曰："虏不靖，诸王御之，诸王不靖，孰御之？"太祖默然良久，曰："汝意何如？"太孙曰："以德怀之，以礼制之，不可则削其地，又不可则废置其人，又其甚则举兵伐之。"太祖曰："是也，无以易此矣。"①

太孙又和黄子澄密谋定削藩之计：

> 惠帝为皇太孙时，尝坐东角门，谓子澄曰："诸王尊属拥重兵，多不法，奈何？"对曰："诸王护卫兵才足自守，倘有变，临以六师，其谁能支？汉七国非不强，卒底亡灭。大小强弱势不同，而顺逆之理异也。"太孙是其言。②

即位后高巍、韩郁先后上书请用主父偃推恩之策："在北诸王，子弟分封于南；在南，子弟分封于北。如此则藩王之权，不削而自削。"③当局者都主削藩，不用其计而靖难师起。

四、靖难

明太祖在位三十一年（1368至1398），皇太子标早卒，太孙允炆继位，是为惠帝（1399至1402）。时太祖诸子第二子秦王樉、第三子晋王㭎均先卒，四子燕王棣、五子周王橚及齐、湘、代、岷诸王均以尊属拥重兵，多不法，朝廷孤危。诸王中燕王最雄杰，兵最强，尤为朝廷所嫉。惠帝用黄子澄、齐泰计谋削藩：

> 泰欲先图燕。子澄曰："不然。周、齐、湘、代、岷诸王，在先

---

① 尹守衡：《明史窃革除纪》。
② 《明史》卷一四一，《黄子澄传》。
③ 《明史》卷一四三，《高巍传》。

帝时尚多不法，削之有名。今欲问罪，宜先周。周王，燕之母弟[①]，削周是削燕手足也。"[②]

定计以后，第一步先收回王国所在地之统治权，下诏"王国吏民听朝廷节制，惟护卫官军听王"[③]。建文元年二月又"诏诸王毋得节制文武吏士"[④]。收回兵权及在王国之中央官吏节制权。洪武三十一年八月废周王橚为庶人。建文元年四月湘王柏惧罪自焚死，齐王榑、代王桂有罪，废为庶人。六月废岷王梗为庶人。

燕王智勇有大略，妃徐氏为开国元勋徐达女，就国后，徐达数奉命备边北平，因从学兵法。徐达死后，诸大将因胡惟庸、蓝玉两次党案诛杀殆尽，燕王遂与秦晋二王并当北边御敌之任。洪武二十三年正月与晋王帅师往讨元丞相咬住、太尉乃儿不花，征虏前将军颍国公傅友德等皆听节制。三月师次迤都，咬住等降。[⑤]获其全部而还，太祖大喜。是后屡师诸将出征，并令王节制沿边士马，威名大震。[⑥]二十四年四月督傅友德诸将出塞，败敌而还。二十六年三月冯胜、傅友德备边山西、北平，其属卫将校悉听晋王、燕王节制。二十八年正月帅总兵官周兴出辽东塞，自开原追敌至甫答迷城，不及而还。二十九年帅师巡大宁，败敌于彻彻儿山，又追败之于兀良哈秃城而还。三十一年帅师备御开平。[⑦]太祖崩后，自以为三兄都已先死，伦序当立，不肯为惠帝下。周、湘诸藩相继得罪，遂决意反，阴选将

[①] 高皇后无子。懿文太子标、秦王樉、晋王㭎，李淑妃出。燕王棣，周王橚，硕妃出。均为高皇后养子，故燕王起兵时冒称高后嫡子，以图耸动天下耳目，且以为三兄俱死，已伦序当立。说详吴晗：《明成祖生母考》，载《清华学报》十卷三期。
[②] 《明史》卷一四一，《黄子澄传》。
[③] 谷应泰：《明史纪事本末》卷一五；《明史》卷一四一，《齐泰传》。
[④] 《明史》卷四，《恭闵帝本纪》。
[⑤] 《明史》卷三，《太祖本纪》三。
[⑥] 《明史》卷五，《成祖本纪》一。
[⑦] 《明史》卷三，《太祖本纪》三。

校，勾军卒，收材勇异能之士，日夜铸军器。①建文元年七月杀朝廷所置地方大吏，指齐泰、黄子澄为奸臣，援引祖训，入清君侧，称其师曰"靖难"。

兵起时惠帝正在和方孝孺、陈迪一些文士讨论周官法度，更定官制，讲求礼文。当国的齐泰、黄子澄也都是书生，不知兵事，以旧将耿炳文为大将往讨。八月耿炳文兵败于滹沱河，即刻召还，代以素不知兵的勋戚李景隆。时燕王已北袭大宁，尽得朵颜三卫骁骑而南。景隆乘虚攻北平，不能克，燕王回兵大破之。二年四月燕王又败景隆兵于白沟河、德州。进围济南，三月不克，为守将盛庸所掩击，大败解围去。九月盛庸代李景隆为大将军。十二月大败燕兵于东昌，燕大将张玉战死，精锐丧失几尽。三年燕兵数南下，胜负相当。所攻下的城邑，兵回又为朝廷拒守，所据有的地方不过北平、保定、永平三府。恰好因惠帝待宫中宦官极严厉，宦官被黜责的逃奔燕军，告以京师虚实。十二月复出师南下，朝廷遣大将徐辉祖（达子，燕王妃兄）出援山东，与都督平安大败燕兵于齐眉山。燕军谋遁还。惠帝又轻信谣言，以为燕兵已退，一面也不信任徐辉祖，召之还朝。前方势孤，相继败绩。燕兵遂渡淮趋扬州，江防都督陈瑄以舟师迎降，径渡江进围南京，谷王橞及李景隆开金川门迎降，宫中火起，惠帝不知所终。燕王入京师即帝位，是为成祖（1403至1424）。②

成祖入南京后做的第一件事是对主削藩议者的报复，下令大索齐泰、黄子澄、方孝孺等五十余人，榜其姓名曰奸臣，大行屠杀，施族诛之法，族人无少长皆斩，妻女发教坊司，姻党悉戍边。方孝孺之死，宗族亲友前后坐诛者至八百七十三人。③万历十三年（1585）释坐孝孺谪戍者后裔凡

---

① 《明史》卷一四五，《姚广孝传》。
② 《明史》卷四《恭闵帝纪》，卷五《成祖纪》一，卷一四四《盛庸传》，卷一二六《李文忠传》，卷一二五《徐达传》；《明史纪事本末》卷一六。
③ 《明史纪事本末》卷一八。

千三百余人。①即位后的第一件事是尽复建文中所更改的一切成法和官制，表明他起兵的目的是在拥护祖训和问惠帝擅改祖宗成法之罪。②由此《祖训》成为明朝一代治国的经典，太祖时所定的法令到后来虽然时移事变，也不许有所更改。太祖时所曾施行的制度，也成为一代的金规玉律，无论无理到什么地步，也因为是祖制而不敢轻议。内中如锦衣卫和廷杖制，最为有明一代的弊政。为成祖所创的有宦官出使专征监军分镇的制度，和皇帝的侦察机关东、西厂。

五、锦衣卫和东、西厂③

锦衣卫和东、西厂，明人合称为厂卫。锦衣卫是外廷的侦察机关，东、西厂则由宦官提督，最为皇帝所亲信，即锦衣卫也在其侦察之下。

锦衣卫初设于明太祖时，是皇帝的私人卫队。其下有镇抚司，专治刑狱，可以直接取诏行事，不必经过外廷法司的手续。④锦衣卫的主要职务是"察不轨妖言人命强盗重事"，专替皇帝侦察不忠于帝室的和叛逆者，其权力在外廷法司之上。洪武二十年（1387）曾一度取消锦衣卫的典诏狱权。到了成祖由庶子篡逆得位，自知人心不附，兼之内外大臣都是惠帝的旧臣，深恐惠帝未死，诸臣或有复国的企图，于是重复锦衣卫的职权，使之活动，以为钳制臣民之计。另一方面又建立了一个最高侦察机关叫东厂。因为在起兵时很得了惠帝左右宦官的力量，深信宦官的忠心，付以"缉访谋逆妖言大奸恶等"的职权。以后虽时革时复，名义也有时更换

---

① 《明史》卷一四一，《方孝孺传》。
② 《明史》卷五，《成祖本纪》一；钞本《燕王令旨》。
③ 作者有专文讨论，参阅《大公报·史地周刊》第十三期《明代的锦衣卫和东西厂》（1934年12月24日）。
④ 王世贞：《锦衣志》。

（如西厂、外厂、内行厂之类），但其职权及地位则愈来愈高，有任意逮捕官吏、平民和任意刑讯处死的权力。

靖难兵起时宦官狗儿、郑和等以军功得幸，即位后遂加委任。有派作使臣的，如永乐元年（1403）遣内官监李兴出使暹罗①，马彬出使爪哇诸国。三年遣太监郑和出使西洋。②有派作大将的，如永乐三年之使中官山寿帅兵出云州觇敌。③又因各地镇守大将多为惠帝旧臣，特派宦官出镇和监军，使之伺察，永乐元年命内臣出镇及监京营军。④出镇的例如马靖镇甘肃，马骐镇交阯；监军的如王安之监都督谭青军。⑤由是司法权和兵权都慢慢地落在宦官手中。宣德以后，人主多不亲政事，内阁的政权也渐渐地转到内廷司礼监手中去了。在外则各地镇守太监成为地方最高长官，积重难返，形成一种畸形的阉人政治。英宗时的王振、曹吉祥，宪宗时的汪直、梁芳，武宗时的刘瑾，神宗时的陈增、高淮，熹宗时的魏忠贤，思宗时的曹化淳、高起潜，莫不窃弄政柄，祸国殃民，举凡军事、外交、内政、财政、司法一切国家大政，都由宦官主持，甚至阁臣之用黜都以宦官的好恶为定。他们只图私人生活的享乐，极力搜括掊敛，榨取民众的血汗，诱导皇帝穷奢极欲，大兴土木祷祠，对外则好大喜功，生衅外族，驯至民穷财尽，叛乱四起。外廷的士大夫与之相抗的都被诛杀、放逐，由此朝廷分为两党，一派附和宦官，希图富贵，甘为鹰犬；一派则极力攻击，欲将政权夺回内阁，建设清明的政府。阉人和士人两派势力互为消长，此仆彼兴，一直闹到亡国。

---

① 《明史》卷三〇四，《宦官传序》。
② 《明史》，《成祖本纪》二。
③ 《明史》，《成祖本纪》二。
④ 《明史》，《成祖本纪》二。
⑤ 《明史》卷三〇四，《宦官传序》。

廷杖也是祖制的一种，太祖时曾杖死工部尚书薛祥①，鞭死永嘉侯朱亮祖父子。②以后一直沿用，正德十四年（1519）以谏止南巡廷杖舒芬等百四十六人，死者十一人。嘉靖三年（1524）群臣争大礼，廷杖丰熙等百三十四人，死者十六人。内外大臣一拂宦官或皇帝之意，即时廷杖，由锦衣卫执行，打而不死者或遣戍边地，或降官，或仍旧衣冠办事。宣宗时又创立枷之刑，国子祭酒李时勉至荷枷国子监前。③直到熹宗时魏忠贤杖死万燝，大学士叶向高以为言，忠贤乃罢廷杖，把所要杀的人都下镇抚司狱，用酷刑害死，算是代替了这一祖制。

锦衣卫、东西厂和廷杖制原都是为镇压反对势力，故意造成恐怖空气，使臣民慑于淫威不敢反侧的临时设施。一经施用，大小臣民都惴惴苟延，不知命在何日。太祖时朝官得生还田里，便为大幸。④皇帝的威权由之达于顶点。这三位一体的恐怖制度使专制政体的虐焰高得无可再高，列朝的君主也有明知这制度的残酷不合理，但是第一为着维系个人的威权，第二因为这是祖制，所以因仍不废。英宗以来的君主多高拱深宫，宦官用事，利用这制度来树威擅权，排斥异己，虽然经过若干次士大夫的抗议，终归无效。一直到亡国才自然消灭，竟和明运相终始。

六、迁都北京

成祖以边藩篡逆得位，深恐其他藩王也学他的办法再来一次靖难，即位之后，也采用惠帝的削藩政策，以次收诸藩兵权，非惟不使干预政事，且设立种种苛禁以约束之。建文四年（1402）徙谷王于长沙，永乐元年徙

---

① 《明史》卷一三八，《薛祥传》。
② 《明史》卷九五，《刑法志》三。
③ 《明史》卷一六三，《李时勉传》。
④ 《明史》卷一三八，《杨靖传》附《严德珉传》；卷二八五，《孙蕡传》。

宁王于南昌，以大宁地界从靖难有功之朵颜、福余、泰宁三卫，以偿前劳。①削代王、岷王护卫。四年削齐王护卫，废为庶人。十年削辽王护卫（辽王已于建文元年徙荆州）。十五年谷王以谋反废。十八年周王献三护卫。尽削诸王之权，于护卫损之又损，必使其力不足与一镇抗。②到宣宗时汉王高煦，武宗时安化王寘鐇、宁王宸濠果然援例造反，遂更设为厉禁，诸王行动不得自由，即出城省墓亦须奏请。二王不得相见。③受封后即不得入朝。④甚至在国家危急时，出兵勤王亦所不许。⑤只能衣租食税，凭着王的位号在地方上作威福，肆害官民。⑥王以下的宗人生则请名，长则请婚于朝，禄之终身，丧葬予费。⑦仰食于官，不使之出仕，又不许其别营生计，"不农不仕，吸民膏髓"⑧。生齿日蕃，国力不给，世宗时御史林润言：

> 天下岁供京师粮四百万石，而诸府禄米凡八百五十三万石。以山西言，存留百五十二万石，而宗禄三百十二万。以河南言，存留八十四万三千石，而宗禄百九十二万。⑨

---

① 《明史》卷三二八《朵颜三卫传》。《成祖本纪》二：永乐元年三月"始以大宁地畀兀良哈"，《兵志》三同。按兀良哈为地名，在潢水（即西喇木伦Sira Muren）北。西起兴安岭，东至哈尔滨、长春等平野。南有全宁卫，更南有大宁卫。《太祖高皇帝实录》卷一九六："二十二年五月辛卯，置泰宁、朵颜、福余三卫指挥使司于兀良哈之地以居降胡。"明人习称泰宁、朵颜、福余为兀良哈三卫，更节为兀良哈。兀良哈及三卫之名称由来，详见日本箭内亘：《兀良哈三卫名称考》。
② 万言：《管邨文钞内编》二，《诸王世表序》。
③ 《明史》卷一二〇，《诸王传赞》；卷一一九，《襄王传》。
④ 《明史》卷一一九，《崇王传》。
⑤ 《明史》卷一一八，《韩王传》、《唐王传》。
⑥ 赵翼：《廿二史劄记》卷三二，《明分封宗藩之制》。
⑦ 《明史》卷一一六，《诸王传序》。
⑧ 《明史》卷二一四，《靳学颜传》。
⑨ 《明史》卷八二，《食货志》六。

不得已大加减削，宗藩日困。①枣阳王祐楒"请除宗人禄，使以四民业自为生，贤者用射策应科第"，不许。②万历二十二年（1594）郑靖王世子载堉请许宗室皆得儒服就试，毋论中外职，中式者视才品器使③，从此宗室方得出仕。国家竭天下之力来养活十几万游荡无业的贵族游民，不但国力为之疲敝不支，实际上宗室又因不能就业而陷于贫困，势不能不作奸犯法，扰害平民。这也是当时创立"祖制"的人所意想不到的。

成祖削藩的结果，宁、谷二王内徙，尽释诸王兵权，北边空虚。按照当时的情势，"四裔北边为急，倏来倏去，边备须严。若畿甸去远而委守将，则非居重取轻之道"④。于是有迁都北京之计，以北京为行在，屯驻重兵，抵御蒙古人的入侵：

> 太宗靖难之勋既集，切切焉为北顾之虑，建行都于燕，因而整戈秣马，四征弗庭，亦势所不得已也。銮舆巡幸，劳费实繁。易世而后，不复南幸，此建都所以在燕也。⑤

合军事与政治中心为一，以国都当敌。朱健曾为成祖迁都下一历史的地理的解释。他说：

> 自古建立都邑，率在北土，不止我朝，而我朝近敌为甚。且如汉袭秦旧都关中，匈奴入寇，烽火辄至甘泉。唐袭隋旧都亦都关中，吐蕃入寇，辄到渭桥。宋袭周旧都汴，西无灵夏，北无燕、云，其去契丹界直浃旬耳。景德之后亦辄至澶渊。三治朝幅员善广矣，而定都若此者何？制敌便也。我朝定鼎燕京，东北去辽阳尚可数日，去渔阳百里耳。西北去云中尚可数日，去上谷亦仅倍渔阳耳。近敌便则常时封

---

① 《明史》卷一〇〇，《诸王世表序》。
② 《明史》卷一一九，《襄王传》附《枣阳王传》。
③ 《明史》卷一一九，《郑王传》。
④ 章潢：《图书编》卷三三，《论北龙帝都垣局》。
⑤ 顾祖禹：《读史方舆纪要》卷一〇，《直隶方舆纪要序》。

殖者尤勤，常时封殖则一日规画措置者尤亟。是故去敌之近，制敌之便，莫有如今日者也。①

建都北京的最大缺点是北边粮食不能自给，必须仰给东南。海运有风波之险，由内河漕运则或有时水涸，或被"寇盗"所阻，稍有意外，便成问题：

> 今国家燕都可谓百二山河，天府之国，但其间有少不便者，漕粟仰给东南耳。运河自江而淮，自淮而黄，自黄而汶，自汶而卫，盈盈衣带，不绝如线，河流一涸，则西北之腹尽枵矣。元时亦输粟以供上都，其后兼之海运。然当群雄奸命之时，烽烟四起，运道梗绝，惟有束手就困耳。此京师之第一当虑者也。②

要解决这两个困难，则第一必须大治河道，第二必须仍驻重兵于南京，镇压东南。成祖初年，转漕东南，水陆兼挽，仍元人之旧，参用海运，而海运多险，陆运亦艰。九年命宋礼开会通河，十三年陈瑄凿清江浦，通北京漕运，直达通州，而海陆运俱废。③运粮官军十二万人，有漕运总兵及总督统之。④十九年（1421）迁都北京后，以南京为留都，仍设五府六部官，并设守备掌一切留守防护之事，节制南京诸卫所。⑤

永乐元年以北平为北京。四年诏以明年五月建北京宫殿。十八年北京郊庙宫殿成，诏以北京为京师，不称行在。⑥在实际上，自七年以后，成祖多驻北京，以皇太子在南京监国。自邱福征本雅失里迁败死后，五入漠北亲征。⑦自十五年北巡以后，即不再南返。南京在事实上，从七年北巡后即

---

① 朱健：《古今治平略》，古今都会。
② 谢肇淛：《五杂俎》。
③ 《明史》卷五，《成祖本纪》二；卷八五，《河渠志》三；卷七九，《食货志》三。
④ 《明史》卷七六，《职官志》五；卷七九，《食货志》三。
⑤ 《明史》卷七六，《职官志》五。
⑥ 《明史》卷七，《成祖本纪》三。
⑦ 八年征鞑靼本雅失里，十二年征瓦剌马哈木，二十年至二十二年三征鞑靼阿鲁台。

已失去政治上的地位，十九年始正式改为陪都。

迁都之举，当时有一部分人不了解成祖的用心，力持反对论调：

> 初以殿灾诏求直言，群臣多言都北京非便。帝怒，杀主事萧仪，曰："方迁都时，与大臣密议，久而后定，非轻举也。"①

仁宗即位（1425）后，胡濙从经济的立场"力言建都北京非便，请还南都，省南北转运供亿之烦"②。于是又定计还都南京，洪熙元年三月诏北京诸司悉称行在。五月仁宗崩，迁都之计遂又搁置不行。③一直到英宗正统六年（1441）北京三殿两宫都已告成，才决定定都北京，诏文武诸司不称行在，仍以南京为陪都。④

成祖北迁以后，三面临敌，边防大重。东起鸭绿，西抵嘉峪，绵亘万里，分地守御。初设辽东、宣府、大同、延绥四镇，继设宁夏、甘肃、蓟州三镇，又加上太原、固原，是为九边。⑤每边各设重兵，统以大将，副以褊裨，监以宪臣，镇以开府，联以总督，无事则画地防守，有事则掎角为援。⑥失策的是即位后即徙封宁王于江西，把大宁一带地⑦，送给从征有功的朵颜三卫，自古北口至山海关隶朵颜卫，自广宁前屯卫西至广宁镇白云山隶泰宁卫，自白云山以北至开原隶福余卫。而幽燕东北之险，中国与夷狄共之，胡马疾驰半日可抵关下。辽东广宁、锦义等城自此与宣府、怀来隔断，悬绝声不相联。⑧又以东胜⑨孤远难守。调左卫于永平，右卫于遵

---

① 《明史》卷一四九，《夏原吉传》。
② 《明史》卷一六九，《胡濙传》。
③ 《明史》卷八，《仁宗本纪》。
④ 《明史》卷一〇，《英宗前纪》。
⑤ 《明史》卷九一，《兵志》三。
⑥ 黄道周：《博物典汇》卷一九，九边。
⑦ 今热河平泉、赤峰、朝阳等县地。
⑧ 严从简：《殊域周咨录》卷一六，《鞑靼》。
⑨ 今绥远托克托县及蒙古茂明安之地。

化而墟其地。①兴和②为阿鲁台所攻,徙治宣府卫城而所地遂虚。③开平④为元故都,地处极边,西接兴和而达东胜,东西千里,最为要塞。自大宁弃后,宣、辽隔绝,开平失援,胡虏出没,饷道艰难,宣德五年(1432)从薛禄议,弃开平,徙卫于独石。⑤后来"三岔河弃而辽东悚,河套弃而陕右警,西河弃而甘州危"⑥,国防遂不可问。初期国力尚强,对付外敌的方法是以攻为守,太祖、成祖、宣宗三朝并大举北征,以兵力逼蒙古人远遁,使之不敢近塞。英宗以后国力渐衰,于是只以守险为上策,坐待敌来,诸要塞尽弃而边警由之日亟。正统十四年(1449)瓦剌也先入寇围北京。嘉靖二十九年(1550)鞑靼俺答入寇薄都城。这两次的外寇都因都城兵力厚不能得志,焚掠近畿而去。崇祯十七年(1644)李自成北上,宣府和居庸的守臣都开门迎降,遂长驱进围北京,太监曹化淳又开门迎入,明遂亡。由此看来,假如成祖当时不迁都北京,自以身当敌冲,也许在前两次蒙古人入犯时,黄河以北已不可守,宋人南渡之祸,又要重演一次了。

(原载《清华学报》第十卷第四期,1935年10月)

---

① 《明史》卷九一,《兵志》三;卷四二,《地理志》二,《山西》。
② 元兴和路,自张家口以北至内蒙古苏尼特旗皆其境。洪武三年为府,后废。三十年置兴和守御千户所,今察哈尔张北县治即兴和故城。
③ 《明史》卷四〇,《地理志》一,《京师》。
④ 在今察哈尔多伦县地。
⑤ 《明史》卷四〇,《地理志》一;《殊域周咨录》卷一七,《鞑靼》;方孔炤:《全边略纪》卷三,《宣府略》。
⑥ 《博物典汇》卷一九。

明初统治阶级内部的斗争

朱元璋篡夺了元末农民战争的胜利果实作了皇帝，成为地主阶级政治利益的代表。他当然是尊重、维护地主阶级的利益的。但是，事情并不如他所想望的那样。大地主们也有两面性，一面同样尊重、维护他的统治，另一面，随着农业经济的恢复和发展，大地主们家里有人做官，倚仗政治力量，用隐瞒土地面积、荫庇漏籍人口等等手段来和皇家统治集团争夺土地和人力，直接影响到皇朝的财政、税收和人力使用。"国家存在的经济体现就是指税。"①"赋税是政府机器的经济基础。"②由于触犯他的利益的大地主们的强占、舞弊，皇朝的经济基础发生问题了，地主阶级内部矛盾发展了，激化了，为了保障自己的经济基础，非对触犯他的利益的大地主加以狠狠的打击不可。

朱元璋从渡江以后，就采取了许多保护地主阶级利益的措施。例如龙凤四年（公元1358）取金华，便选用金华七县富民子弟充宿卫，名为御中军。③这件事一方面表示对地主阶级的尊重和信任，另一面也是很重要的军事措施，因为把地主们的子弟征调为禁卫军人，随军作战，等于作质，就不必担心这些地区地主的军事反抗了。洪武十九年（公元1386）选取直隶应天诸府州县富民子弟赴京补吏，凡一千四百六十人④，也是同样作用。对地主本身，洪武三年作的调查，以田税多寡比较，浙西的大地主数量最多，以苏州一府为例，每年纳粮一百石以上到四百石的四百九十户；五百

---

① 《马克思恩格斯全集》第四卷，《道德化的批评和批评化的道德》，342页。
② 《马克思恩格斯文选》第二卷，《哥达纲领批判》，32页。
③ 《明太祖实录》卷六。
④ 《明太祖实录》卷一百七十九。

石到一千石的五十六户；一千石到二千石的六户；二千石到三千八百石的二户，共五百五十四户，每年纳粮十五万一百八十四石。①三十年又作了一次调查，除云南、两广、四川以外，浙江等九布政司，直隶应天十八府州，地主们田在七顷以上的共一万四千三百四十一户。编了花名册，把名册藏在内府印绶监，按名册以次召来，量才选用。②应该看到，田在七顷以上，在长江以南的确是大地主了，但在长江以北，就不一定是大地主，而是中小地主了。

地主对封建统治集团和农民来说，也是有两面性的。一面是他们拥护当前的统治，依靠皇朝的威力，保身立业。朱元璋说过：孟子曰：有恒产者有恒心。今郡县富民，多有素行端洁，通达时务者。叫户部保荐交租多的地主，任命为官员、粮长。③一面他又指出："富民多豪强，故元时此辈欺凌小民，武断乡曲，人受其害。"④以此，他对地主的政策也是两面性的，双管齐下。一是选用作官僚，加强自己的统治基础；一是把他们迁到京师，繁荣首都，同时也削弱了地主在各地方的力量。在科举法未定以前，选用地主作官，叫作税户人才，有作知县、知州、知府的，有作布政使以至朝廷的九卿的。⑤例如浙江乌程大族严震直就以税户人才一直做到工部尚书，后来浦江有名的郑义门的郑沂竟从老百姓任命为礼部尚书。⑥又以地主为粮长。以为地方官都是外地人，不熟习本地情况，容易被黠胥宿豪蒙蔽，民受其害，不如用有声望的地主来征收地方赋税，负责运

---

① 《明太祖实录》卷四十九。
② 《明太祖实录》卷二百五十二。
③ 谈迁：《国榷》卷六。
④ 《明太祖实录》卷四十九。
⑤ 吴宽：《匏翁家藏集》卷七十五，《施孝先墓表》。
⑥ 吴宽：《匏翁家藏集》卷四十三《尚书严公流芳录序》；《明史》卷二百九十六，《郑濂传》。

到京师，可以减少弊病。①洪武四年九月，命户部计算土田租税，以纳粮一万石为一区，选占有大量土地纳粮最多的地主为粮长，负责督收和运交税粮。②如浙江布政司有人口一百四十八万七千一百四十六户，每年纳粮九十三万三千二百六十八石，设粮长一百三十四人。③粮长下设知数（会计）一人，斗级（管斗斛秤量的）二十人，运粮夫千人。④并规定对粮长的优待办法，凡粮长犯杂犯、死罪和徒流刑的可以纳钞赎罪。⑤三十年又命天下郡县每区设正副粮长三名，编定次序，轮流应役，周而复始。⑥凡粮长按时运粮到京师的，元璋亲自召见，谈话合意的往往留下作官。⑦元璋把征粮和运粮的权力交给地主，以为这个办法是"以良民治良民，必无侵渔之患"⑧；免地方官"科扰之弊，于民甚便"⑨。他把地主也当作良民了。但是事实恰好相反，不少地主在作了粮长以后，在原来对农民剥削的基础上，更加上了皇朝赋予的权力，如虎添翼，肆行额外剥削，农民的痛苦也就更深更重了。例如粮长邾阿乃起立名色，科扰民户，收舡水脚米、斛面米、装粮饭米、车脚钱、脱夫米、造册钱、粮局知房钱、看米样中米，等等，通共苛敛米三万二千石，钞一万一千一百贯。正米止该一万石，邾阿乃个人剥削部分竟达米二万二千石，钞一万一千一百贯。农民交纳不起，

---

① 宋濂：《朝京稿》卷五，《上海夏君新圹铭》；《鲍翁家藏集》卷五十二，《恭题粮长敕谕》。
② 《明太祖实录》卷六十八。
③ 《明太祖实录》卷七十。
④ 《明太祖实录》卷八十五。
⑤ 《明太祖实录》卷一〇二。
⑥ 《明太祖实录》卷二百五十四。
⑦ 《明史》卷七十八，《食货志》二，《赋役》；《鲍翁家藏集》卷四十三，《尚书严公流芳录序》。
⑧ 《明太祖实录》卷六十八。
⑨ 《明太祖实录》卷一〇一。

就强迫以房屋准折,揭屋瓦,变卖牲口,以及衣服、段匹、布帛、锅灶、水车、农具,等等。①又如嘉定县粮长金仲芳等三名,巧立名色征粮附加到十八种。②农民吃够了苦头,无处控诉。③朱元璋也发觉粮长之弊,用严刑制裁。尽管杀了不少人,粮长依然作恶,农民也依然被额外剥削,改不好,也改不了。④

除任用地主作官收粮以外,朱元璋还采用汉高祖徙天下豪富于关中的政策。洪武三年移江南民十四万户于凤阳(这时凤阳是中都),其中有不少是地主。洪武二十四年徙天下富户五千三百户于南京。⑤三十年又徙富民一万四千三百余户于南京,称为富户。元璋告诉工部官员说:"从前汉高祖这样做,我很不以为然。现在想通了,京师是全国根本,事有当然,确实不得不这样做。"⑥

江南苏、松、杭、嘉、湖一带的地主被迫迁往凤阳,离开了原来的乡里田舍,还不许私自回去。这一措施对于当时东南地主阶级是绝大的打击。旧社会的地主阶级离开了原来占有的土地,也就丧失了社会地位和政治地位了。相对的,以朱元璋为首的新地主阶级却可以因此而加强对这一地区人民的控制了。这些家地主从此以后,虽然不敢公开回到原籍,却伪装成乞丐,以逃荒为名,成群结队,老幼男妇,散入江南诸州县乞食,到家扫墓探亲,第二年二三月间又回到凤阳。年代久了,也就成为习惯。五六百年来凤阳花鼓在东南一带是妇孺皆知的民间歌舞。歌词是:

  家住庐州并凤阳,凤阳原是好地方,

---

① 《大诰续诰》卷四十七。
② 《大诰续诰》卷二十一。
③ 黄省曾:《吴风录》。
④ 宋濂:《朝京稿》卷五,《上海夏君新圹铭》。
⑤ 《明太祖实录》卷二百十。
⑥ 《明太祖实录》卷二百十;《明史》卷七十七,《食货志》一。

自从出了朱皇帝,十年倒有九年荒。①

地主们对作官、作粮长当然很高兴,感激和支持这个维护本阶级利益的政权。但是,地主阶级贪婪的本性是永远也不能改变的,他们决不肯放弃任何一个可以增加占领土地和人力的机会,用尽一切手段逃避对皇朝应纳的赋税和徭役。例如两浙地主所使用的方法,把自己的田产诡寄(假写在)亲邻佃仆名下,叫作"铁脚寄诡",普遍成为风气,乡里欺骗州县,州县欺骗府,奸弊百出,叫作"通天诡寄"。②此外,还有洒派、抛荒、移丘换段等等手段。元璋在处罚了这些地主以后,气忿地指出:

> 民间洒派、抛荒、诡寄、移丘换段,这等都是奸顽豪富之家,将次没福受用财赋田产,以自己科差洒派细民;境内本无积年荒田,此等豪猾买嘱贪官污吏及造册书算人等,其贪官污吏受豪猾土财,当科差之际,作包荒名色征纳小户,书算手受财,将田洒派,移丘换段,作诡寄名色,以此靠损小民。③

地主把自己的负担通过舞弊手段转嫁给"细民"、"小户"、"小民",也就是贫苦农民,结果是富的更富,穷的更穷了。④地主阶级侵占了皇家统治集团应得的租税和人力,贫苦农民加重了负担。皇朝一方面田赋收入和徭役征发都减少了,一方面贫苦农民更加穷困饥饿,动摇和侵蚀了统治阶级的经济基础。阶级内部发生矛盾,斗争展开了,地主不再是良民,而是"奸顽豪富之家",是"豪猾"了。

朱元璋斗争的对象是地主阶级中违法的大地主。办法有两条,一条是用严刑重法消灭"奸顽豪富之家",一条是整理地籍和户口。

洪武时代大地主被消灭的情况,据明初人记载,如贝琼说:

---

① 赵翼:《陔余丛考》卷四十一,《凤阳丐者》。
② 《明太祖实录》卷一百八十。
③ 《大诰续诰》第四十五,《靠损小民》。
④ 《明太祖实录》卷一百八十。

>三吴巨姓享农之利而不亲其劳，数年之中，既盈而覆，或死或徙，无一存者。①

方孝孺说：

>时严通财党与（胡惟庸党案）之诛，犯者不问实不实，必死而覆其家……当是时，浙东、西巨室故家，多以罪倾其宗。②

吴宽说：

>吴……皇明受命，致令一新，富民豪族，划削殆尽。③

长州情况：

>（城）东……遭世多故，邻之死徙者殆尽，荒落不可居。④

>洪武之世，乡人多被谪徙，或死于刑，邻里殆空。⑤

有的大地主为了避祸，或则"晦匿自全"⑥，或则"悉散所积以免祸"⑦，或则"出居于外以避之"⑧，或则"攀附军籍以免死"⑨，但是这样的人只占少数。浙东西的"富民豪族，划削殆尽"。统治阶级内部的斗争是十分残酷的。

另一方面，经过元末二十年的战争。各地田地簿籍多数丧失，保存下来的一部分，也因为户口变换，土地转移，实际的情况和簿籍不相符合。大部分田地没有簿籍可查，大地主们便乘机隐匿田地，逃避皇朝赋役；有簿籍登载的田地，登记的面积和负担又轻重不一，极不公平合理。朱元璋

---

① 《贝清江集》卷十九，《横塘农诗序》。
② 方孝孺：《逊志斋集》卷二十二，《采苓子郑处士墓碣》。
③ 《匏翁家藏集》卷五十八，《莫处士传》。
④ 《匏翁家藏集》卷六十一，《先考封儒林郎翰林院修撰府君墓志》。
⑤ 《匏翁家藏集》卷五十七，《先世事略》。
⑥ 《匏翁家藏集》卷五十七，《先世事略》。
⑦ 《匏翁家藏集》卷七十三，《怡隐处士墓表》。
⑧ 《匏翁家藏集》卷七十四，《山西提刑按察司副使致仕朱公墓表》。
⑨ 《匏翁家藏集》卷五十八，《莫处士传》。

抓住这中心问题，对大地主进行了长期的斗争。方法是普遍丈量田地和调查登记人口。

洪武元年正月派国子监生周铸等一百六十四人往浙西核量田亩，定其赋税。[①]五年六月派使臣到四川丈量田亩。[②]十四年命全国郡县编赋役黄册。二十年命国子监生武淳等分行州县，编制鱼鳞图册。[③]前后一共用了二三十年时间。才办好这两件事。

丈量田地所用的方法，是派使臣到各州县，随其税粮多少，定为几区，每区设粮长，会集里甲耆民，量度每块田亩的方圆，作成简图，编次字号，登记田主姓名和田地丈尺四至，编类各图成册，以所绘的田亩形象像鱼鳞，名为鱼鳞图册。

人口普查的结果，编定了赋役黄册，把户口编成里甲，以一百一十户为一里，推丁粮多的地主十户作里长，余百户分为十甲。每甲十户，设一甲首。每年以里长一人，甲首一人，管一里一甲之事。先后次序根据丁粮多少，每甲轮值一年。十甲在十年之内轮流为皇朝服义务劳役，一甲服役一年，有九年的休息。在城市的里叫坊，近城的叫厢，农村的都叫作里。每里编为一册，里中有鳏寡孤独不能应役的，带管于一百一十户之外，名曰畸零。每隔十年，地方官以丁粮增减重新编定服役的次序，因为册面用黄纸，所以叫作黄册。

鱼鳞图册是确定地权（所有权）的根据，赋役黄册是征收赋役的根据。通过田地和户口的普查，制定了这两种簿籍，颁布了租税和徭役制度，不但大量的漏落的田地户口被登记固定了，皇朝从而增加了物力和人力，稳定和巩固了统治的经济基础，同时，也有力地打击了一部分大地主，从他们手中夺回对一部分田地和户口的控制，从而大大增强了皇家统

[①]《明太祖实录》卷二十九。
[②]《明太祖实录》卷一百七十四。
[③]《明太祖实录》卷一百三十五、卷一百八十。

治集团的地位和权力，更进一步走向高度的集中、专制。洪武二十四年全国已垦田的数字为三百八十七万四千七百四十六顷，仅仅隔了两年，洪武二十六年的全国已垦田数字就激增为八百五十万七千六百二十三顷，增加了四百六十三万二千八百七十七顷。以增垦田地最多的一年，洪武七年增垦田地数目为九十二万一千一百二十四顷来比较，两年的时间增垦面积也不可能超过两百万顷，显然，这个激增的数字除了实际增垦的以外，必然是包括从大地主手中夺回的漏落的田地，是田地普查的积极成果。由于在斗争中取得这样巨大的胜利，朱元璋的政权比过去任何一个皇朝，都更加强大、集中、稳定、完备了。

对城乡人民，经过全国规模的田地丈量，定了租税，在册上详细记载田地的情况，原坂、平衍、下隰、沃瘠、沙卤的区别，并规定凡买置田地，必须到官府登记及过割税粮，免掉贫民产去税存的弊端，同时也保证了皇朝的财政收入。十年一次的劳役，使人民有轮流休息的机会。这些措施当然都是封建剥削，但比之统一以前的混乱情况，则确实减轻了一些人民的负担，鼓舞了农民的生产情绪，对于社会生产力的推进，是起了显著的作用的。

朱元璋虽然对一部分大地主进行了严重的斗争，对广大农民作了一些必要的让步，一部分大地主被消灭了，一部分大地主的力量被削弱了，农民生产的积极性增加了；但是，这个政权毕竟是地主阶级的政权，首先是为地主阶级的利益服务的，即使对农民采取了一些让步的措施，其目的也还是为了巩固和强化整个地主阶级的统治权。无论是查田定租，无论是编户定役，执行丈量的是地主，负责征收运粮米的还是地主，当里长甲首的依然是地主，质正里中是非、词讼，执行法官职权的"耆宿"也是地主，当然，在地方和朝廷作官的更非地主不可。从上而下的重重地主统治，地主首先要照顾的是自己家族和亲友的利益，是决不会关心小自耕农和佃农的死活的。由于凭借职权的方便，剥削、舞弊都可以通过皇朝的统治权来进行，披上合法的外衣，农民的痛苦就越发无可申诉了。而且，只要是地主阶级的子弟，就有机会、权利受到教育，通过税户人才、科举、学校等等途径，成为官僚、绅士。官僚、绅士是享有合法的免役权的。洪武十年朱元璋告诉中书省官员："食禄之家与庶民贵贱有等，趋事执役以奉上者，庶民之事也。若贤人君子，既贵其身，而复役其家，则君子野人无所分别，非劝士待贤之道。自今百司见任官员之家有田土者，输租税外，悉免其徭役，著为令。"官员是贵人，庶民是贱人，贵人是不应该和贱人一样服徭役的。十二年又下令："自今内外官致仕还乡者，复其家终身无所与。"①则连乡绅也享有免役权了。在学的学生除本身免役外，户内还优免二丁差役。②一般贫苦农民连饭也吃不饱，哪能上学？上学的学生绝大部分也还是地主子弟。这样，现任官、乡绅、学校生员都豁免差役，还有办法逃避租税，于是完粮当差的义务，便大部分落在自耕农和贫农身上了。自耕农、贫农不但要出自己的一份，官僚、绅士、生员、地主不交的一份，他们也得一并承担下来。因此，官僚、绅士、生员、地主越多的地方，农民的负担也就越重。

洪武一朝，长江以南农民起义的次数特别多，地区特别广；明朝二百几十年中，农民起义次数特别多，规模特别大，原因就在这里。

（原载《人民日报》，1964年4月29日）

---

① 《明太祖实录》卷一百一十、卷一百二十六。
② 张居正：《太岳集》卷三十九，《请申旧章饬学政以振兴人才疏》。

明初卫所制度之崩溃

一

《明史·刘基传》：

> 太祖即皇帝位，基奏立军卫法。

《兵志序》：

> 明以武功定天下，革元旧制，自京师达于郡县，皆立卫所，外统之都司，内统于五军都督府。而上十二卫为天子亲军者不与焉。征伐则命将充总兵官，调卫所军领之。既旋则将上所佩印，官军各回卫所，盖得唐府兵遗意。

卫所的组织。《兵志二·卫所门》记：

> 天下既定，度要害地，系一郡者设所，连郡者设卫。大率五千六百人为卫，千一百二十人为千户所，百十有二人为百户所。所设总旗二，小旗十，大小联比以成军。

卫有指挥使，所有千户、百户，总旗辖五十人，小旗辖十人，卫统于都指挥使司，简称都司。洪武二十六年（1393）时定天下都司卫所，共计都司十七（北平、陕西、山西、浙江、江西、山东、四川、福建、湖广、广东、广西、辽东、河南、贵州、云南、大宁），行都司三（北平、江西、福建），留守司一（中部），内外卫三百二十九，守御千户所六十五。成祖以后，多所增改，都司增为二十一，留守司二，内外卫增至四百九十三。守御屯田群牧千户所三百五十九。约计明代卫所军兵的总数在三百万人以上。

卫所军兵的来源。《兵志二》记：

> 其取兵有从征，有归附，有谪发。从征者，诸将所部兵，既定其地，因以留戍。归附，则胜国及僭伪诸降卒。谪发，以罪迁隶为兵者。其军皆世籍。

从征、归附两项军兵大部分是建国前期的所组织，谪发一项当为建国以后的新兵，又名恩军。《明太祖实录》卷二三二：

> 洪武二十七年四月癸酉，诏兵部凡以罪谪充军者，名为恩军。

此外，最大的来源为垛集军。《兵志四》：

> 明初垛集令行，民出一丁为军，卫所无缺伍，且有羡丁……成祖即位……重定垛集军更代法。初，三丁已上，垛正军一，别有贴户。正军死，贴户丁补。至是，令正军、贴户更代，贴户单丁者免，当军家蠲其徭。

一被征发，便世世子孙都附军籍，和民户分开。《明太祖实录》卷一三一记：

> 洪武十三年五月乙未，诏曰：军民已定籍，敢有以民为军，乱籍以扰吾民者，禁止之。

户有一丁被垛为军，优免原籍一丁差役，使其供给军装盘缠。《明会典》卷一五五：

> 凡军装盘缠，宣德四年令每丁一名，优免原籍户丁差役。若在营余丁，亦免一丁差役，令其供给军士盘缠。

二

除从征和归附的军兵以外，谪发和垛集军是强迫被征的，被威令所逼，离开他们所惯习的农田和家属，离开了他们所惯习的日常生活，被安排到一个辽远的陌生的环境中去，替国家服务。一代一代的下去，子子孙孙永远继承着这同一的命运和生活。在这情形下，大部分的军士发生逃亡的现象。章潢《图书论》说：

> 国初卫军籍充垛集，大县至数千名，分发天下卫所，多至百余卫，数千里之远者。近来东南充军亦多发西北，西北充军亦多发东南。然四方风土不同，南人病北方之苦寒，北人病南方之暑湿，逃亡故绝，莫不由斯，道里既远，勾解遂难。

初期国家法令尚严，卫军比较地能安分服务。稍后政府不能约束官吏，卫军苦于虐待和乡土之思，遂逃亡相继，据王琼的观察，逃亡者的比例竟占十之八九。他在《清军议》中说：

> 国初乘大乱之后，民多流离失恒产。然当是时官皆畏法不敢虐下，故建卫从军，多安其役。自后日渐承平，流罪者悉改充戍，故人有怀土之思，不能固守其新业。于是乎逃亡者十常八九，而清勾之令遂不胜其烦扰矣。

卫所官吏一方面剥削卫军，使其不能生活，被逼逃亡。《明宣宗实录》卷一〇八记：

> 宣德九年二月壬申，行在兵部右侍郎王骥言：中外都司卫所官，惟故肥己，征差则卖富差贫，征办则以一科十。或占纳月钱，或私役买卖，或以科需扣其月粮，或指操备减其布絮，衣食既窘，遂致逃亡。

刘大夏《刘忠宣公集》卷一《条列军伍利弊疏》说：

> 在卫官军苦于出钱，其事不上一端。如包办秋青草价，给与勇士养马，比较逃亡军匠，责令包工雇役。或帮贴锦衣卫夷人马匹，或加贴司苑局种菜军人内外官人造坟皆用夫价，接应公差车辆，俱费租钱，其他使用，尚不止此。又管营内外官员，率与军伴额数之外，谪发在营操军役使，上下相袭，视为当然。又江南军士，漕运有修船盘削之费，有监收斛面之加，其他掊克，难以枚举。以致逃亡日多，则拨及全户，使富者日贫；贫者终至于绝。江南官军每遇京操，虽给行

粮，而往返之费，皆自营办。况至京即拨做工雇车运料，而杂拨纳办，有难以尽言者。

一方面私役兵士，借以渔利。《明成祖实录》卷六一八：

> 永乐五年六月辛卯，御史蒋彦禄言：国家养军士以备功战，暇则教之，急则用之，今各卫所官夤缘为奸，私家役使，倍蓰常数，假借名义以避正差，贿赂潜行，互相蔽隐。

《明史·李邦华传》：

> 京营故有占役、虚冒之敝。占役者，其人为诸将所役，一小营至四五百人，且有卖闲、包操诸弊。虚冒者，无其人，诸将及勋戚、庵寺、豪强以苍头冒充选锋壮丁，月支厚饷。

结果是除大批的卫军逃亡外，又逼使一部分为盗贼，扰乱地方治安。

《明英宗实录》卷一二六：

> 正统十年二月辛亥，直隶御史李奎奏：沿海诸卫所官旗，多克减军粮入己，以致军士艰难，或相聚为盗，或兴贩私盐。

卫军逃亡缺额，竟成为卫所官旗的利源，一方面他们可以干没逃亡者的月粮，一方面又可以向逃亡者索贿。以此一任行伍空虚，不加过问。

《明成祖实录》卷一五七：

> 永乐十二年十月辛巳，上谕行在兵部臣曰：今天下军伍不整肃，多因官吏受赇，有纵壮丁而以罢弱充数者，有累岁缺伍不追补者，有伪作户绝及以幼小纪录者，有假公为名而私役于家者，遇有调遣，十无三四，又多是幼弱老疾，骑士或不能引弓，步卒或不能荷戈，绥急何以济事。

五年后，监察御史邓真上疏说军卫之弊。也说：

> 内外各卫所军士，皆有定数，如伍有缺，即当勾补。今各卫所官吏，惟耽酒色货贿，军伍任其空虚。及至差人勾补，纵容卖放，百无一二到卫。或全无者。又有在外聚妻生子不回者。官吏徇私蒙蔽，不

行举发。又有勾解到卫而官吏受赃放免,及以差使为由,纵其在外,不令服役,此军卫之弊也。①

卫军或秘密逃亡。如《明英宗实录》卷四七所记:

> 正统三年十月辛未,巡按山东监察御史李纯言:辽东军士往往携家属潜从登州府运船,越海道逃还原籍,而守把官军受私故纵。饬严加禁约。

或公开请假离伍。如同书卷一四一所记:

> 正统十一年五月己卯福建汀州府知府陆征言:天下卫所军往往假称欲往原籍取讨衣鞋,分析家资,置借军装。其官旗人等,贪图贿赂,从而给与文引遗之。及至本乡,私通官吏邻里,推称老病不行,转将户丁解补,到役未久,托故又去,以至军伍连年空缺。

其因罪谪戍的,则预先布置,改易籍贯,到卫即逃,无从根补。《明宣宗实录》卷一〇七:

> 宣德八年十二月庚午,巡按山东监察御史张聪言:辽东军士多以罪谪戍,往往有亡匿者。皆因编发之初,奸顽之徒,改易籍贯,至卫即逃,此及勾追,有司谓无其人,军伍遂缺。

在这种情形之下,卫所制度建立的一天就已伏下崩溃的因素:《明史·兵志四》记起吴元年十月到洪武三年十一月,军士逃亡者四万七千九百余。到正统三年这数目就一跳跳到一百二十万有奇,占全国军伍总数的三分之一。②同年据巡按山东监察御史李纯的报告,他所视察的某一百户所,照理应有旗军一百二十人,可是逃亡所剩的结果只留一人。③

这制度等不到土木之变,等不到嘉靖庚戌之变和倭寇的猖獗的试验,已经完全崩溃了。

---

① 《明成祖实录》卷二一九。
② 《明英宗实录》卷四六。
③ 《明英宗实录》卷四七。

三

卫所制度是明代立国的基础，卫所军兵之不断逃亡，一方面表明了这制度内在的弱点，一方面也泄露出统治权动摇的消息。这情形使政府感觉到非常的恐慌，极力想法补救。把追捕逃军的法律订而又订，规定得非常严密。《明史·兵志四》记：

> 大都督府言，起吴元年十月至洪武三年十一月，军士逃亡者四万七千九百余。于是下追捕之令，立法惩戒。小旗逃所隶三人，降为军。上至总旗、百户、十户皆视逃军多寡夺俸降革。其从征在外者罚尤严。

把逃军的责任交给卫所官旗，让他们为自己的利益约束军士。这制度显然毫无效果，因为在十年后又颁布了同样性质的科令。《明太祖实录》卷一三一：

> 洪武十三年五月庚戌，上谕都督府臣曰：近各卫士卒，率多逋逃者。皆由统之者不能抚恤，宜量定千百户罚格。凡一千户所逃至百人者千户月减俸一石，逃至二百人减二石。一百户所逃及十人者月减俸一石，二十人者减二石。若所管军户不如数及有病亡事故残疾事，不在此限。

洪武十六年命五军府檄外卫所，速逮缺伍士卒，给事中潘庸等分行清理之。洪武二十一年以勾军发生流弊，命卫所及郡县编造军籍。《明太祖实录》卷一九三：

> 九月庚戌，上以内外卫所军伍有缺，遣人追取户丁，往往鬻法且又骚动于民。乃诏自今卫所以亡故军士姓名乡贯编成图籍送兵部，然后照籍移文取之，毋擅遣人，违者坐罪。寻又诏天下郡县，从军户类造为册，具载其丁口之数，如遇取丁补伍，有司按籍遣之，无丁者止，自是无诈冒不实，役及亲属同姓者矣。

卫所的军额是一定的，卫军的丧失，无论是死亡或逃亡，都须设法补足。补额的方法，是到原籍拘捕本人或其亲属。同年又置军籍勘合。

> 是岁命兵部置军籍勘合，遣人分给内外卫所军士，谓之勘合户田，其中间写从军来历，调补卫所年月，及在营丁口之数。遇点阅则以此为验。其底簿则藏于内府。

这两种制度都为兵部侍郎沈溍所创，《明史·唐铎传》曾对这新设施的成效加以批评：

> 明初，卫所世籍及军卒勾补之法，皆溍所定。然名目琐细，簿籍繁多，吏易为奸。终明之世，颇为民患，而军卫亦日益耗减。

实际上不到四十年，这两种制度都已失其效用，不但不能足军，反而扰害农民。第一是官吏借此舞弊。《明宣宗实录》卷九九：

> 宣德八年二月庚戌，行在兵部请定稽考司军之令。盖故事都司卫所军旗伍缺者，兵部预给勘合，从其自填，遣人取补。及所遣之人，事已还卫，亦从自销。兵部更无稽考。以故官吏夤缘为弊，或移易本军籍贯，或妄取平民为军，勘合或给而不销，限期或过而不罪，致所遣官旗，迁延在外，娶妻生子，或取便还乡，二三十年不回原卫所者。虽令所在官司执而罪之，然积弊已久，猝不能革。

使奉命勾军的官旗，自身也成逃军。第二是军籍散失，无法勾稽。《明宣宗实录》卷一〇四：

> 宣德八年八月壬午，河南南阳府知府陈正伦言：天下卫所军士，或从征，或屯守，或为事调发边卫。其乡贯姓名诈冒吏改者多。洪武中二次勘实造册；经历年久，簿籍鲜存，致多埋没。有诈名冒勾者，官府无可考验虚实。

政府虽然派大臣出外清理军伍，宣德三年且特命给事御史按期清军，清军的条例也由八条而增为十九条，又增百二十二条，军籍也愈来愈复杂。嘉靖三十一年又于原定户口收军勾清三册以外，增编军贯、兜底、类卫、类姓四册。可是这一切只是多给予官吏以剥削的便利和机会，军伍由之愈空，平民由之愈苦。结果，卫所军士既不能作战，也不能保卫地方，徒然给国家和民众增加上一个不必要的负担。

四

勾军之弊，洪熙元年兴州左屯卫军士范济曾上书言：

> 臣在行伍四十余年，谨陈勾军之弊：凡卫所勾军有差官六七员者，百户所差军旗或二人或三人者，俱是有力少壮及平日结交官长、畏避征差之徒。重贿贪饕官吏，得往勾军。及至州县，专以威势虐害里甲，既丰其馈饩，又需其财物，以合取之人及有丁者释之，乃诈为死亡，无丁可取，是以宿留不回，有违限二三年者，有在彼典雇妇女成家者，及还，则以所得财物，贿其枉法官吏，原奉勘合，曚眬呈缴，较其所取之丁，不及差遣之官，欲求军不缺伍，难矣。①

正统元年九月分遣监察御史轩𫐓等十七人清理军政，在赐敕中也指出当时的弊害，促令注意。《明英宗实录》卷二二记：

> 武备国立之重事，历岁既久，弊日滋甚。户本存而谓其为绝，籍本异而强以为同，变易姓名，改易乡贯，夤缘作弊，非止一端。推厥所由，皆以军卫有司及里主人等贪赂挟私，共为欺蔽，遂致妄冒者无所控诉，埋没者无从追究，军缺其伍，民受其殃。

不但是法外的弊害使平民受尽苦痛，即本军本户的勾捕，也使一家人破家荡产，消耗了国家的元气。试举两例说明，第一例可以看出这制度曾破坏了多少美满的家庭，残酷到如何程度。《明太祖实录》卷二一七：

> 洪武二十五年四月壬子，怀远县人王出家儿年七十余，二子俱为

---

① 《明宣宗实录》卷五。

卒从征以死。一孙甫八岁，有司复追逮捕伍。出家儿诉其事于朝，命除其役。

这简直是杜甫《石壕吏》的本事，所不同的只是杜甫所写的是战时情形，这是平时情形而已。第二例子可以看出在这制度下的经济损失。《明成祖实录》卷一○三：

> 永乐八年四月戊戌，湖广郴州桂阳县知县梁善言：本县人民充军数多，户有一丁者发遣补役，则田地抛荒，税粮无征，累及里甲。乞将军户一丁者存留，当差纳粮。或发遣当军，则以所遗田地与军屯种，开除粮额，庶军民两便。礼部议军户一丁应合承继者仍令补役。田土付丁多之家佃种。如果无人承种，准开粮额。从之。

一到大举清军时，为害更甚。《明史·赵豫传》：

> （官松江知府）清军御史李立至，专务益军，勾及姻戚同姓，稍辨，则酷刑榜掠，人情大扰。诉枉者至一千一百余人。

《张宗琏传》：

> 谪常州同知。朝遣李立理江南军籍，檄宗琏自随。立受黠军词，多逮平民实伍。

《唐侃传》：

> （正德中官武定知州）会清军籍，应发遣者至万二千人。侃曰：武定户口三万，是空半州也。力争之……得寝。

《王道顺渠先生文录》卷四论清军之弊有三，第一是清勾不明，第二是解补太拘，第三是军民并役。他说：

> 清勾之始，执事不得其人，上官不屑而委之有司，有司不屑而付之吏胥。贿赂公行，奸弊百出，正军以富而幸免。贫民无罪而干连，有一军缺而致死数人之命，一户绝而破荡数家之产者矣。此清勾不明之弊一也。国初之制，垛集者不无远近之异，谪戍者多罹边卫之科。承平日久，四海一家，或因迁发，填实空旷，或因商宦，流寓地方，

占籍既久，桑梓是怀。今也勾考一明，必欲还之原伍，远或万里，近亦数千，身膺桎梏，心恋庭闱，长号即终，永诀终天，人非木石，谁能堪此，此解补太拘之弊二也。尔年以来，地方多事，民间赋役，十倍曩时，鬻卖至于妻子，算计尽乎鸡豚，苦不聊生，日甚一日，而又忽加之以军伍之役，重之以馈送之系，行责居送，天地可以息肩，死别生离，何时为之聚首，民差军需，交发互至，财殚力竭，非死即亡，此军民并役之弊三也。

至嘉靖时法令愈严，有株累数十家，勾摄经数十年者，丁口已尽，犹移复纷纭不已。顾起元《客座赘语》卷二《勾军可罢》条说：

> 南都各卫军在街者，余尝于送表日见之，尪羸饥疫，色可怜，与老稚不胜衣甲者居其大半。平居以壮仪卫，备国容犹不足，脱有事而责其效一臂力，何可得哉？其原籍尺籍，皆系祖军，死则必其子孙或族人充之，非盲瞽废疾，未有不编于伍者。又户绝，必清勾，勾军多不乐轻去其乡，中道辄逃匿。比至，又往往不耐水土而病且死，以故勾军无虚岁，而什伍日亏。且勾军之害最大，勾军之文至邑，一户而株累数十户不止，此勾者至卫所，官识又以需索困苦之，故不病且死，亦多以苦需索而荒。

卫军已逃亡的，"勾军无虚岁，而什伍日亏"。未逃亡或不能逃亡的，却连"平居以壮仪卫，备国容犹不足"。这是卫所制度崩溃后的现象。同时这崩溃的因素，又早已孕育在卫所制度初建立的一天。

关于卫所制度崩溃的其他原因，及屯田之破坏等等，另详专文。

（原载南京《中央日报·史学》第三期，1936年3月19日）

明初社会生产力的发展

一、农业生产的恢复和发展

"地主阶级对于农民的残酷的经济剥削和政治压迫，迫使农民多次地举行起义，以反抗地主阶级的统治。从秦朝的陈胜、吴广、项羽、刘邦起，中经汉朝的新市、平林、赤眉、铜马和黄巾，隋朝的李密、窦建德，唐朝的王仙芝、黄巢，宋朝的宋江、方腊，元朝的朱元璋，明朝的李自成，直至清朝的太平天国，总计大小数百次的起义，都是农民的反抗运动，都是农民的革命战争。中国历史上的农民起义和农民战争的规模之大，是世界历史上所仅见的。在中国封建社会里，只有这种农民的阶级斗争、农民的起义和农民的战争，才是历史发展的真正动力。因为每一次较大的农民起义和农民战争的结果，都打击了当时的封建统治，因而也就多少推动了社会生产力的发展。"[①]

明初的社会生产力的发展是元末农民起义的结果，它首先表现在农业生产的恢复和发展方面。

经过二十年长期战争的破坏，人口减少，土地荒芜，是明朝初年的普遍现象。例如唐宋以来的交通要道、繁华胜地的扬州，为青军（又名一片瓦、长枪军，是地主军队）元帅张明鉴所据，军队搞不到粮食，每天杀城里的老百姓吃。龙凤三年朱元璋部将缪大亨攻克扬州，张明鉴投降，城中居民仅余十八家。新任知府以旧城虚旷难守，只好截西南一隅筑而守之。[②]

---

① 《毛泽东选集》卷二，625页。
② 《明太祖实录》卷五。

如颖州，从元末韩咬儿在此起义以后，长期战乱，民多逃亡，城野空虚。①特别是山东河南地区，受战争破坏最重，"多是无人之地"②。洪武元年闰七月大将军徐达率师发汴梁，徇取河北州县，时兵革连年，道路皆榛塞，人烟断绝。③有的地方，积骸成丘，居民鲜少。④洪武三年，济南府知府陈修和司农官报告：北方郡县近城之地多荒芜。⑤到洪武十五年晋府长史致仕桂彦良还说，"中原为天下腹心，号膏腴之地，因人力不至，久致荒芜。"二十一年河北诸处，还是田多荒芜，居民鲜少。三十年常德、武陵等十县土旷人稀，耕种者少，荒芜者多。⑥名城开封，以户粮数少，由上府降为下府。⑦洪武十年，以河南、四川等布政司所属州县，户粮多不及数，凡州改县者十二，县并者六十。十七年令凡民户不满三千户的州改为县者三十七。⑧

针对这种情况，朱元璋于吴元年五月下令凡徐、宿、濠、泗、寿、邳、东海、襄阳、安陆等郡县及今后新附土地人民，桑麻谷粟税粮徭役，尽行蠲免三年，让老百姓喘一口气，把力量投入生产。⑨集中力量，振兴农业，用移民屯田、开垦荒地的办法调剂人力的不足。兴修水利，种植桑棉，增加农业生产的收入。官给耕牛种子，垦荒地减免三年租税，遇灾荒优免租粮等措施，解决农民的困难。此外，还设立预备仓、养济院等救济机关。

---

①《明太祖实录》卷三三。
②顾炎武：《日知录》卷一○，《开垦荒地》。
③《明太祖实录》卷二九。
④《明太祖实录》卷一七六。
⑤《明太祖实录》卷五三。
⑥《明太祖实录》卷一四八、二五○。
⑦《明太祖实录》卷九六、一九三。
⑧《明太祖实录》卷一一二、一六四。
⑨《明太祖实录》卷一八。

他常说："四民之中，莫劳于农，观其终岁勤劳，少得休息。时和岁丰，数口之家犹可足食，不幸水旱，年谷不登，则举家饥困……百姓足而后国富，百姓逸而后国安，未有民困穷而国独富安者。"①又说："夫农勤四体，务五谷，身不离畎亩，手不释耒耜，终岁勤动，不得休息。其所居不过茅茨草榻，所服不过练裳布衣，所饮食不过菜羹粝饭，而国家经费皆其所出……凡一居处服用之间，必念农之劳，取之有制，用之有节，使之不致于饥寒，方尽为上之道。若复加之横敛，则民不胜其苦矣。"②政府收入主要来自农村，粮食布帛棉花、人力都靠农民供给，农业生产如不恢复和发展，这个政权是支持不下去的。

移民的原则是把农民从窄乡移到宽乡，从人多田少的地方移到人少地广的地方。洪武三年六月，徙苏州、松江、嘉兴、湖州、杭州无业农民四千多户到濠州种田，给牛具种子，三年不征其税。又移江南民十四万户于凤阳。九年十月徙山西及真定民无产者于凤阳屯田。十五年九月迁广东番禺、东莞、增城降民二万四千四百余人于泗州屯田。十六年迁广东清远瑶民一千三百七人于泗州屯田，以上皆为繁荣起义根据地及其附近的措置。二十一年八月以山东、山西人口日繁，迁山西泽、潞二州民之无田者往彰德、真定、临清、归德、太康诸处闲旷之地，置屯耕种。二十二年以两浙民众地狭，务本者少而事末者多，命杭、湖、温、台、苏、松诸郡民无田者许令往淮河迤南滁、和等处起耕。山西贫民徙居大名、广平、东昌三府者，凡给田二万六千七十二顷。二十五年徙山东登、莱二府贫民五千六百三十五户就耕于东昌，二十七年迁苏州府崇明县无田民五百余户于昆山开种荒田。二十八年青、兖、登、莱、济南五府民五丁以上及小民无田可耕者起赴东昌，编籍屯种，凡一千五十一户，四千六百六十六口。

---

① 《明太祖实录》卷二五〇。
② 《明太祖实录》卷二二。

到二十八年十一月东昌三府屯田迁民共五万八千一百二十四户，政府收租三百二十二万五千九百八十余石，棉花二百四十八万斤。彰德等四府屯田凡三百八十一处，屯田租二百三十三万三千三百一十九石，棉花五百零二万五千五百余斤。①凡移民垦田都由政府给予耕牛种子路费。洪武三年定制，北方郡县荒芜田地，召乡民无田者垦辟，户给十五亩，又给地二亩种蔬菜，有余力的不限顷亩，皆免三年租税。其马驿巡检司急递铺应役者，各于本处开垦，无牛者官给之。若王国所在，近城存留五里以备练兵牧马，余处悉令开耕。②又令凡开垦荒田，各处人民先因兵燹遗下田土，他人开垦成熟者听为己业。业主已还，有司于附近荒田拨补。复业人民现在丁少而原来田多者，不许依前占护，止许尽力耕垦为业。见今丁多而原来田少者，有司于附近荒田验丁拨付。③洪武二十四年令公侯大官以及民人，不问何处，惟犁到熟田，方许为主。但是荒田，俱系在官之数。若有余力，听其再开。又令山东概管农民，务见丁著役，限定田亩，著令耕种。敢有荒芜田地流移者，全家迁发化外充军。二十八年令，二十七年以后新田地，不论多寡，俱不起科（收田租），若地方官增科扰害者治罪。鼓励人民大力开垦。④

也有从少数民族地区移民到内地屯垦的，如徐达平沙漠，徙北平山后民三万五千八百余户散处诸府卫，充军的给衣粮，为民的给田土。又以沙漠遗民三万二千八百多户屯田北平，置屯二百五十四，开地一千三百四十三顷。

此外，吴元年十月徙苏州富民到濠州居住，因为他们帮着张士诚抵

---

① 《明太祖实录》卷二二三、二三六、二四三；《明史》卷七七，《食货志》卷一。
② 《明太祖实录》卷五三。
③ 《大明会典》卷一七，《户部田土》。
④ 《大明会典》；《明太祖实录》卷二四三。

抗，还不断说张王好话的缘故。①洪武十五年命犯笞杖罪的犯人都送到滁州种苜蓿。②二十二年命户部起山东流民居京师，人赐钞二十锭，俾营生业。③二十八年徙直隶、浙江民二万户于京师，充仓脚夫。④

江南苏、松、杭、嘉、湖一带十四万户富民被强迫迁住凤阳，离开了原来的乡里田舍，还不许私自回去。这举动对于当时东南地主阶级是极大的打击。旧社会的旧统治阶级离开了原来占有的土地，同时也就丧失了社会地位和政治上的作用。相对的以朱元璋为首的新统治阶级却从而加强了对这一地区人民的控制了。这十几万家富户从此以后，虽然不敢公开回原籍，但却伪装成乞丐，以逃荒为名，成群结队，老幼男妇，散入江南诸郡村落乞食，到家扫墓探亲，第二年二三月间又回到凤阳。年代久了，也就成为习惯。五六百年来凤阳花鼓在东南一带是妇孺皆知的民间艺术。歌词是：

家住庐州并凤阳，凤阳原是好地方，
自从出了朱皇帝，十年倒有九年荒。⑤

朱元璋在克集庆后，便注意水利。到建国以后，越发重视，用全国的财力人力进行大规模的水利工程。洪武元年修江南和州铜城堰闸。周回二百余里。四年修治广西兴安县灵渠，可以溉田万顷。六年开上海胡家港，从海口到漕泾千二百余丈；以通海船。八年开山东登州蓬莱阁河，浚陕西泾阳县洪渠堰，溉泾阳、三原、醴泉、高陵、临潼田二百余里。九年修四川彭州都江堰。十二年修陕西西安府甜水渠，引龙首渠水入城，居民从此才有甜水可吃。十四年筑海盐海塘，浚扬州府官河。十七年筑河南磁州漳河决堤。决荆州岳山坝以通水利，每年增官田租四千三百余石，修江

---

① 《明太祖实录》卷二一。
② 《明太祖实录》卷一四三。
③ 《明太祖实录》卷一九六。
④ 《明太祖实录》卷二四三；《明史》卷七七，《食货志》一。
⑤ 赵翼：《陔余丛考》卷四一，《凤阳丐者》。

南江都县深港坝河道。十八年修筑黄河、沁河、漳河、卫河、沙河堤岸。十九年筑福建长乐海堤。二十三年修江南崇明海门决堤二万三千九百余丈，役夫二十五万人。疏四川永宁所辖水道。二十四年修浙江临海横山岭水闸、宁海奉化海堤四千三百余丈，筑上虞海堤四千丈，改建石闸。浚定海、鄞二县东钱湖，灌田数万顷。二十五年凿江南溧阳银墅东坝河道四千三百余丈，役夫四十万人。二十七年浚江南山阳支家河。凿通广西郁林州相隔二十多里的南北二江，设石陡诸闸。二十九年修筑河南洛堤。三十一年修治洪渠堰，浚渠十万三千余丈。这些规模巨大用人力到几十万人的工程，没有统一的安定的全国力量的支持，是不可能设想的。除此以外，元璋还要全国各地地方官，凡是老百姓对水利的建议，必须即时报告。洪武二十七年又特别嘱咐工部，凡是陂塘湖堰可以蓄水泄水防备旱灾潦灾的，都要根据地势一一修治。并派国子生和人材到全国各地督修水利。二十八年综计全国郡县开塘堰四万九百八十七处[1]，河四千一百六十二处，陂渠堤岸五千四十八处。[2]

移民屯田，开垦荒地，兴修水利是增加谷物产量，增加国家租税的主要措施。也就是经过革命斗争后，政府不得不稍为对农民让步的具体表现。此外，元璋还特别着重经济作物的增产，主要的是桑麻木棉和枣柿栗胡桃等等。龙凤十一年六月下令凡农民有田五亩到十亩的，栽桑麻木棉各半亩，十亩以上的加倍，田多的照比例递加。地方官亲自督视，不执行命令的处罚。不种桑的使出绢一匹，不种麻和木棉的出麻布或棉布一匹。[3]洪武元年把这制度推广到全国，并规定科征之额，麻每亩科八两，木棉每亩四两，栽桑的四果以后再征税。二十四年于南京朝阳门钟山之麓，种桐、

---

[1]《明太祖实录》；《明史》卷八八，《河渠》六，《直省水利》。
[2]《明太祖实录》卷二四三；顾炎武：《日知录》卷一二，《水利》。
[3]《明太祖实录》，卷一五；《明史》卷一三八，《杨思义传》。

棕、漆树五千余万株，岁收桐油棕漆，为修建海船之用。①二十五年令凤阳、滁州、庐州、和州每户种桑二百株，枣二百株，柿二百株。令天下卫所屯田军士每人种桑百株，随地宜种柿栗胡桃等物，以备岁歉。二十七年令户部教天下百姓务要多种桑枣和棉花，并教以种植之法。每一户初年种桑枣二百株，次年四百株，三年六百株。栽种过数目造册回奏，违者全家发遣充军。执行的情况，如湖广布政司二十八年的报告，所属郡县已种果木八千四百三十九万株。全国估计，在十亿株以上。二十九年以湖广诸郡宜于种桑，而种之者少，命于淮安府及徐州取桑种二十石，派人送到辰、沅、靖、全、道、永、宝庆、衡州等处（今湖南及广西北部一带），各给一石，使其民种之。发展这一地区蚕丝生产和丝织工业。②为了保证命令的贯彻执行，下诏指出农桑为衣食之本，全国地方官考课，一定要报告农桑的成绩，并规定二十六年以后栽种桑枣果树，不论多少，都免征赋。③作为官吏考绩的主要内容，违者降罚。又设置老人击鼓劝农，每村置鼓一面，凡遇农种时月，五更摇鼓，众人闻鼓下田，该管老人点闸（名）。若有懒惰不下田的，许老人责决，务要严切督并，见丁著业（每人都做活），毋容惰夫游食。若是老人不肯劝督，农民穷窘，为非犯法到官，本乡老人有罪。平时老人每月六次手持木铎，游行宣讲勤农务本的道理。④颁发教民榜文说：

> 今天下太平，百姓除粮差之外，别无差遣，各宜用心生理，以足衣食，如法栽种桑麻枣柿棉花，每岁养蚕，所得丝绵，可供衣服，枣柿丰年可以卖钞，俭年可当粮食。里老尝督，违者治罪。⑤

---

① 《明太祖实录》，卷二七、二〇七；查继佐：《罪惟录》；《明太祖本纪》一。
② 《明太祖实录》，卷二一五、二二二、二三二、二四三、二四六；《明会典》；朱国桢：《大政记》；《明通纪》。
③ 《明太祖实录》卷七七、二四三。
④ 《明太祖实录》卷二五五；谷应泰：《明史纪事本末》卷一四，《开国规模》。
⑤ 《古今图书集成》，《农桑部》。

洪武元年下诏田器不得征税。①四年、二十五年遣官往广东、湖广、江西买耕牛以给中原屯种之民。②二十八年命乡里小民或二十家或四五十家团为一社,每遇农急之时有疾病,则一社助其耕耘,庶田不荒芜,民无饥窘。户部以此意广泛晓谕。③各地报告修城垣建营房浚河道造王宫等工程,都反复告以兴作不违农时的道理,等秋收农隙时兴工。④对农业增产有成绩的地方官,加以擢升。如太平知府范常积极鼓励农民耕作,贷民种子数千石,到秋成大丰收,官民都庾廪充实。接着兴学校,延师儒,百姓很喜欢。召为侍仪。⑤陶安知饶州,田野开辟,百姓日子过得好,离任时,百姓拿他初来时情况比较,歌颂他:"千里榛芜,侯来之初;万姓耕辟,侯去之日。"南丰百姓也歌唱典史冯坚:"山市晴,山鸟鸣,商旅行,农夫耕,老瓦盆中洌酒盈,呼嚣隳突不闻声。"⑥农村里呈现出一片繁荣欢乐的气象。

对贪官污吏,用严刑惩治。洪武二年二月元璋告谕群臣说:"尝思昔在民间时,见州县官吏多不恤民,往往贪财好色,饮酒废事,凡民疾苦,视之漠然,心实恨之。故今严法禁,但遇官吏贪污蠹害吾民者,罪之不恕。"⑦四年十一月立法凡官吏犯赃罪的不赦。下决心肃清贪污,说:"此弊不革,欲成善政,终不可得。"二十五年又编《醒贪简要录》,颁布中外。⑧官吏贪赃到钞六十两以上的枭首示众,仍处以剥皮之刑。府州县衙门左首的土地庙,就是剥皮的刑场,也叫皮场庙。有的衙门公座旁摆人皮,

---

① 《明太祖实录》卷三〇。
② 《明太祖实录》卷六一、二二三。
③ 《明太祖实录》卷二三六。
④ 《明太祖实录》卷一一二、一一八、一五三、一五九、一六三。
⑤ 《明太祖实录》卷二七。
⑥ 朱彝尊:《明诗综》卷一〇〇。
⑦ 《明太祖实录》卷三八。
⑧ 《明太祖实录》卷六九、二二〇。

里面是稻草，叫作官的触目惊心，不敢作坏事。①地方官上任赏给路费，家属赐衣料。来朝时又特别诰诫以："天下新定，百姓财力俱困，如鸟初飞，木初植，勿拔其羽，勿撼其根。"②违法的按法惩办。从开国以来，两浙、江西、两广、福建的地方官，因贪赃被法办，很少人做到任满。③

苏、松、嘉、湖田租特别重，洪武十三年下诏减削。④凡各地闹水旱灾荒歉收的，蠲免租税。丰年无灾荒，也择地瘠民贫的地方特别优免。灾重的免交二税之外，还由官府贷米，或赈米和布、钞。各地设预备仓，由地方耆老经管，存贮粮食以备救灾。设惠民药局，凡军民之贫病者，给以医药。设养济院，贫民不能生活的许入院赡养，月给米三斗，薪三十斤，冬夏布一匹，小口给三分二。灾伤州县，如地方官不报告的，特许耆民申诉，处地方官以死刑。二十六年又令户部，授权给地方官在饥荒年头，得先发库存米粮赈济，事后呈报，立为永制。三十多年来，赏赐民间布、钞数百万，米百多万石，蠲免租税无数。⑤

几十年的安定生活，休养生息，积极鼓励生产的结果，社会生产力不但恢复，而且大大发展了：

第一表现在垦田数目的增加，以洪武元年到十三年的逐年增加的垦田数目来作例：

  洪武元年　七百七十余顷

  二年　八百九十八顷

  三年　二千一百三十五顷（山东、河南、江西的数字）

---

① 赵翼：《廿二史札记》卷三三，《重惩贪吏》。
② 《明史》卷二八一，《循吏传序》。
③ 《大诰续诰》。
④ 《明太祖实录》卷一三〇。
⑤ 《明太祖实录》卷五三、二〇二、二一一、二三一；朱健：《古今治平略》；《明史》卷七八，《食货志》二。

四年　十万六千六百六十二顷

六年　三十五万三千九百八十顷

七年　九十二万一千一百二十四顷

八年　六万二千三百八顷

九年　二万七千五百六十四顷

十年　一千五百十三顷

十二年　二十七万三千一百四顷

十三年　五万三千九百三十一顷

十三年中增加的垦田数字为一百八十万三千一百七十一顷。到洪武十四年全国官民田总数为三百六十六万七千七百一十五顷。增垦面积的数字占十四年全国官民田数字的二分之一。由此可知洪武元年的全国已垦田面积不过一百八十多万顷。（不包括东北、西北未定地方和夏的领土四川和云贵等地）再过十年，十四年的数字为三百八十七万四千七百四十六顷。①经过多年的垦辟和大规模全面的丈量，二十六年的数字为八百五十万七千六百二十三顷。②比十四年又增加了四百八十四万顷，比洪武元年增加了六百七十万顷。

第二表现在本色税粮收入的增加，洪武十八年全国收入麦米豆谷二千八十八万九千六百一十七石③，二十三年为三千一百六十万七千六百石④，二十四年为三千二百二十七万八千九百八十三石⑤，二十六年为三千二百七十八万九千八百石⑥。二十六年比十八年增加了三分之一的收

---

① 《明太祖实录》卷一四〇、二一四。
② 《明史》卷七七，《食货志》一，《田制》。
③ 《明太祖实录》卷一七六。
④ 《明太祖实录》卷二〇六。
⑤ 《明太祖实录》卷二一四。
⑥ 《明太祖实录》卷二三〇。《明史·食货志》："赋役作夏秋二税，收麦四百七十余万石，米二千四百七十余万石。"

入。和元代全国岁入粮数一千二百一十一万四千七百余石相比，增加了差不多两倍。①历史家记述这时期生产发展的情况说："是时宇内富庶，赋入盈羡，米粟自输京师数百万石外，府县仓廪蓄积甚丰，至红腐不可食。岁歉，有司往往先发粟赈贷，然后以闻。"②

第三表现在人口数字的增加，洪武十四年统计，全国有户一千六十五万四千三百六十二，口五千九百八十七万三千三百五。③二十六年的数字为户一千六百五万二千八百六十，口六千五十四万五千八百一十二。④比之元朝极盛时期，元世祖时代的户口：户一千一百六十三万三千二百八十一，口五千三百六十五万四千三百三十七，⑤户增加了三百四十万，口增加了七百万。

第四表现在府县的升格，明制以税粮多少定府县等级：县分上中下三等，标准为田赋十万石、六万石、三万石以下。府也分三等，标准为田赋二十万石以上、以下，十万石以下。⑥从洪武八年起，因为各地方经济的恢复和发展，垦田和户口的增加，田赋收入增加了，不断地把府县升格，例如开封原为下府，因为税粮数超过三十八万石，八年正月升为上府，河南怀庆府税粮增加到十五万石，陕西平凉府户口田赋都有增加，三月升为中府。十二月以太原、凤阳、河南、西安岁收粮增加，升为上府，扬州、巩昌、庆阳升为中府，明州之鄞县升为上县。山东莱州税粮不及，降为中

---

① 《元史》卷九三，《食货志》，《税粮》。
② 《明史》卷七八，《食货志》二，《赋役》。《明太祖实录》卷二四一："山东济南府广储、广丰二仓，粮七十五万七千百，蓄积既多，岁久红腐。"
③ 《明太祖实录》卷一四〇；卷二一四："二十四年为户一千零六十八万四千四百三十五，口五千六百七十七万四千五百六十一。"口数比十四年少三百万，是不应该的，可能传写有错误，今不取。
④ 《明史》卷七七，《食货志》一，《户口》。
⑤ 《元史》卷九三，《食货志》。
⑥ 《明史》卷七八，《食货志》二，《赋役》。

府。①扬州残破最重,经过八年时间,已经恢复到收田赋二十万石下的中府了,从这个名城的恢复,可以推知全国各地社会生产力的恢复和发展的情况。

第五由于粮食的增产,特别是桑麻棉花和果木的普遍种植,农民的收入增加了,生活改善了,购买力提高了。农业生产的恢复和发展,一方面为纺织工业提供了原料,一方面农民所增加的购买力又促进了刺激了商业市场的繁荣,出现了许多新的以纺织工业为中心和批发绸缎棉布行号的城市。

二、棉花的普遍种植和工商业

棉布传入中国很早,南北朝时从南洋诸国输入,称为吉贝、白叠。②国内西北高昌(今新疆吐鲁番)产棉,唐灭高昌,置西州交河郡,土贡氎布。氎布就是白叠。③宋元间已有许多地区种棉,但是在全国规模内普遍种植和纺织技术的提高,则是明朝初年的事情。④

在明代以前,平民穿布衣,布衣指的是麻布的衣服。⑤冬衣南方多用丝棉作袍,北方多用毛皮作裘。虽然也有用棉布作衣服卧具的,但因为"不自本土所产,不能足用"⑥。唐元稹诗:"木绵温韣当棉衣。"元太祖世祖

---

① 《明太祖实录》卷九六、九八、一〇二。
② 张勃:《吴录·地理志》;《南史》,《呵罗单传》、《干陀利传》、《婆利传》、《中天竺传》、《渴盘陀传》;《北史·真腊传》;《梁书·林邑传》;《唐书·环王传》。
③ 《南史·高昌传》;《唐书·地理志》。
④ 明丘濬《大学衍义补》:"至我国朝,其种乃遍布于天下,地无南北皆宜之,人无贫富皆赖之,其利视丝枲盖百倍焉。故表出之,使天下后世,知卉服之利,始盛于今代。"
⑤ 孔鲋《小尔雅》:"麻纻葛曰布。"桓宽《盐铁论》:"古者庶人耋老而后衣丝,其余则仅麻枲,故曰布衣。"《陈书·姚察传》:"门生送麻布一端,谓之曰:'或所衣者,止是麻布。'"。
⑥ 元王桢:《木绵图谱序》,引《诸番杂志》。

遗衣皆缣素木绵,动加补缀。①宋谢枋得诗:"洁白如雪积,丽密过锦纯,羔缝不足贵,狐腋难比伦……剪裁为大裘,穷冬胜三春。"②可见棉布到宋末还是很珍贵的物品。

宋代福建、广东种植棉花的日多③,琼州是纺织中心之一,妇女以吉贝织为衣衾,是当地黎族的主要副业生产。④元代从西域输入种子,种于陕西,捻织毛丝,或棉装衣服,特为轻暖。⑤元灭南宋后,浙东、江东、江西、湖广诸地区也推广棉花的种植,生产量增加,棉布成为商品,服用的人日多。⑥至元二十六年(公元1289年)四月置浙东、江东、江西、湖广、福建木绵提举司,责令当地人民每年输纳木绵十万匹,以都提举司总之。二十八年五月罢江南六提举司岁输木棉。⑦成宗元贞二年(公元1296年)始定江南夏税输以木绵布绢丝绵等物。⑧

由于种棉面积的增加,种植和纺绩的技术需要总结和交流,元世祖至元十年司农司编印《农桑辑要》,以专门篇幅记棉花的种植方法。⑨纺绩

---

① 《元史·英宗本纪》。
② 《古今书图集成》,《木绵部》。
③ 周去非:《岭外代答》卷六;赵汝适:《诸番志》下。方勺《泊宅编》:"闽广多种木绵。"彭乘《续墨客挥犀》上:"闽岭以南多木绵,土人竞植之,有至数千株者,采其花为布,号吉贝布。"《通鉴》卷一五九胡三省注:"木绵江南多有之……织以为布,闽广来者尤为丽密。"丘濬《大学衍义补》:"宋元之间始传其种入中国,关陕闽广首得其利,盖此物出外夷,闽广通海舶,关陕壤接西域故也。"李时珍《本草纲目》:"此种出南番,宋末始入江南"。
④ 《宋史·崔与之传》。
⑤ 《农桑辑要》卷二。
⑥ 王祯《木绵图谱序》:"木绵产自海南,诸种艺制作之法,骎骎北来,江淮川蜀,既获其利。至南北混一之后,商贩于此,被服渐广,名曰吉布,又曰棉布。"
⑦ 《元史》卷一五,《世祖本纪》。
⑧ 《元史》卷九三,《食货志》,《税粮》。
⑨ 《农桑辑要》卷二。

的工具和技术由于各地方劳动人民的创造和交流，日益进步。据十二世纪八十年代间的记载，雷化廉州南海黎峒的少数民族，采集棉花后，"取其茸絮，以铁筋辗去其子，即以手握茸就纺"①。稍后的记载提到去子后，"徐以小弓，弹令纷起，然后纺绩为布"②。到十三世纪中期，诗人描写长江流域纺绩情形说："车转轻雷秋纺雪，弓湾半月夜弹去。"③已经有纺车、弹弓和织机了。江南地区的织工，"以铁铤辗去其核，取如绵者，以竹为小弓，长尺四五寸许，牵弦以弹绵，令其匀细，卷为小筒，就车纺之，自然抽绪如缲丝状"④。但是所织的布，不如闽广出产的丽密。琼州黎族人民所织的巾，上出细字，杂花卉，尤为工巧。⑤黄河流域主要陕西地区的纺织工具和技术比较简陋，只有辗去棉子的铁杖和木板，棉花的用途只是捻织粗棉线和装制冬衣。⑥一直到十三世纪末年，松江乌泥泾的人民，因为当地土地硗瘠，粮食不够，搞副业生产，从闽广输入棉花种子，还没有蹈车椎弓这些工具，用手剖去子，用线弦竹弧弹制，工具和技术都很简陋，产品质量不高，人民生活还是很艰苦。⑦

元成宗元贞间（公元1295—1296年）乌泥泾人黄道婆从琼州附海舶回来，她从小就在琼州旅居，带回来琼州黎族人民的先进纺织工具和技术，教会家乡妇女以做造、扞、弹、纺、织之具，和错纱、配色、综线、絜花的技术，织成被褥带帨，其上折枝、团凤、棋局、字样，粲然若写。一时乌泥泾所制之被成为畅销商品，名扬远近，当地人民生活提高，靠纺织生

---

①赵汝适：《诸番志》下；周去非：《岭外代答》卷六。
②方勺：《泊宅编》中。
③陆心源：《宋诗纪事补》卷七五，艾可叔：《木棉诗》。
④《资治通鉴》卷一五九，胡三省注。
⑤方勺：《泊宅编》中。
⑥《农桑辑要》。
⑦陶宗仪：《辍耕录》卷二四，《黄道婆》。

· 107 ·

活的有一千多家。①诗人歌咏她："崖州布被五色缫，组雾纴云粲花草，片帆鲸海得风回，千柚乌泾夺天造。"②当地妇女参加纺绩生产的情形，诗人描写："乌泾妇女攻纺绩，木棉布经三百尺，一身主宰身窝低，十口勤劳指头宜。"③到了明朝初年，不但江南地区的农村妇女普遍参加纺绩劳动，连有些地主家庭的妇女，也纺纱绩布，以给一岁衣资之用了。④松江从此成为明代出产棉布的中心，"其布之丽密，他方莫并"⑤。"衣被天下。"⑥松江税粮宋绍兴时只有十八万石，到明朝增加到九十七万石，其他杂费又相当于正赋，负担特别重，主要是依靠纺织工业的收入，"上供赋税，下给俯仰"⑦。

黄道婆传入琼州制棉工具和技术之后的二十年，王祯所著《农书》，列举制棉工具有搅车即踏车，是去棉子用的。二弹弓，长四尺许，弓身以竹为之，弦用绳子。三卷筵，用无节竹条扞棉花成筒。四纺车。五拨车，棉纱加浆后稍干拨于车上。六軖车，用以分络棉线。七线架。到元末又有了檀木制的椎子，用以击弦。⑧生产工具更加完备和提高了，为明代纺织工业的发展准备了技术条件。

朱元璋起事的地区，正是元代的棉业中心之一。灭东吴后，又取得当

---

① 王逢：《梧溪集》卷三，《黄道婆祠》。
② 王逢：《梧溪集》卷三，《黄道婆祠》。
③ 王逢：《梧溪集》卷七，《半古歌》。
④ 郑涛《旌义编》二："诸妇每岁公堂（公共所有）于九月俵散木棉，使成布匹，限以次年八月交收，通卖钱物，以给一岁衣资之用。"郑涛是浙江浦江著名大族地主郑义门的族长，《旌义编》有洪武十一年宋濂序。
⑤ 《群芳谱》。
⑥ 《梧浔杂佩》。
⑦ 徐光启：《农政全书》卷三五，《木棉》。
⑧ 参看俞正燮：《癸巳类稿》卷一四，《木棉考》。冯家升：《我国纺织家黄道婆对于棉织业的伟大贡献》，载《历史教学》，1954（4）。

时全国纺织业中心的松江，原料和技术都有了基础，使他深信推广植棉是增加农民收入和财政收入的有效措施。龙凤十一年下令每户农民必须种木棉半亩，田多的加倍。洪武元年又把这一法令推广到全国。棉花的普遍种植和纺织技术的不断提高，明代中叶以后，棉布成为全国流通的商品，成为人民普遍服用的服装原料。不论贵贱，不论南北，都以棉布御寒，百人之中，止有一人用茧绵，其余都用棉布。过去时代人穿的缊袍，用旧絮装的冬衣，完全被用木棉装的胖袄所代替了。①就全国而论，北方河南、河北气候宜于植棉，地广人稀，种植棉花的面积最大，是原料的供给中心。南方特别是长江三角洲一带，苏州、松江、杭州等地人民纺绩技术高，是纺绩工业的中心。这样又形成原料和成品的交流情况，原棉由北而南，棍布由南而北。②从经济上把南方和北方更紧密地连系起来了。

明初松江之外，另一纺织工业中心是杭州，由于简单商品经济的发展，出现了置备生产工具和原料的大作坊资本家，和除双手以外一无所有出卖劳动力的手工业工人。资本家雇用工人，每天工作到夜二鼓，计日给工资。这种新的剥削制度的出现，正表示着社会内部新的阶级的形成，除封建地主对农民的剥削以外，又产生了大作坊资本家对手工业工人的剥削关系。明初曾经作过杭州府学教授徐一夔所作的《织工对》，典型地记述了这种新现象：

> 钱塘相安里有饶于财者，率居工以织，每夜至二鼓。老屋将压，杼机四五具南北向，列工十数人，手提足蹴，皆苍然无神色。日佣为钱二百，衣食于主人。以日之所入，养父母妻子，虽食无甘美而亦不甚饥寒。于凡织作，咸极精致，为时所尚。故主之聚易以售；而佣之直亦易以入。有同业者佣于他家，受直略相似。久之，乃曰：吾艺固

---

① 宋应星：《天工开物》卷上，《乃服》。
② 王象晋：《木棉谱序》；徐光启：《农政全书》卷三五，《木棉》。

过于人，而受直与众工等，当求倍直者而为之佣。已而他家果倍其直。佣之主者阅其织果异于人，他工见其艺精，亦颇推之。主者退自喜曰：得一工胜十工，倍其直不吝也。①

由此可见明初大作坊的一般情况，值得注意的是：在同一里巷，有若干同一性质的大作坊；大作坊主人同时也是棉布商人；从个体的生产到大作坊的集体生产，有了单纯协作，出品精致畅销；经营这种大作坊有利可图，资本家很赚钱，作坊也多了。资本家付给技术高的工人工资，虽为一般工人工资的两倍，但仍可得到五倍的剩余价值。

棉花棉布的生产量大大增加，政府的税收也增加了，以税收形式缴给国库的棉花棉布，成为供给军队的主要物资和必要时交换其他军需物资的货币代用品。洪武四年七月诏中书省："自今凡赏赐军士，无妻子者给战袄一袭；有妻子者给棉布二匹。"②每年例赏，如洪武二年六月以木棉战袄十一万赐北征军士③，四年七月，赐长淮卫军士棉布人二匹，在京军士十九万四百余人棉布人二匹。④十二年给陕西都指挥使司并护卫兵十九万六千七百余人棉布五十四万余匹，棉花十万三千三百余斤。⑤北平都指挥使司卫所士卒十万五千六百余人布二十七万八千余匹，棉花五万四千六百余斤。⑥十三年赐辽东诸卫士卒十万二千一百二十八人，棉布四十三万四百余匹，棉花十七万斤。十六年给四川等都司所属士卒五十二万四千余人，棉布九十六万一千四百余匹，棉花三十六万七千余

---

① 《始丰稿》卷一。徐一夔，天台人，《明史》卷二八五有传。
② 《明太祖实录》卷六七。
③ 《明太祖实录》卷四二。
④ 《明太祖实录》卷六七。
⑤ 《明太祖实录》卷一二五。
⑥ 《明太祖实录》卷一二八。

斤。①十八年给辽东军士棉布二十五万匹,北平燕山等卫棉布四十四万三千匹,太原诸卫士卒棉布四十八万匹,等等。②平均每年只赏赐军衣一项已在百万匹上下,用作交换物资的如洪武四年七月以北平、山西运粮困难,以白金三十万两、棉布十万匹,就附近郡县易米,以给将士。又以辽东军卫缺马,发山东棉布贳马给之。③十三年十月,以四川白渡纳溪的盐换棉布,遣使入西羌买马。④十七年七月诏户部以棉布往贵州换马,得马一千三百匹。三十年以棉布九万九千匹往"西番"换马一千五百六十匹。⑤皇族每年供给,洪武九年规定亲王冬夏布各一千匹,郡王冬夏布各一百匹。⑥在特殊需要的情况下,临时命令以秋粮改折棉布,如六年九月诏直隶府州和浙江、江西二行省,今年秋粮以棉布代输,以给边戍。⑦

※　　　　※　　　　※

和鼓励普遍植棉政策相反,朱元璋对矿冶国营采取消极的方针。往往听任人民自由开采。磁州临水镇产铁,元时尝于此置铁冶,炉丁万五千户,每年收铁百余万斤。洪武十五年有人建议重新开采,元璋以为利不在官则在民,民得其利则利源通而有利于官,官专其利则利源塞而必损于民。而且各冶铁数尚多,军需不缺,若再开采,必然扰民。把他打了一顿,流放海外。⑧济南、青州、莱州三府每年役民二千六百六十户,采铅三十二万三千多斤,以凿山深而得铅少,也命罢采。⑨十八年以劳

---

① 《明太祖实录》卷一五〇、一五六。
② 《明太祖实录》卷一七二、一七四。
③ 《明太祖实录》卷六七。
④ 《明太祖实录》卷一三四。
⑤ 《明太祖实录》卷一六三、二五二。
⑥ 《明太祖实录》卷一四。
⑦ 《明太祖实录》卷八五。
⑧ 《明太祖实录》卷一四五。
⑨ 《明太祖实录》卷一五〇。

民罢各布政司煎炼铁冶。二十五年重设各处铁冶,到二十八年内库贮铁三千七百四十三万斤,后备物资已经十分充足,又命罢各处铁冶。并允许人民自由采炼,岁输课程,每三十分取其二。三十一年以内库所贮铁有限,而营造所费甚多,又命重开铁冶。①综计洪武时代设置的铁冶所:江西进贤、新喻、分宜,湖广兴国、黄梅,山东莱芜,广东阳山,陕西巩昌,山西交城、吉州,太原、泽、潞各一所共十三所。此外还有河南均州新安、四川蒲江、湖南茶陵等冶,每年输铁一千八百四十余万斤。②

※　　　　　※　　　　　※

宫廷和军队所需的一切物品,都由匠户制造。匠户是元明两代的一种特殊制度,把有技艺的工匠征调编为匠户,子孙世袭。分为民匠、军匠二种。明初匠户的户籍,完全依据元代的旧籍,不许变动。③洪武二十六年定每三年或二年轮班到京役作的匠户名额为二十三万二千八十九名④,由工部管辖。固定作工的叫住坐匠户,由内府内官监管辖。军匠大部分分属于各地卫所,一部分属于内府兵仗局、军器局和工部的盔甲厂。⑤属各地卫所的军匠总数二万六千户。⑥每户正匠做工,得免杂差,仍免家内一丁以帮贴应役。余丁每名每年出办缴纳工食银三钱,以备各衙门因公务取役雇觅之用。正匠每月工作十天,月粮由官家支给。⑦

轮班匠户包括六十二行匠人。后来又细分为一百八十八种行业,从戗纸、表背、刷印、刊字、铁匠、销金、木、瓦、油、漆、象开、纺棉花,

---

① 《明太祖实录》卷一七六、二二二、二五六。
② 《明史》卷八一,《食货志》,《铁冶所》;《大明会典》。
③ 《大明会典》卷一九,《户口》。
④ 《大明会典》卷一八九;《明史·严震直传》。
⑤ 《大明会典》卷一八八。
⑥ 《明史》卷一五七,《张本传》。
⑦ 《大明会典》卷一八九。

到神箭、火药等等，每种人数由一人到八百七十五人不等。内廷有织染局、神帛房，和后湖（今南京玄武湖）织造局，四川、山西诸行省和浙江绍兴织染局，规模都较大。留在地方的匠户除执役于本地织染局的以外，如永平府就有银、铁、铸铁、锡、钉铰、穿甲等二十二行。[①]

匠户人数多，分工细，凡是宫廷和军队所需用的手工业制造品，都由匠户执役的官手工业工场的各局制造供给。这种封建制度的生产，使得宫廷和军队的需要，不需倚靠市场，便可得到满足；同时它所生产的成品，亦不在市场流通，这样，就直接对社会上的私人手工业作坊的扩大生产起了束缚和阻碍的作用。官手工业工场的生产是不须计较成本的，因为劳力和原料都可以向人民无代价征发或由全国各地贡品的方式供给，不受任何限制，官营手工业工场的产品即使有部分作为商品而流入市场，私人手工业作坊的产品也不能和它竞争；在另一面，自元代以来就把技术最好的工人签发为匠户，子孙世袭，连技术也被垄断了，私人手工业作坊所能雇用的只是一般工人，技术提高受了一定的限制。明初把匠户分作住坐、轮班两种，轮班的除分班定期轮流应役以外，其余的时间归自己支配，制成的产品可以在市场出售，对于技术的钻研及其改进发生一定的刺激作用，所以轮班制对于社会生产力的发展是比较上为害略小的。但是总而言之，这种无偿的强制的劳役，不能不引起匠户的反抗，逃亡之外，唯一可以采取的手段是怠工和故意把成品质量降低。以此，匠户制度虽然曾经在个别情况下对生产技术的改进起了作用，推进了社会生产力的发展，但就其全面而说，则是束缚和阻碍生产技术的不断提高；妨碍私人手工业工场的发展；隔绝商品的流通；对社会生产力的发展和原始资本积累都起着扼制、停滞的消极作用。

※　　　　　※　　　　　※

朱元璋对商业采轻税政策，凡商税三十分取一，过此者以违令论。税

[①] 吴晗：《元明两代之"匠户"》，载《云南大学学报》，第一期，1938年。

收机构在京为宣课司，府县为通课司。洪武元年诏中书省，命在京兵马指挥司并管市司，三日一次校勘街市斛斗秤尺，稽考牙侩姓名，规定物价。在外府州各城门兵马，一体兼管市司。①十三年谕户部，自今军民娶嫁丧葬之物，舟车丝布之类都不征税。并大量裁减税课司局三百六十四处。南京人口密集，军民住宅都是公家修建，连廊栉比，没有空地。商人货物到京无处存放，有的停在船上，有的寄放城外，牙侩从中把持价格，商人极以为苦。元璋了解这种情况以后，就叫人在三山门等门外盖几十座房子，叫作塌坊，专放商货，上了税后听其自相贸易。②为了繁荣市面，二十七年命工部建十五座楼房于江东诸门之外，令民设酒肆其间，以接四方宾客，名为鹤鸣、醉仙、讴歌、鼓腹、来宾、重译等等。修好后还拿出一笔钱，让文武百官大宴于醉仙楼，庆祝天下太平，与民同乐。③

棉花的普遍种植，棉布质量的提高，工资制手工业作坊的产生，新的蚕丝纺织工业区的开辟，轮班匠的技术和产品的投入市场等等，加上税收机构的减缩和轻税政策的刺激，商业市场大大活跃了，不但连系了南方和北方，也连系了城市和乡村以及全国的边远地区，繁荣了经济，改善了提高了人民生活，进一步地加强了国家的统一。

商品的生产和吐纳的中心，手工业作坊和批发行号的所在地，集中着数量相当巨大的后备工人和小商摊贩，城市人口剧烈地增加了。明初的工商业城市有南京、北平、苏州、松江、镇江、淮安、常州、扬州、仪真、杭州、嘉兴、湖州、福州、建宁、武昌、荆州、南昌、吉安、临江、清江、广州、开封、济南、济宁、德州、临清、桂林、太原、平阳、蒲州、

---

① 《明太祖实录》卷三四。
② 《明太祖实录》卷二一一；《明史》卷八一，《食货志》，《商税》。
③ 《明太祖实录》卷二三四。

成都、重庆、泸州等地。①

※　　　　　※　　　　　※

随着生产的恢复和发展，工商业的活跃，作为贸易媒介的全国统一货币的需要是愈来愈迫切了。

在朱元璋称王以前，元代的不兑现纸币中统交钞因为发行过多；军储供给，赏赐犒劳，每日印造，不可数计，舟车装运，轴轳相接，京师用钞十锭（一锭为钞五十贯，一贯钞的法定价格原为铜钱一千文）换不到一斗米。②至正十六年中统交钞已为民间所拒用，交易都不用钞，所在郡县都以物货相交易。③十七年铸至正之宝大钱五品称为权钞，以硬币代替纸币，结果纸币也罢，大钱代钞也罢，人民一概不要。人民嘲笑权钞的歌谣中说："人吃人，钞买钞，何曾见？"

朱元璋占应天后，首先铸大中通宝钱，以四百文为一贯，四十文为两，四文为一钱。平陈友谅后，命江西行省置货泉局。即帝位后，发行洪武通宝钱，分五等：当十、当五、当三、当二、当一。当十钱重一两，当一钱重一钱。应天置宝源局，各行省都设宝泉局专管铸钱，严禁私铸。洪武四年改铸大中洪武通宝大钱为小钱。虽然有了统一的货币，但是铜钱分量重，价值低，不便于数量较大的交易，也不便于远地转运，并且，商人用钞已经有了长期的历史，成为习惯了；用钱感觉不方便，很有意见。④

铜钱不便于贸易，决定发行纸币。七年设宝钞提举司，下设抄纸、印钞二局，宝钞、行用二库。八年命中书省造"大明宝钞"，以桑穰为纸料，纸质青色，高一尺，广六寸，外为龙文花栏，上横额题"大明通行宝钞"，其内上栏之两旁各篆文四字：右旁篆"大明宝钞"，左旁篆"天下

---

① 《明宣宗实录》卷五〇。
② 《元史》卷九七，《食货志》，《钞法》。
③ 孔齐：《至正直记》卷一；《元史》卷九七，《食货志》，《钞法》。
④ 《明史》卷八一，《食货志》，《钞法》。

通行"。其中图绘钱贯形状，以十串为贯，标明币值一贯，下栏是："中书省（十三年后改为户部）奏准印造大明宝钞，与铜钱通行使用，伪造者斩，告捕者赏银二十五两。（十三年后改为赏银二百五十两）仍给犯人财产。洪武 年 月 日。"背和面都加盖朱印。边沿标记字号一贯的画钱十串，五百文的画五串，以下是四百文、三百文、二百文、一百文，共六种。规定每钞一贯准钱千文，银一两。四贯准黄金一两。二十一年加造从十文到五十文的小钞。①

为了保证宝钞的流通，在发行时就以法律禁止民间不得以金银物货交易，违者治罪，告发者就以其物给赏。人民只准以金银向政府掉换宝钞。并规定商税钱钞兼收，比例为收钱十分之三，收钞十分之七，一百文以下的止收铜钱。②在外卫所军士每月食盐给钞，各盐场给工本钞。十八年命户部凡天下官禄米以钞代给，每米一石支付钞二贯五百文。③

宝钞的发行是适合当时人民需要的，对商业的繁荣起了作用。但是朱元璋抄袭元朝的钞法，只学了后期崩溃的办法，没有懂得元代前期钞法之所以通行，受到广大人民喜爱的道理。原来元初行钞，第一，有金银和丝为钞本准备金，各路无钞本的不发新钞；第二，印造有定额，计算全国商税收入的金银和烂钞兑换数量作为发行额数；第三，政府有收有放，丁赋和商税都收钞；第四，可以兑换金银，人民持钞可以向钞库换取金银。相反，元代钞法之所以崩溃，是因为把钞本动用光了；无限制滥发造成恶性膨胀，只发行不收回；不能兑换金银；烂钞不能换新钞。④洪武钞法以元代后期钞法作依据，因之，虽然初行的几年，由于行用方便和习惯，还能保

---

① 《大明会典》卷三一，《钞法》；《明史》卷八一，《食货志》，《钞法》。
② 《大明会典》卷三一，《钞法》。
③ 《明太祖实录》卷一七六。
④ 参看1946年7月《中国社会科学集刊》七卷二期吴晗《元史食货志钞法补》、1943年6月《人文科学学报》二卷一期吴晗《记大明通行宝钞》二文。

持和物价的一定比例，但是，由于回收受限制，发行量没有限制，发行过多，收回很少，不兑现纸币充斥于市场，币值便不能维持了。

宝钞发行的情况，以洪武十八年二月二十五日到十二月止为例，宝钞提举司钞匠五百八十名所造钞共九百九十四万六千五百九十九锭。①明代以钞五贯为一锭，这一年的发行额约为五千万贯；合银五千万两。明初每年国库银的收入，不过几万两，一年的发行额竟相当于银的收入一千倍左右，加上以前历年所发，数量就更大了。更由于印制的简陋，容易作假，伪钞大量投入市场②，币值就越发低落了。二十三年两浙市民以钞一贯折钱二百五十文③，二十七年降到折钱一百六十文④。到三十年杭州诸郡商贾，不论货物贵贱，一以金银定价，索性不用宝钞了。⑤元璋很着急，三番五次地申明：钞一贯应折钱一千文、旧钞可以换新钞、禁用铜钱；禁用金银交易等等办法，还是不济事，钞值还是日益低落，不被人民所欢迎。到成化时（公元1465—1487年）洪武钱民间全不通行，宝钞只是官府在用，一贯仅值银三厘，或钱二文，跌到原定法价的千分之二。⑥

大约百年以后由于对外贸易的发展，银子流入国内的一天天增多了。这样，在官府和市场就同时使用两种货币，官府支出用价值极低的纸币，收入却要银子，市场出入都用银子。银子终于逐渐代替了宝钞成为全国通行的通货。

---

① 《大诰续诰》，钞库作弊第三二。
② 《大诰》伪钞第四八："宝钞通行天下，便民交易。其两浙江东西民有伪造者，句容县民杨馒头本人起意，县民合谋者数多，银匠密修锡板，文理分明，印纸马之户同谋刷印，捕获到官。自京至于句容，所枭之尸相望。"
③ 《明太祖实录》卷二〇五。
④ 《明太祖实录》卷二三四。
⑤ 《明太祖实录》卷二五一。
⑥ 陆容：《菽园杂记摘抄》卷五。

三、人民的义务

红军起义的目的，就民族解放战争而说，洪武元年解放大都，蒙古统治集团北走。民族压迫的政权被推翻，这一历史任务是光辉地完成了。但是，另一个目的，解除阶级压迫的任务，却不可能完成。一部分旧的地主参加了新政权，出身农民的红军将领也由于取得政权而转化成新的地主阶级了，其中朱元璋和他的家族便是新地主阶级的代表人物。

元末红军起义对旧地主阶级发生了淘汰的作用，一部分地主被战争所消灭了，一部分地主却由于战争而巩固和上升了他们的地位。

元末的农民，大部分参加了革命战争。他们破坏了旧秩序和压迫人民的统治机构。地主们正好相反，他们要保全自己的生命财产，就不能不维护旧秩序，就不能不拥护旧政权，阶级利益决定了农民和地主分别站在敌对的阵营。在战争爆发之后，地主们用全力组织武装力量，称为"民"军或"义"军，建立堡砦，抵抗农民军的进攻。现任和退休的官吏、乡绅、儒生和军人是地主军的将领，他们受过教育，有文化，有组织能力，在地方上有威望，有势力。虽然各地方的地主军人各自为战，没有统一指挥和作战计划，军事力量也有大小强弱的不同，但因为数量多，分布广，作战顽强，就成为反对红军的主要的敌人了。经过二十年的战争，长江南北的巨族右姓，有的死于战争，有的流亡到外地。[1]参加扩廓帖木儿、李罗帖木儿两支地主军的湖、湘、关、陕、鲁、豫等地的地主，也随着这两支军队的消灭而消灭了。一部分地主为战争所消灭，另一部分地主如刘基、宋濂、叶琛、章溢等则积极参加了红军，共同建立新政权，成为大明帝国新统治集团的组成部分，和由农民起义转化的新地主们一起，继续对广大农民进行压迫和剥削。

---

[1] 贝琼：《清江集》卷八，《送王子渊序》。

朱元璋和他的将领都是农民出身的，过去曾亲身经受过地主的压迫和剥削。但在革命战争过程中，本身的武装力量不够强大，为了壮大自己，孤立敌人，又非争取地主们参加不可，浙东这几家大族的合作，是他的所以取得胜利的基本条件之一。到了他自己和将领们都转化成为大地主以后，和旧地主们的阶级利益一致了，但又发生了新的矛盾，各地地主用隐瞒土地面积、荫庇漏籍人口等手段和皇家统治集团争夺土地和人力，直接危害到帝国的财政税收，地主阶级内部矛盾的深化，促成了帝国赋役制度的整顿和改革。

元璋于龙凤四年取金华后，选用宁越（金华）七县富民子弟充宿卫，名为御中军。①照当时的军事形势看来，这是很重要的军事措施，因为把地主们的子弟征发为禁卫军人，随军征战，等于作质，就不必担心这些地区地主的军事反抗了。洪武十九年选取直隶应天诸府州县富民子弟赴京补吏，凡一千四百六十人②，也是一样作用。对地主本身，洪武三年作的调查，以田税多少比较，浙西的大地主数量最多，以苏州一府为例，每年纳粮一百石以上到四百石的四百九十户；五百石到一千石的五十六户；一千石到二千石的六户；二千石到三千八百石的二户，共五百五十四户，每年纳粮十五万一百八十四石。③三十年又作了一次调查，除云南、两广、四川以外，浙江等九布政司，直隶应天十八府州，地主们田在七顷以上的共一万四千三百四十一户。编了花名册，把名册藏于内府印绶监，按名册以次召来，量才选用。④

对地主的政策，双管齐下，一是任为官吏或粮长，一是迁到京师。在科举法未定之前，选用地主作官，叫作税户人材，有作知县、知州、

---

① 《明太祖实录》卷六。
② 《明太祖实录》卷一七九。
③ 《明太祖实录》卷四九。
④ 《明太祖实录》卷二五二、二五四。

知府的，有作布政使以至朝廷的九卿的。①又以地主为粮长，以为地方官都是外地人，不熟悉本地情况，吏胥土豪作弊，任意克削百姓。不如用有声望的地主来征收地方赋税，负责运到京师，可以减少弊病。②洪武四年九月命户部计算土田租税，以纳粮一万石为一区，选占有大量田地纳粮最多的地主为粮长，负责督收和运交税粮。③如浙江行省人口一百四十八万七千一百四十六户，每年纳粮九十三万三千二百六十八石，设粮长一百三十四人。④粮长下设知数一人，斗级二十人，运粮夫千人。⑤并规定对粮长的优待办法，凡粮长犯杂犯死罪和徒流刑的可以纳钞赎罪。⑥三十年又命天下郡县每区设正副粮长三名，编定次序，轮流应役，周而复始。⑦凡粮长按时运粮到京师的，元璋亲自召见，合意的往往留下作官。⑧元璋把征粮和运粮的权力交给地主，以为"此以良民治良民，必无侵渔之患矣"⑨。"免有司科扰之弊，于民甚便。"⑩事实上恰好相反，地主作了粮长以后，在原来对农民剥削的基础上，更加上了国家赋予的权力，如虎傅翼，农民的痛苦更深更重了。如粮长邾阿乃起立名色，科扰民户，收缸水脚米、斛面米、装粮饭米、车脚钱、脱夫米、造册钱、粮局知房钱、看

---

① 吴宽：《匏翁家藏集》卷七五，《施孝先墓表》。
② 宋濂：《朝京稿》卷五，《上海夏君新圹铭》；吴宽：《匏翁家藏稿》卷五二，《恭题粮长敕谕》。
③《明太祖实录》卷六八。
④《明太祖实录》卷七〇。
⑤《明太祖实录》卷八五。
⑥《明太祖实录》卷一〇二。
⑦《明太祖实录》卷二五四。
⑧《明史》，《食货志》二，《赋役》；《匏翁家藏稿》卷四十三，《尚书严公流芳录序》。
⑨《明太祖实录》卷六八。
⑩《明太祖实录》卷一〇二。

米样中米，等等，通计苛敛米三万二千石，钞一万一千一百贯。正米止该一万，邾阿乃个人剥削部分竟达米二万二千石，钞一万一千一百贯。农民交纳不起，强迫以房屋准折，揭屋瓦，变卖牲口以及衣服段匹布帛锅灶水车农具，等等。① 又如嘉定县粮长金仲芳等三名巧立名色征粮附加到十八种。② 农民吃够了苦头，无处控诉。③ 朱元璋也发觉粮长之弊，用严刑制裁，尽管杀了一些人，粮长的作恶，农民的被额外剥削，依然如故。④

除任用地主作官收粮以外，同时还采用汉高祖徙天下豪富于关中的政策，洪武二十四年徙天下富户五千三百户于南京。⑤ 三十年又徙富民一万四千三百余户于南京，称为富户。元璋告诉工部官员说："昔汉高祖徙天下豪富于关中。朕初不取，今思之，京师天下根本，乃知事有当然，不得不尔。"⑥

地主们对作官作粮长当然很高兴，感激和支持这个维护本阶级利益的政权。但同时也不肯放弃增加占领田土和人力的机会，用尽一切手段逃避对国家的赋税和徭役，两浙地主所用的方法，把自己田产诡托（假写在）亲邻佃仆名下，叫作"铁脚诡寄"。普遍成为风气，乡里欺骗州县，州县欺骗府，奸弊百出，叫作"通天诡寄"⑦。此外，还有洒派、包荒、移丘换段等等手段。元璋在处罚这些地主以后，气忿地指出：

> 民间洒派、包荒、诡寄、移丘换段，这等都是奸顽豪富之家，将次没福受用财赋田产，以自己科差洒派细民；境内本无积年荒田，此

---

① 《大诰续诰》卷四七。
② 《大诰续诰》卷二一。
③ 黄省曾：《吴风录》。
④ 宋濂：《朝京稿》卷五，《上海夏君新圹铭》。
⑤ 《明太祖实录》卷二〇。
⑥ 《明太祖实录》；《明史》卷七七，《食货志》一。
⑦ 《明太祖实录》卷一八〇。

等豪猾买嘱贪官污吏及造册书算人等，其贪官污吏受豪猾之财，当科粮之际，作包荒名色征纳小户，书算手受财，将田洒派、移丘换段，作诡寄名色，以此靠损小民。①

地主把负担转嫁给贫民，结果是富的更富，穷的更穷。②地主阶级侵占了皇家统治集团应得的租税和人力，农民加重了负担，国家一方面田赋和徭役的收入、供应减少，一方面农民更加穷困饥饿，动摇了侵蚀了统治集团的经济基础，阶级内部发生矛盾，斗争展开了。

经过元末二十年的战争，土地簿籍多数丧失，保存下来的一部分，也因为户口变换，实际的情况和簿籍不相符合。大部分土地没有簿籍可查，逃避了国家赋役；有簿籍的土地，登记的面积和负担又轻重不一，极不公平。朱元璋抓住这中心问题，向地主进行斗争。方法是普遍丈量土地和调查登记人口。

洪武元年正月派周铸等一百六十四人往浙西核实田亩，定其赋税。③五年六月派使臣到四川丈量田亩。④十四年命全国郡县编赋役黄册。二十年命国子生武淳等分行州县，编制鱼鳞图册。⑤前后一共用了二十年的时间，才办好这两件事。

丈量土地所用的方法，是派使臣往各处，随其税粮多少，定为几区，每区设粮长四人，会集里甲耆民，量度每块田亩的方圆，作成简图编次字号，登记田主姓名和田地丈尺四至，编类各图成册，以所绘的田亩形状像鱼鳞，名为鱼鳞图册。

人口普查的结果，编定了赋役黄册。把户口编成里甲，以一百一十户

---

① 《大诰续诰》卷四五，《靠损小民》。
② 《明太祖实录》卷一八〇。
③ 《明太祖实录》卷二九。
④ 《明太祖实录》卷一七四。
⑤ 《明太祖实录》卷一三五、一八〇。

为一里，推丁粮多的地主十户作里长，余百户为十甲。每甲十户，设一甲首。每年以里长一人，甲首一人，管一里一甲之事。先后次序根据丁粮多少，每甲轮值一年。十甲在十年内先后轮流为国家服义务劳役，一甲服役一年，有九年的休息。在城中的里叫坊，近城的叫厢，乡都的皆叫作里。每里编为一册，里中有鳏寡孤独不能应役的，带管于一百一十户之外，名曰畸零。每隔十年，地方官以丁粮增减重新编定服役的次序，因为册面用黄纸，所以叫作黄册。

鱼鳞图册是确定地权的所有权的根据，赋役黄册是征收赋役的根据，通过土地和人户的普查，制定了这两种簿籍，颁布了租税和徭役制度。不但大量漏落的土田人口被登记固定了，国家增加了物力和人力，稳定了巩固了统治的经济基础，同时，也有力地打击了一部分地主阶级，从他们手中夺回对一部分土地和人口的控制，从而大大增强了皇家统治集团的权力，更进一步走向高度的集中、专制。朱元璋的政权，比过去任何一个时代，都更加强大、集中、稳定、完备了。

对城乡人民，经过全国规模的土地丈量，定了租税，在册上详细记载土地的情况，原坂、坟衍、下隰、沃瘠、沙卤的区别，并规定凡置买田地，必须到官府登记及过割税粮，免掉贫民产去税存的弊端，同时也保证了政府的税收，十年一次的劳役，使人民有轮流休息的机会，这些措施，确实减轻了人民的负担，鼓舞了农民的生产情绪，对于社会生产力的推进，起了显著的作用。

对破坏农业生产的吏役，用法律加以制裁，例如"松江一府坊厢中不务生理，交结官府者一千三百五十名，苏州坊厢一千五百二十一名，皆是市井之徒，不知农民艰苦，帮闲在官，自名曰小牢子、野牢子、直司、主文、小官、帮虎，其名凡六。不问农民急务之时，生事下乡，搅扰农业。芒种之时，栽种在手，农务无隙，此等赍执批文，抵农所在，或就水车上锁人下车者有之，或就手内去其秧苗锁人出田者有之……纷然于城市乡村扰害人民"①。元璋下令加以清理，除正牢子合应正役以外，其他一概革除，如松江府就革除了小牢子、野牢子等九百余名。②一个地方减少了四分之三为害农民的吏役，这对于农民正常进行生产是有很大好处。

朱元璋虽然对一部分地主进行了斗争，对广大农民作了让步，一部分地主力量削弱了，农民生产增加了。但是，这个政权毕竟是地主阶级的政权，首先为地主阶级服务，即使对农民采取了一些让步的措施，其目的也还是为了巩固和强化整个地主阶级的统治权。无论是查田定租，无论是编户定役，执行丈量的是地主，负责征收粮米的还是地主，当里长甲首的依然是地主，在地方和朝廷作官的更非地主不可，从下而上，从上而下的重重地主统治：地主首先要照顾的是自己家族和亲友的利益，决不会照顾到小自耕农和佃农。由于凭借职权的方便，剥削舞弊都可以通过国家政权来进行，披上合法的外衣，农民的痛苦越发无可申诉；而且，愈是大地主，愈有机会让子弟受到教育，通过科举和税户人才等等成为官僚绅士，官僚绅士享有合法的免役权，洪武十年朱元璋告诉中书省官员："食禄之家，与庶民贵贱有等，趋事执役以奉上者，庶民之事也。若贤人君子，既贵其身，而复役其家，则君子野人无所分别，非劝士待贤之道。自今百司见任官员之家有田土者，输租税外，悉免其徭役，著为令。"十二年又下令："自今内外官致仕还乡者，复其家终身无所与。"③连乡绅也享有免役权了。在学的学生，除本身免役外，户内还优免二丁差役。④这样，现任官、乡绅、生员都豁免差役，有办法逃避租税，完粮当差的义务，便完全落在自耕农和贫农身上了。自耕农和贫农不但要出自己的一份，其实官僚绅士地主的一份，亦何尝不由农民实际负

---

① 《大诰续诰》，罪除滥役第七四。
② 《大诰续诰》，松江逸民为害第二。
③ 《明太祖实录》卷一一一、一二六。
④ 张居正：《太岳集》卷三九，《请申旧章饬学政以振兴人才疏》。

担，官僚地主不交的那一份，他们也得一并承当下来。官僚绅士越多的地方，人民的负担就越重。

人民的负担用朱元璋的话叫作"分"，即应尽的义务。洪武十五年他叫户部出榜晓谕两浙江西之民说："为吾民者当知其分，田赋力役出以供上者，乃其分也。能安其分，则保父母妻子，家昌身裕，为忠孝仁义之民。"不然呢？则"不但国法不容，天道亦不容矣！"应该像"中原之民……惟知应役输租，无负官府。"只有如此，才能"上下相安，风俗淳美，共享太平之福"①。

朱元璋要求人民尽应役输税的义务，定下制度，要官吏奉公守法，严惩贪污，手令面谕，告诫谆谆，期望上下相安，共享太平之福。但是官吏并不肯照他的话办事，地主作官只是管百姓，并不想替百姓办事，结果许多制度命令都成为空文，官僚政治的恶果当时便有人明确地指出：

> 今之守令，以户口钱粮狱讼为急务。至于农桑学校，王政之本，乃视为虚文而置之，将何以教养斯民哉！以农桑言之，方春，州县下一白帖，里甲回申文状而已，守令未尝亲视种艺次第，旱涝戒备之道也。

官吏办的是公文。公文上办的事应有尽有，和实际情况全不相干。上官按临地方检查的也是公文，上下都以公文办事，"法出而奸生，令下而诈起"。这是洪武九年的情形。②十二年后，解缙奉诏上万言书，也说：

> 臣观地有盛衰，物有盈虚，而商税之征，率皆定额，是使其或盈也，奸黠得以侵欺；其歉也，良善困于补纳。夏税一也，而茶椒有粮，果丝有税，既税于所产之地，又税于所过之津，何其夺民之利至

---

① 《明太祖实录》卷一五〇。
② 《明史》卷一三九，《叶伯巨传》。

于如此之密也。且多贫下之家，不免抛荒之谷。今日之土地无前日之生植，而今日之征聚有前日之税粮，或卖产以供税，产去而税存；或赔办以当役，役重而民困，土田之高下不均，起科之轻重无别，膏腴而税反轻，瘠卤而税反重。①

道理也清楚得很，正因为是"贫下之家"，才被迫抛荒，地主负担特别轻，不但不会抛荒的。而且尽力兼并，膏腴之田是地主的，瘠卤之田是贫民的，地主阶级自己定的税额，当然是膏腴轻而瘠卤重。

严惩贪污，贪污还是不能根绝，用朱元璋自己的话来证明吧，他说：

浙西所在有司，凡征收，害民之奸，甚如虎狼。且如折收秋粮，府州县官发放，每米一石，官折抄二贯，巧立名色，取要水脚钱一百文，车脚钱三百文，口食钱一百文。库子又要办验钱一百文，蒲篓钱一百文，竹篓钱一百文，沿江神佛钱一百文。害民如此，罪可宥乎！②

折粮原来是便民的措施，浙西运粮一石到南京，要花四石运费，百姓困苦不堪。③改折为钞，可以减轻了浙西农民五分之四的负担。钞是用不着很大运费和蒲竹篓包装的，但地方官还是照运粮的办法苛敛，用种种名色加征至九百文，约合折价的百分之五十。急得朱元璋只是跺脚，说："我欲除贪赃官吏，奈何朝杀而暮犯！今后犯赃者，不分轻重皆诛之！"④

洪武一朝，"无几时不变之法，无一日无过之人"⑤。是历史上封建政权对贪污进行斗争最激烈的时期，杀戮贪官污吏最多的时期。虽然随杀随犯，不可能根本清除贪污，但是朱元璋下定决心，随犯随杀，甚至严厉到

---

① 《明史》卷一四七，《解缙传》。
② 《大诰》，折粮科敛第四十一。
③ 宋濂：《芝园续集》卷四，《故岐宁卫经历熊府君墓铭》。
④ 刘辰：《国初事迹》。
⑤ 《明史》卷一四七，《解缙传》。

不分轻重都杀，对贪污的减少是起了作用的，对人民有好处，人民是感谢他，支持他的。

一九五五年四月十四日

（原载《历史研究》第三期，1955年6月）

明代的军兵

一、军与兵

明初创卫所制度,划出一部分人为军,分配在各卫所,专负保卫边疆和镇压地方的责任。军和民完全分开。中叶以后,卫军废弛,又募民为兵,军和兵成为平行的两种制度。

军是一种特殊的制度,自有军籍。在明代户口中,军籍和民籍、匠籍平行,军籍属于都督府;民籍属于户部,匠籍属于工部。军不受普通行政官吏的管辖,在身份、法律和经济上的地位都和民不同。军和民是截然地分开的。兵恰好相反,任何人都可应募,在户籍上也无特殊的区别。军是世袭的,家族的,固定的,一经为军,他的一家系便永远世代充军,住在被指定的卫所。直系壮丁死亡或老病,便须由次丁或余丁替补。如在卫所的一家系已全部死亡,还须到原籍勾族人顶充。兵则只是本身自愿充当,和家族及子孙无关,也无固定的驻地,投充和退伍都无法律的强制。军是国家经制的,永久的组织,有一定的额数,一定的戍地。兵则是临时召募的,非经制的,无一定的额数,也不永远屯驻在同一地点。

在明代初期,军费基本上是自给自足的,军饷的大部分由军的屯田收入支给。在国家财政的收支上,军费的补助数量不大。虽然全国的额设卫军总数达到二百七十余万的庞大数字[①],国家财政收支还能保持平衡。遇有

---

① 《明史》卷九一《兵志》,弘治十四年(公元1501)兵部侍郎李孟旸《请实军伍疏》:"天下卫所官军原额二百七十余万。"

边方屯田的收入不敷支给时,由政府制定"开中"的办法,让商人到边塞去开垦,用垦出的谷物来换政府所专利的盐引,取得买盐和卖盐的权利。商人和边军双方都得到好处。

兵是因特殊情势,临时招募的。招募时的费用和入伍后的月饷都是额外的支出。这种种费用原来没有列在国家预算上,只好临时设法,或加赋,或加税,或捐纳,大部由农民负担。因之兵的额数愈多,农民的负担便愈重。兵费重到超过农民的负担能力时,政府的勒索和官吏的剥削引起农民的武装反抗。政府要镇压农民,又只好增兵,这一笔费用还是出在农民身上。

卫所军经过长期的废弛而日趋崩溃,军屯和商屯的制度也日渐破坏,渐渐地不能自给,需要由国家财政开支。愈到后来,各方面的情形愈加变坏,需要国家的财政供给也愈多。这费用也同样地需由农民负担。同时又因为军力的损耗,国防脆弱,更容易引起外来的侵略。卫军不能作战,需要募兵的数量愈多。这两层新负担,年复一年的递加,国家全部的收入不够军兵费的一半,只好竭泽而渔,任意地无止境地增加农民的负担,终于引起历史上空前的农民暴动。政府正在用全力去镇压,新兴的建州却又乘机而入,在内外交逼的情势下,颠覆了明室的统治权。

除中央的军和兵以外,在地方的有民兵,民壮(弓兵、机兵、快手),义勇种种地方警备兵。在边地的有土兵(土军)、达军(蒙古降卒)。在内地的有苗兵、狼兵(广西土司兵)、土兵等土司兵。将帅私人又有家丁、家兵、亲兵。各地职业团体又有由矿工所组织的矿兵,盐丁所组织的盐兵,僧徒所组织的少林兵、伏牛兵、五台兵。也有以特别技艺成兵的,如河南之毛葫芦兵、习短兵,长于走山;山东有长竿手,徐州有箭手,井陉有蚂螂手,善运石,远可及百步。福建闽漳泉之镖牌兵等等。[①]

[①]《明史》卷九一《兵志》,弘治十四年(公元1501)兵部侍郎李孟旸《请实军伍疏》。

从养军三百万基本上自给的卫兵制，到军兵费完全由农民负担，国库支出；从有定额的卫军，到无定额的募兵；从世袭的卫军，到雇用的募兵，这是明代历史上一件大事。

次之，军因历史的、地理的、经济的关系，集中地隶属于国家。在战时，才由政府派出统帅总兵，调各卫军出征。一到战事终了，统帅立刻被召回，所属军也各归原卫。军权不属于私人，将帅也无直属的部队。兵则由将帅私人所召募、训练，和国家的关系是间接的。兵费不在政府的岁出预算中，往往须由长官向政府力争，始能得到。同时兵是一种职业，在中央权重的时候，将帅虽有私兵，如嘉靖时戚继光之戚家军，俞大猷之俞家军，都还不能不听命于中央。到明朝末年，民穷财尽，内外交逼，在非常危逼的局面下，需要增加庞大的兵力，将帅到处募兵，兵饷都由将帅自行筹措，发生分地分饷的弊端，兵皆私兵，将皆藩镇，兵就成为扩充将帅个人权力和地位的工具了。

二、卫所制度

明太祖即皇帝位后，刘基奏立军卫法。(《明史》卷一二八《刘基传》)《明史》卷八九《兵志序》说：

> 明以武功定天下，革元旧制，自京师达于郡县，皆立卫所。外统之都司，内统于五军都督府。而上十二卫为天子亲军者不与焉。征伐则命将充总兵官，调卫所军领之。既旋则将上所佩印，官军各回卫所，盖得唐府兵遗意。

这制度的特点是平时把军力分驻在各地方，战时才命将出师，将不专军，军不私将，军力全属于国家。卫所的组织，《兵志》二《卫所门》记：

> 天下既定，度要害地系一郡者设所，连郡者设卫。大率五千六百人为卫，千一百二十人为千户所，百十有二人为百户所。

所设总旗二，小旗十，大小联比以成军。

卫有指挥使，所有千户百户。总旗辖五十人，小旗辖十人。各卫又分统于都指挥使司（简称都司），司有都指挥使，为地方最高军政长官，和治民事的布政使司，治刑事的按察使司，并称三司，洪武二十六年（公元1393）时定天下都司卫所，共计都司十七（北平、陕西、山西、浙江、江西、山东、四川、福建、湖广、广东、广西、辽东、河南、贵州、云南、北平三护卫、山西三护卫）。行都司三（北平、江西、福建）。留守司一（中都）。内外卫三百二十九，守御千户所六十五。成祖以后，多所增改，都司增为二十一（浙江、辽东、山东、陕西、四川、广西、云南、贵州、河南、湖广、福建、江西、广东、大宁、万全、山西、四川行都司、陕西行都司、湖广行都司、福建行都司、山西行都司）。留守司二（中都、兴都）。内外卫增至四百九十三，守御屯田群牧千户所三百五十九。[1]

全国卫军都属于中央的大都督府。大都督府掌军籍，是全国的最高军事机关。洪武十三年（公元1380）分大都督府为中、左、右、前、后五军都督府。洪武二十六年定分领在京各卫所及在外各都司卫所。其组织如下：

---

[1] 按《明史·职官志》五："计天下内外卫，凡五百四十有七，所凡二千五百九十有三。"

```
                    ┌ 在京卫所
                    │ 浙江都司
          左军都督府 ┤ 辽东都司
                    └ 山东都司
                    ┌ 在京卫所
                    │ 云南都司
                    │ 贵州都司
          右军都督府 ┤ 四川都司
                    │ 陕西都司
                    └ 广西都司
                    ┌ 在京卫所
                    │ 中都留守司
          中军都督府 ┤ 河南都司
                    └ 在外直隶扬州卫等卫所
五军都督府 ┤
                    ┌ 在京卫所
                    │ 湖广都司
                    │ 福建都司
          前军都督府 ┤ 福建行都司
                    │ 江西都司
                    │ 广东都司
                    └ 在外直隶九江卫
                    ┌ 在京卫所
                    │ 北平都司
                    │ 北平行都司
          后军都督府 ┤ 山西都司
                    │ 山西行都司
                    │ 北平三护卫
                    └ 山西三护卫
```

每府设左右都督各一，掌治府事。成祖以后，又改组如下：

五军都督府
- 左军都督府
  - 在京卫所
  - 浙江都司
  - 辽东都司
  - 山东都司
- 右军都督府
  - 在京卫所
  - 陕西都司
  - 陕西行都司
  - 四川都司及土官（天全六番招讨司、陇本头长官司等土司）
  - 四川行都司及土官（昌州长官司等土司）
  - 广西都司
  - 云南都司及土官（茶山长官司等土司）
  - 贵州都司及土官（新添长官司等土司）
  - 在外直隶宣州卫
- 中军都督府
  - 在京卫所
  - 中都留守司
  - 河南都司
  - 在外直隶扬州卫等卫所
- 前军都督府
  - 在京卫所
  - 湖广都司及土官（永顺军民宣慰司等土司）
  - 湖广行都司
  - 兴都留守司
  - 福建都司
  - 福建行都司
  - 江西都司
  - 广东都司
  - 在外直隶九江卫
- 后军都督府
  - 在京卫所
  - 大宁都司
  - 万全都司
  - 山西都司
  - 山西行都司
  - 在外直隶蓟州卫等卫所

各地都司分隶于各都督府，其组织如下：

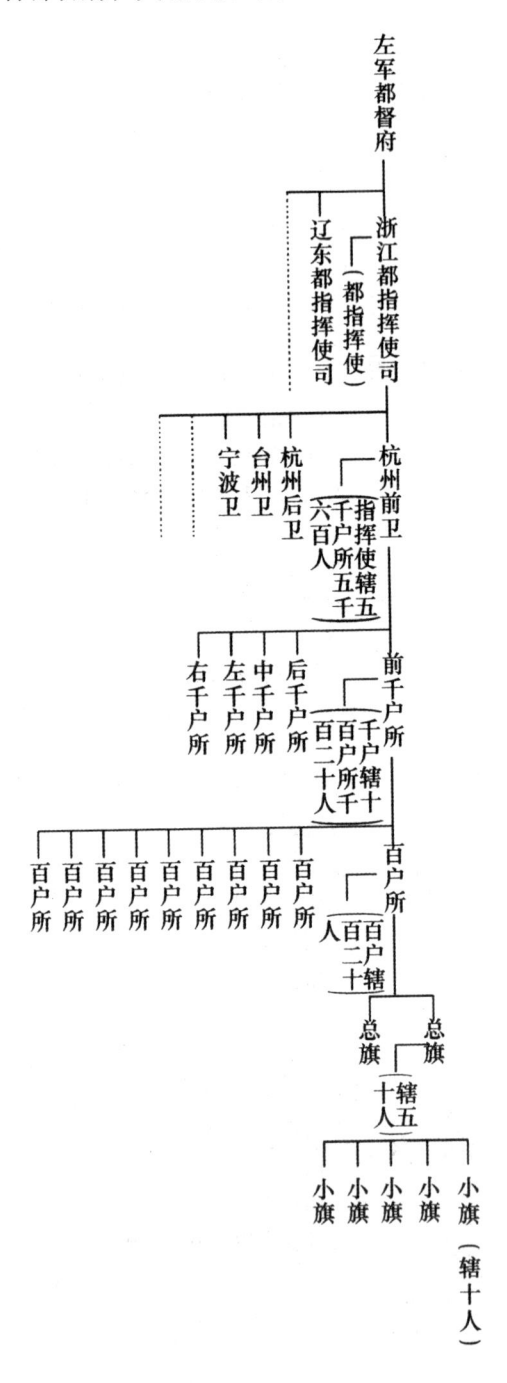

```
左军都督府
 ├─ 浙江都指挥使司（都指挥使）
 │   ├─ 杭州前卫（指挥使辖五千户所，六千五百人）
 │   │   ├─ 前千户所（千户辖十百户所，一千二百人）
 │   │   │   ├─ 百户所（百户辖二总旗，一百二十人）
 │   │   │   │   ├─ 总旗（辖五小旗）
 │   │   │   │   │   ├─ 小旗（辖十人）
 │   │   │   │   │   ├─ 小旗
 │   │   │   │   │   ├─ 小旗
 │   │   │   │   │   ├─ 小旗
 │   │   │   │   │   └─ 小旗
 │   │   │   │   └─ 总旗
 │   │   │   ├─ 百户所
 │   │   │   ├─ 百户所
 │   │   │   ├─ 百户所
 │   │   │   ├─ 百户所
 │   │   │   ├─ 百户所
 │   │   │   ├─ 百户所
 │   │   │   ├─ 百户所
 │   │   │   └─ 百户所
 │   │   ├─ 后千户所
 │   │   ├─ 中千户所
 │   │   ├─ 左千户所
 │   │   └─ 右千户所
 │   ├─ 杭州后卫
 │   ├─ 台州卫
 │   └─ 宁波卫
 └─ 辽东都指挥使司
```

和都督府相配合的机关是兵部，长官为兵部尚书，"掌天下武卫官军选授简练之政令"，其下设四清吏司，各设郎中一人，员外郎一人，主事二人：

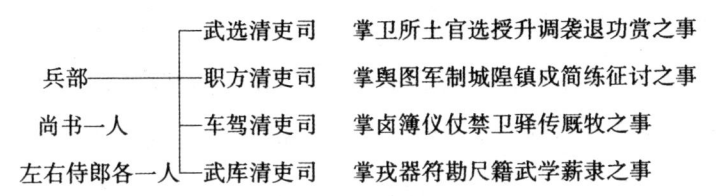

```
            ┌─ 武选清吏司  掌卫所土官选授升调袭退功赏之事
兵部 ───────┼─ 职方清吏司  掌舆图军制城隍镇戍简练征讨之事
尚书一人    ├─ 车驾清吏司  掌卤簿仪仗禁卫驿传厩牧之事
左右侍郎各一人└─ 武库清吏司  掌戎器符勘尺籍武学薪隶之事
```

都督府是统军机关，各省各镇镇守总兵官副总兵都以三等[①]真署都督及公侯伯充任。有大征讨，则由政府指派挂诸号将军[②]或大将军前将军副将军印总兵出，事定缴印回任。明初开国时，武臣最重[③]，英国公张辅兄信，至以侍郎换授指挥同知。武臣出兵，多用文臣参赞，如永乐六年（公元1408）黔国公沐晟讨交阯简定，以尚书刘俊参军事。宣德元年（公元1426）成山侯王通讨交阯黎利，以尚书陈洽参赞军务。正统以后，文臣的地位渐高，出征时由文臣任总督或提督军务，经画一切，武臣只负领军作战的任务。如正统六年（公元1441）麓川之役，定西伯蒋贵充总兵官，以兵部尚书王骥总督军务，正统十四年讨福建邓茂七，宁阳侯陈懋为总兵官，以刑部尚书金濂提督军务。成化元年（公元1465）讨大藤峡僮，都督同知

[①] 左右都督，都督同知，都督佥事。
[②] 《明史》卷六八《舆服志》四："武臣受重寄者，征西、镇朔、平蛮诸将军银印虎纽，方三寸三分，厚九分，柳叶篆文。洪武中尝用上公佩将军印，后以公侯伯及都督充总兵官，名曰挂印将军。有事征伐，则命总兵佩印以往，旋师则上所佩印于朝。"卷七六《职官志》五："其总兵挂印称将军者，云南曰征南将军，大同曰征西前将军，湖广曰平蛮将军，两广曰征蛮将军，辽东曰征虏前将军，宣府曰镇朔将军，甘肃曰平羌将军，宁夏曰征西将军，交阯曰副将军，延绥曰镇西将军（诸印洪熙元年制颁）。其在蓟镇、贵州、湖广、四川及漕运淮安者，不得称将军挂印。"
[③] 《明史》卷一四五《张玉传》："帝尝谓英国公辅有兄弟可加恩者乎？辅顿首言锐轨蒙上恩，借近侍，然皆奢侈。独从兄侍郎信贤可使也。帝召见信曰：是英国公兄耶？趣武冠冠之，改锦衣卫指挥同知世袭。时去开国未远，武阶重故也。"

赵辅为征夷将军，以左金都御史韩雍赞理军务。同年出兵镇压荆、襄农民暴动，抚宁伯朱永充靖虏将军，以工部尚书白圭提督军务。三年讨建州，武靖伯赵辅充总兵官，以左都御史李秉提督军务。从此文臣统帅，武臣领兵，便成定制。在政府的用意是以文臣制武臣，防其跋扈。结果是武臣的地位愈来愈低。正德以后幸臣戚里多用恩幸得武职，愈为世所轻。在内有部、科，在外有监军、总督、巡抚，重重弹压，五军都督府职权日轻，将弁大帅如走卒，总兵官到兵部领敕，必须长跪，"间为长揖，即谓非体"。到了末年，卫所军士，虽一诸生，都可任意役使了。

各省都指挥使是地方的最高军政长官，统辖省内各卫所军丁，威权最重。在对外或对内的战事中，政府照例派都督府官或公侯伯出为总兵官，事后还任。明初外患最频的是北边的蒙古，派出边地防御的总兵官渐渐地变成固定，冠以镇守的名义，接着在内地军事要害地区也派总兵官镇守，独任一方的军务。又于其下设分守，镇守一路；设守备，镇守一城或一堡。至和主将同城的则称为协守。总兵之下有副总兵、参将、游击将军、守备、把总等名号。总兵是由中央派出的，官爵较高，职权较专，都指挥使是地方长官，渐渐地就成为总兵官的下属了。后来居上，于是临时派遣的总兵官驻守在固定的地点，就代替了都指挥使原来的地位了。

总兵官变成镇守地方的军事统帅以后，在有战事时，政府又派中央大员到地方巡抚，事毕复命，后来巡抚也成固定的官名，驻在各地方。因为这官的职务是在抚安军民，弹压地方，所以以都御史或副佥都御史派充。因为涉及军务，所以又加提督军务或赞理军务，参赞军务名义。巡抚兼治一方的民事和军务，不但原来的都、布、按三司成为巡抚的下属，即总兵官也须听其指挥。景泰以后因军事关系，在涉及数镇或数省的用兵地区，添设总督军务或总制、总理，派重臣大员出任。有的兵事终了后即废不设，有的却就成为长设的官。因为辖地涉及较广，地位和职权也就在巡抚之上。末年"流寇"和建州内外夹攻，情势危急，政府又特派枢臣（兵部尚书)外出经略,后来又派阁臣(大学士)出来督师,权力又在总督之上。这样层层叠叠地加上统辖的上官,原来的都指挥使和总兵官自然而然地每况愈下,权力日小,地位日低了。综合上述的情形,从下表(1)中我们可以看出明代地方军政长官地位的衍变。

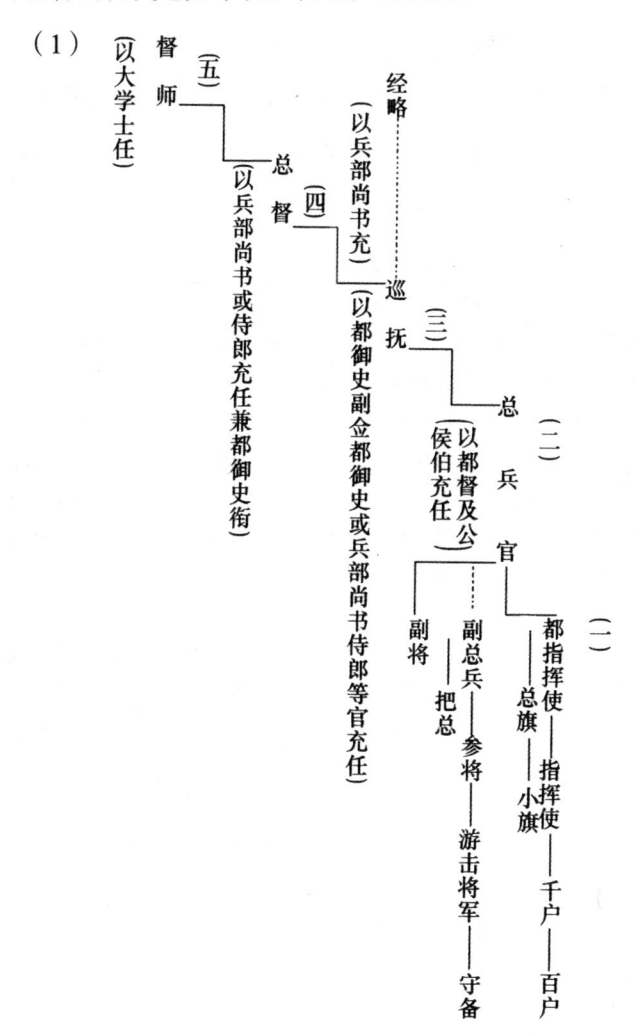

(1)

- (五)督师(以大学士任)
- (四)总督(以兵部尚书或侍郎充任兼都御史衔)
- 经略(以兵部尚书充)
- 巡抚(以都御史副金都御史或兵部尚书侍郎等官充任)
- (三)总兵官(以都督及公侯伯充任)
  - 副将
  - 副总兵 —— 参将 —— 游击将军 —— 守备
  - 把总
- (二)都指挥使 —— 指挥使 —— 千户 —— 百户
  - 总旗 —— 小旗

卫所军丁的总数,在政府是军事秘密,绝对不许人知道。① 甚至掌治军

---

① 敖英《东谷赘言》下:"我国初都督府军数,太仆寺马数,有禁不许人知。"

政的兵部尚书，和专司纠察的给事御史也不许预闻。①我们现在就《明太祖实录》卷二二三记载看，洪武二十五年的军数如下表（2）。

（2）在京武官 ……………… 2747员　　　在外武官 ……………… 13742员
　　　军　　士 ……………… 206280人　　军　　士 ……………… 992154人
　　　马 …………………… 4751匹　　　马 ………………… 40329匹

总数超过一百二十万。洪武二十六年以后的军数，按卫所添设的数量估计，应该在一百八十万以上。明成祖以后的军数，约在二百八十万左右。②万历时代的军数如下表③：

各镇军马额数表

各镇	军数 原额*	军数 现额*	马数 原额*	马数 现额*
蓟镇：蓟　州	39 339	31 658	10 700	6 399
密　云	9 065	33 569	2 032	13 120▲
永　平	22 307	39 940	6 083	15 080▲
昌　平	14 295	19 039	3 015	5 625▲
辽　东	94 693	83 340	77 001	41 830▲
保　定	29 308	34 697	1 199	4 791▲
宣　府	151 452	79 258	55 274	33 147▲
大　同	135 778	85 311	51 654▲	35 870▲
山　西	25 287	55 295	6 551▲	24 764▲
延　绥	80 196	53 254	45 940	32 133▲

---

① 陈衍《槎上老舌》："祖制五府军外人不得预闻，惟掌印都督司其籍。前兵部尚书邝埜向恭顺侯吴某索名册稽考，吴按例上闻，邝惶惧疏谢。"《明史》卷六九《兵志》一："先是京师立神机营，南京亦增设，与大小二教场同练军士，常操不息，风雨方免，有逃窜者。宪宗命南给事御史时至二场点阅。成国公朱仪及太监安宁不便，诡言军机密务，御史诘问名数非宜。帝为罪御史，仍令守备参赞官阅视，著为令。"

② 《明史》卷九一《兵志》，弘治十四年（公元1501）兵部侍郎李孟旸《请实军伍疏》："天下卫所官军原额二百七十余万。"

③ 《大明会典》卷一二九至一三〇各镇分例。

续表

各镇	军 数 原　额*	军 数 现　额*	马 数 原　额*	马 数 现　额*
宁　夏	71 693	27 934	22 182	14 657▲
固　原	126 919	90 412	32 250▲	33 842▲
甘　肃	91 571	46 901	29 318	21 660▲
四　川	14 822	10 897		
云　南	63 923	62 593		
贵　州		28 355		
广　西	121 289	13 097		
		25 854		
湖　广		68 829		
广　东		29 947		
		35 268		
南直隶	102 167			
		7 149		
浙　江	130 188	78 062		
江　西	39 893	20 848		
南　赣		9 148		
		8 171		
		829		
		1 928		
福　建	125 381	38 475		
山　东	43 631			
	2 217			
	3 177			
河　南	20 020			
总　共	1 586 611	1 120 058	343 199	282 918

*原额：永乐以后　现额：万历初年
▲包括马驼牛骡在内

明初卫所军士的来源，大概可分四类，《明史》卷九〇《兵志》二记：

> 其取兵有从征，有归附，有谪发。从征者诸将所部兵，既定其地，因以留戍。归附则胜国及僭伪诸降卒。谪发以罪迁隶为兵者。其

139

军皆世籍。

从征和归附两项军士都是建国前后的旧军。谪发一项则纯以罪人充军。名为恩军①,亦称长生军②。如永乐初屠杀建文诸臣,一人得罪,蔓连九族外亲姻连都充军役。③成化四年(公元1468)项忠平荆、襄农民暴动,俘获三万余人,户选一丁戍湖广边卫(《明史》卷一八七《项忠传》)。都是著例。

除以上三项外,第四类是垛集军,是卫军最大的来源。《明史》卷九二《兵志》四说:

> 明初垛集令行,民出一丁为军,卫所无缺伍,且有羡丁。……成祖即位,遣给事等官分阅天下军,重定垛集军更代法。初三丁已上垛正军一,别有贴户,正军死,贴户丁补。至是令正军贴户更代,贴户单丁者免,当军家蠲其一丁徭。

平民一被佥发充军,便世世子孙都入军籍,不许变易。民籍和军籍的区分极为严格。④民户有一丁被垛为军,政府优免他的原籍老家的一丁差徭,以为弥补。军士赴戍所时,宗族为其治装,名为封桩钱。⑤在卫军士除本身为正军外,其子弟称为余丁或军余,将校的子弟则称为舍人。宣德四年(公元1429)定例免在营余丁一丁差役,令其供给军士盘缠(《大明会典》卷

---

① 《明太祖实录》卷二三二:"洪武二十七年(公元1394)四月癸酉,诏兵部凡以罪谪充军者,名为恩军。"
② 陆容《菽园杂记》八:"本朝军伍皆谪发罪人充之,使子孙世世执役,谓之长生军。"
③ 黄佐《双槐岁钞》四:"齐(泰)黄(子澄)奸恶九族外亲姻连亦皆编伍,有遍一县连蔓尽而及他邦者,人最苦之。"
④ 《明太祖实录》卷一三一:"洪武十三年(公元1380)五月乙未,诏曰:军民已有定籍。敢有以民为军,乱籍以扰吾民者禁止之。"
⑤ 宋濂《宋学士文集》补遗三《棣州高氏先茔石表辞》:"北兵戍南土者宗族给其衣费,谓之封桩钱。"这名称到明代也仍沿用。

一五五）。边军似乎较受优待，如辽东旧制，每一军佐以三余丁。①内地的余丁亦称帮丁，专供操守卒往来费用。②日常生活则概由政府就屯粮支给，按月发米，称为月粮。其多少以地位高下分等差。洪武时令在京在外各卫马军月支米二石，步军总旗一石五斗，小旗一石二斗，军一石。守城者如数给，屯田者半之。③恩军家四口以上一石，三口以下六斗，无家口者四斗。月盐有家口者二斤，无者一斤（《明史》卷八二《食货志》六《俸饷》）。衣服则岁给冬衣棉布棉花夏衣夏布，在出征时则例给胖袄鞋裤（同上书卷一七七《王复传》）。

三、京军

明初定都南京，集全国卫军精锐于京师。有事以京军为主力，抽调各地卫军为辅。又因蒙古人时图恢复，侵犯北边，命将于沿边安置重兵防守，分封诸子出王边境，大开屯田，且耕且守。靖难役后，明成祖迁都北京，以首都置于国防前线，成为全国的军事中心。定制立三大营，一曰五军，一曰三千，一曰神机，合称为京军。

五军营的组织，太祖时设大都督府，节制中外诸军，京城内外置大小二场，分教四十八卫卒。洪武四年（公元1371）士卒之数二十万七千八百有奇。洪武十三年分大都督府为前、后、中、左、右五军都督府。成祖北

---

① 《明史》卷二三《潘埙传》："故事每海军一，佐以余丁三。"
② 《明史》卷二〇五《李遂传》："嘉靖三十九年（公元1560）江北河池营卒以千户吴钦革其帮丁，驱而缚之竿。帮丁者操守卒给一丁资往来费也。"
③ 《明史》卷一七七《李秉传》："景泰二年（公元1451）言：军以有妻者为有家，月饷一石。无妻者减其四。即有父母兄弟而无妻，概以无家论，非义，当一体增给。从之。"同书卷二〇五《李遂传》："旧制南军有妻者月粮米一石，无者减其四。春秋二仲月米石折银五钱。"

迁后，增为七十二卫。永乐八年（公元1410）亲征本雅失里，分步骑军为中军，左、右掖，左、右哨，称为五军。除在京卫所外，每年又分调中都、山东、河南、大宁各都司兵十六万人，轮番到京师操练，称为班军。

三千营以边外降丁三千人组成。

神机营专用火器，永乐时平交阯得到火器，立营肄习。后来又得到都督谭广进马五千，置营名"五千"，掌操演火器。

三大营在平时，五军肄营阵，三千肄巡哨，神机肄火器。在皇帝亲征时，大营居中，五军分驻，步内骑外，骑外为神机，神机外为长围，周二十里，樵采其中。

皇帝侍卫亲军有锦衣卫和十二卫亲军。御马监又有武骧，腾骧，左、右卫，称四卫军。

明初京军总数在八十万以上。[①]永乐时征安南，用兵至八十万（《明史》卷一五四《张辅传》）。正统中征麓川，用兵亦十五万（同上书卷一七一《王骥传》）。永乐宣德二朝六次对蒙古用兵，都以京军为主力。到正统十四年（公元1449）土木之变，丧没几尽。《明史》卷一七〇《于谦传》说：

> 时京师劲甲精骑皆陷没。所余疲卒不及十万。人心恐慌，上下无固志。

事后一面补充，一面着手改革。当时主持兵政的兵部尚书于谦以为三大营的缺点，是在分作三个独立组织，各为教令。临时调发，军士和将弁都不相习。乘机改革，在诸营中选出精兵十万，分作十营集中团练，名为团营。其余军归本营，称为老家。京军之制为之一变。到成化时又选出十四万军分十二营团练，称为选锋，余军仍称老家，专任役作。团营之法

[①]《明史》卷一八五《吴世忠传》："弘治十一年（公元1498）言：国初设七十二卫，军士不下百万。"同书卷八九《兵志》一："嘉靖二十九年（公元1550）吏部侍郎王邦瑞摄兵部，因言：'国初京营劲旅不减七、八十万。'"

又稍变。到正德时因"流寇"之乱，调边军入卫，设东西官厅练兵，于是边军成为选锋，十二团营又成为老家了。嘉靖时经过几次严重的外患，几次改革，又恢复三大营旧制，改三千为神枢营，募兵四万充伍。形式上虽然似乎还原，可是以募兵代世军，实质上却已大不相同了。

京军内一部分由外卫番上京师者称为班军。在名义上是集中训练，巩卫京师。实际上却被政府和权贵役作苦工，《明史》卷九〇《兵志》二说：

> 成化间海内燕安，外卫卒在京只供营缮诸役，势家私占复半之，卒多畏苦，往往愆期。

修建宫殿陵墓，浚理城池，一切大工程都以班军充役，使供役军士，财力交殚，每遇班操，宁死不赴。[1]甚至调发出征的也被扣留役使，《明史》卷一九九《郑晓传》记：

> 俺答围大同右卫急。……晓言：今兵事方棘，而所简听征京军三万五千人，乃令执役赴工，何以备战守，乞归之营伍。

结果使各地卫军以番上为畏途。有的私下纳银于所属将弁，求免入京。有事则召募充数，名为"折乾"。嘉靖二十九年（公元1550）职方主事沈朝焕在点发班军月饷时，发现有大部分是雇乞丐代替的。后来索性专以班军作工，也不营操了。班军不做工和不在工作期间的便改行作商贩工艺，按时给他们所属的班将一点钱。到末年边事日急，又把班军调到边方，作筑垣负米的劳役。从班军一变而为班工，从应役番上到折乾雇募，虽然名义上还仍旧贯，可是实质上却已经变质了。

在京卫军的情形，也和班军一样地困于役作。成化时以太监汪直总

---

[1]《明史》卷一八一《李东阳传》，同书卷一九三《费宏传》："太仓无三年之积，而冗食日增，京营无十万之兵，而赴工不已。"卷一九四《梁材传》："嘉靖六年（公元1527）时修建两宫七陵，役京军七万，大役频兴，役外卫班军四万六千人，郭勋籍其不至者，责输银雇役，廪食视班军。"

督团营，此后京军便专掌于内臣。其他管军将弁也照例由勋戚充任。在这一群贪婪的太监和纨绔的将弁统率之下，发生了种种弊端：第一是占役，军士名虽在籍，实际上却被权贵大官所隐占，替私人做工服役，却向政府领饷。第二是虚冒，军籍本来无名，却被权贵大官硬把家人苍头假冒选锋壮丁名色，月支厚饷。有人领饷，却无人应役（《明史》卷二六五《李邦华传》）。第三是军吏的舞弊，军士在交替时，军吏需索重贿，贫军不能应付，虽然老赢，也只好勉强干下去。精壮子弟反而不得收练。以此军多老弱。第四是富军的贿免，有钱的怕营操征调，往往贿托将弁，把他搁在老家数中。贫军虽极疲老，也只能勉强挨命。积此四弊，再加上在营军士的终年劳作，没有受训练的机会，名虽军士，实则工徒。结果自然营伍日亏，军力衰耗，走上崩溃的途径（同上书卷八九《兵志》一）。成化末年京军缺伍至七万五千有奇。到武宗即位时，十二团营锐卒仅六万五百余人，稍弱者二万五千。武宗末年给事中王良佐奉敕选军，按军籍应当有三十八万余人，较明初时已经只剩十分之五，实存者不及十四万，较原额缺伍至六分之五，较现额也缺伍到五分之三强。可是中选者又只二万余人。世宗立，额兵止有十万七千余人，实存者仅半。嘉靖二十九年（公元1550）俺答围都城，兵部尚书丁汝夔核营伍不及五六万人，驱出都门，皆流涕不敢前。吏部侍郎王邦瑞摄兵部，疏言：

> 国初京营劲旅，不减七、八十万，元戎宿将，常不乏人。自三大营变为十二团营，又变为两官厅，虽浸不如初，然额军尚三十八万有奇。今武备积弛，见籍止十四万余，而操练者不过五、六万。支粮则有，调遣则无。比敌骑深入，战守俱称无军。即见在军率老弱疲惫市井游贩之徒，衣甲器械，取给临时。此其弊不在逃亡而在占役，不在军士而在将领。盖提督坐营号头把总诸官，多世胄纨绔，平时占役营军，以空名支饷，临操则肆集市人，呼舞博笑而已。（《明史》卷八九《兵志》一）

到崇祯末年简直无军可用。《明史》卷二六六《王章传》记：

> 十七年（公元1644）王章巡视京营，按籍额军十一万有奇。喜曰"兵至十万，犹可为也。"及阅视，半死者，余冒伍，惫甚，闻炮声掩耳，马未驰而堕，而司农缺饷，半岁未发。

即勉强调发出征，也是雇充游民，名为京军，实则召募。如崇祯十四年兵部侍郎吴甡所言：

> 京营承平日久，发兵剿贼，辄沿途雇充。将领利月饷，游民利剽掠，归营则本军复充伍。（同上书卷二五二《吴甡传》）

积弊之极，京军仅存空名。可是，相反地，军官却与日俱增，越后越多。洪武二十五年京军军官的总数是二千七百四十七员，六十几年后，到景泰七年（公元1456）突增三万余员，较原额加了十一倍。[①]再过十几年，到成化五年（公元1469）又增加到八万余员，较原额增加了三十倍（同上书卷二十《刘体乾传》）。正德时嬖佞以传奉得官，琐滥最甚。世宗即位，裁汰锦衣诸卫内监局旗校工役至十四万八千七百人。岁减漕粮百五十三万二千余石（同上书卷一九〇《杨廷和传》）。不久又汰去京卫及亲军冗员三千二百人（同上书卷一九六《夏言传》）。虽然经过这两次大刀阔斧的裁汰，可是不久又继续增加："边功升授，勋贵传请，曹局添设，大臣恩荫，加以厂卫监局勇士匠人之属，岁增月益，不可胜数"。（同上书卷二十《刘体乾传》）到万历时，神宗倦于政事，大小臣僚多缺而不补，可是武职仍达八万二千余员。到天启时魏忠贤乱政，武职之滥，

[①]《明史》卷一八〇《张宁传》："景泰七年言：京卫带俸武职，一卫至二千余人，通计三万余员，岁需银四十八万，米三十六万，他折俸物动经百万。耗损国储，莫甚于此。而其间多老弱不娴骑射之人。"

打破了历朝的纪录,连当时人也说:"不知又增几倍?"①军日减而官日增,军减而粮仍旧额,国家负担并不减轻,官增则冗费愈多,国库愈匮。并且养的是不能战的军,添的也是不能战的官。到崇祯末年,内外交逼,虽想整顿,也来不及了。

从京军军伍的减削情形看,明初到正统可说是京军的全盛时期。土木变后,经过于谦一番整顿,军力稍强,可是额数已大减于旧,可说是京军的衰落时期。从成化到明末,则如江河日下,一年不如一年,是京军的崩溃时期。在全盛时期,明成祖和宣宗六次打蒙古,三次打安南,京军是全军中最精锐的一部分。在衰落时期,军数虽少,还能打仗。到成化以后,京军虽仍四出征讨,却已没有作战能力了。《明史》卷一八〇《曹璘传》说:

> 弘治元年(公元1488)言:诸边有警,辄命京军北征。此辈骄惰久,不足用。乞自今勿遣,而以出师之费赏边军。

《刘健传》也说:

> 弘治十七年夏,小王子谋犯大同。健言京军怯不任战,乞自今罢其役作,以养锐气。(《明史》卷一八一)

同时的倪岳则说京军之出,反使边军丧气,他说:

> 京军素号冗怯,留镇京师,犹恐未壮根本。顾乃轻于出御,用亵天威。临阵辄奔,反飈边军之功。为敌人所侮。(同上书卷一八三《倪岳传》)

这时离开国不过一百四十年,京军已以冗怯著称,政府中人异口同声地以为不可用了。

---

① 《明史》卷二七五《解学龙传》:"天启二年(公元1622)疏言:国初文职五千四百有奇,武职二万八千有奇。神祖时文增至一万六千余,武增至八万二千余。今不知又增几倍?"

四、卫军的废弛

京外卫所军的废弛情形也和京军一样。

明代军士的生活，我们可用明太祖的话来说明，他说：

> 那小军每一个月只关得一担儿仓米。若是丈夫每不在家里，他妇人家自去关呵，除了几升做脚钱，那害人的仓官又斛面上打减了几升。待到家里㧱（音伐）过来呵，止有七、八斗儿米，他全家儿大大小小要饭吃，要衣裳穿，他那里再得闲钱与人。（《大诰》武臣科敛害军第九）

正军衣着虽由官库支给，家属的却须自己制备。一石米在人口多的家庭，连吃饭也还不够，如何还能顾到衣服！《明史》卷一八五《黄绂传》：

> 成化二十二年巡抚延绥，出见士卒妻衣不蔽体。叹曰：健儿家贫至是，何面目临其上。亟预给三月饷，亲为抚循。

黄绂所见的是卫军的普遍情形，延绥士卒的遭遇却是一个难得的例外。甚至病无医药，死无棺敛，《明史》卷一六〇《张鹏传》：

> 鹏景泰二年进士。……出按大同宣府，奏两镇军士敝衣菲食，病无药，死无棺。乞官给医药棺椁，设义冢，俾飨厉祭。死者蒙恩，则生者劝。帝立报可，且命诸边概行之。

经过张鹏的提议，才由官给医药棺椁，却仍只限于诸边，内地的不能享受这权利。卫军生活如此，再加以上官的剥削和虐待，假如有办法，他们是会不顾一切，秘密逃亡的。

除从征和归附的军士以外，谪发和垛集军是强逼从军的。他们被威令所逼，离开所习惯的土地和家族，到一个辽远的陌生的环境中去，替统治阶级服务。一代一代地下去，子子孙孙永远继承这同一的命运和生活。大部分的军士发生逃亡的现象，特别是谪发的逃亡最多。万历时章潢说：

> 国初卫军藉充垛集，大县至数千名，分发天下卫所，多至百余

> 卫，数千里之远者。近来东南充军亦发西北，西北充军亦多发东南。然四方风土不同，南人病北方之苦寒，北人病南方之暑湿。逃亡故绝，莫不由斯。道里既远，勾解遂难。（章潢《图书编》卷一一七）

据正德时王琼的观察，逃亡者的比例竟占十之八九。他以为初期经大乱之后，民多流离失恒产，乐于从军。同时法令严密，卫军不敢逃亡。后来政府不能约束官吏，卫军苦于被虐待、剥削，和逼于乡土之思，遂逃亡相继（王琼《清军议》）。卫所的腐败情形，试举数例：

> 宣德九年（公元1434）二月壬申，行在兵部右侍郎王骥言：中外都司卫所官，惟知肥己，征差则卖富差贫，征办则以一科十，或占纳月钱，或私役买卖，或以科需扣其月粮，或指操备减其布絮。衣食既窘，遂致逃亡。（《明宣宗实录》卷一〇八）

弘治时刘大夏《条列军伍利弊疏》也说：

> 在卫官军苦于出钱，其事不止一端：如包办秋青草价；给与勇士养马；比较逃亡军匠；责令包工雇役；或帮贴锦衣卫夷人马匹；或加贴司苑局种菜军人；内外官人造坟，皆用夫价；接应公差车辆，俱费租钱，其他使用，尚不止此。又管营内外官员，率于军伴额数之外，摘发在营操军役使，上下相袭，视为当然。又江南军士潜运，有修船盘削之费，有监收解面之加，其他掊克，难以枚举。以致逃亡日多，则拨及全户，使富者贫，贫者终至于绝。江南官军每遇营操，虽给行粮，而往返之费，皆自营办。况至京即拨做工雇车运料，而杂拨纳办，有难以尽言者。（《刘忠宣公集》卷一）

卫军一方面被卫官私家役使①，甚至被逼为朝中权要种田②。月粮既被

---

① 《明成祖实录》卷六八："永乐五年（公元1407）六月辛卯，御史蒋彦禄言：国家养军士以备攻战。暇则教之，急则用之。今各卫所官夤缘为奸，私家役使，倍蓰常数。假借名义以避正差，贿赂潜行，互相蔽隐。"

② 《明史》卷一七七《年富传》："英国公张懋及郑宏各置庄田于边境，岁役军耕种。"

克扣①，又须交纳月钱，供上官挥霍。②隆庆三年（公元1569）萧廪出核陕西四镇兵食，发现被隐占的卒伍至数万人（《明史》卷二二七《萧廪传》）。军士无法生活，一部分改业为工人商贩，以所得缴纳上官。景帝即位时，刘定之上言十事，论当时情形：

> 天下农出粟，女出布，以养兵也。兵受粟于仓，受布于库，以卫国也。向者兵士受粟布于公门，纳月钱于私室，于是手不习击刺之法，足不习进退之宜，第转货为商，执技为工，而以工商所得，补纳月钱。民之膏血，兵之气力，皆变为金银，以惠奸宄。一旦率以临敌，如驱羊拒狼，几何其不败也。（《明史》卷一七六）

大部分不能忍受的，相率逃亡，有的秘密逃回原籍，如正统时李纯所言：

> 三年（公元1438）十月辛未，巡按山东监察御史李纯言：辽东军士往往携家属潜从登州府运船，越海道逃还原籍。而守把官军，受私故纵。（《明英宗实录》卷四七）

有的公开请假离伍：

---

① 王鏊《王文恪公文集》卷一九《上边议八事》："今沿边之民，终年守障，辛苦万状。而上之人又百方诛求，虽有屯田而子粒不得入其口，虽有月粮而升斗不得入其家，虽有赏赐而或不得给，虽有首级而不得为己功。"《明史》卷一八二《刘大夏传》："弘治十七年召见大夏于便殿……问军，对曰：穷与民等。帝曰：居有月粮，出有行粮，何故穷？对曰：其帅侵克过半，安得不穷！"《明英宗实录》卷一二六："正统二年十月辛亥，直隶巡按御史李奎奏：沿海诸卫所官旗，多克减军粮入己，以致军士艰难，或相聚为盗贼，或兴贩私盐。"

② 《明史》卷一六四《曹凯传》："景泰中擢浙江右参政。时诸卫武职役军办纳月钱，至四千五百余人。"同书卷一八〇《汪奎传》："成化二十一年言：内外坐营监枪内官增置过多，皆私役军士，办月钱。多者至二三百人。武将亦多私役健丁，行伍惟存老弱。"甚至余军亦被私役，《明英宗实录》卷一八六："正统十四年十二月壬申，兵科给事中刘斌奏：近数十年典兵官员既私役正军，又私役余丁。甚至计取月钱，粮不全支。是致军士救饥寒之不暇，尚何操习训练之务哉！"

> 正统十一年（公元1446）五月己卯，福建汀州府知府陆征言：天下卫所军往往假称欲往原籍取讨衣鞋，分析家赀，置备军装。其官旗人等贪图贿赂，从而给与文引遣之。及至本乡，私通官吏乡里，推称老病不行，转将户丁解补。到役未久，托故又去。以致军伍连年空缺。（《明英宗实录》卷一四一）

其因罪谪戍的，则预先布置，改换籍贯，到卫即逃，无从勾捕：

> 宣德八年（公元1433）十二月庚午，巡按山东监察御史张聪言：辽东军士多以罪谪戍，往往有亡匿者。皆因编发之初，奸顽之徒，改易籍贯，至卫即逃。比及勾追，有司谓无其人，军伍遂缺。（《明宣宗实录》卷一百七）

沈德符记隆万时戍军之亡匿情形，直如儿戏。他说：

> 吴江一叟号丁大伯者，家温而喜谈饮，久往来予家。一日忽至邸舍，问之，则解军来。其人乃捕役妄指平民为盗，发遣辽东三万卫充军，亦随在门外。先人语之曰：慎勿再来，倘此犯逸去，奈何！丁不顾，令之入叩头，自言姓王，受丁恩不逸也。去甫一月，则王姓者独至邸求见。先人骇问之，云已讫事，丁大伯亦旦夕至矣。先人细诘其故，第笑而不言。又匝月而丁来，则批回在手。其人到伍，先从间道逸归，不由山海关，故反早还。因与丁作伴南旋。近闻中途亦有逃者，则长解自充军犯，雇一二男女，一为军妻，一为解人，投批到卫收管，领批报命时竟还桑梓。彼处戍长，以入伍脱逃，罪当及已，不敢声言。且利其遗下口粮，潜入囊橐。而荷戈之人，优游闾里，更无谁何之者。（《野获编补遗》）

卫所官旗对于卫军之逃亡缺额，非但毫不过问，并且引为利源。因为一方面他们可以干没逃亡者的月粮，一方面又可以向逃亡者需索贿赂。永乐十二年（公元1414）明成祖曾申说此弊：

> 十月辛巳上谕行在兵部臣曰：今天下军伍不整肃，多因官吏受

赇，有纵壮丁而以罢弱充数者；有累岁缺伍不追补者；有伪作户绝及以幼小纪录者；有假公为名而私役于家者。遇有调遣，十无三四。又多是幼弱老疾，骑士或不能引弓，步卒或不能荷戈，缓急何以济事！（《明成祖实录》卷一五七）

五年后监察御史邓真上疏说军卫之弊，也说：

> 内外各卫所军士，皆有定数，如伍有缺，即当勾补。今各卫所官吏惟耽酒色货贿，军伍任其空虚。及至差人勾补，纵容卖放，百无一二到卫，或全无者；又有在外娶妻生子不回者。官吏徇私蒙蔽，不行举发。又有勾解到卫而官吏受赃放免；及以差使为由，纵其在外，不令服役。此军卫之弊也。（《明成祖实录》卷二一九）

在这情形下，《明史·兵志》记从吴元年十月到洪武三年十一月，三年中军士逃亡者四万七千九百余。到正统三年（公元1438）离开国才七十年，这数目就突增到一百二十万有奇，占全国军伍总数二分之一弱。[1]据同年巡按山东监察御史李纯的报告，他所视察的某一百户所，照理应有旗军一百十二人，可是逃亡所剩的结果，只留一人（《明英宗实录》卷四七）。

边防和海防情况：辽东的兵备在正德时已非常废弛，开原尤甚，士马才十二，墙堡墩台圮殆尽，将士依城堑自守，城外数百里，悉为诸部射猎地（《明史》卷一九九《李承勋传》）。蓟镇兵额到嘉靖时也十去其五，唐顺之《覆勘蓟镇边务首疏》：

> 从石塘岭起，东至古北口墙子岭马兰谷，又东过滦河，至于太平寨燕河营，尽石门寨而止，凡为区者七。查得原额兵共七万六百零四名，见在四万六千零三十七名。逃亡二万四千五百六十七名。又

---

[1] 《明英宗实录》卷四六："正统三年九月丙戌，行在兵部奏：天下都司卫所发册坐勾逃故军士一百二十万有奇。今所清出，十无二三。未几又有逃故，难以遽皆停止。"

> 从黄花镇起，西至于居庸关，尽镇边城而止，凡为区者三，查得原额兵共二万三千二十五名，逃亡一万零一百九十五名。总两关十区之兵，原额共九万三千八百二十四名，见在五万九千六十二名，逃亡三万四千七百六十二名。……蓟兵称雄，由来久矣。比臣等至镇，则见其人物琐软，筋骨绵缓，靡靡然有暮气之惰，而无朝气之锐。就而阅之，力士健马，什才二三，钝戈弱弓，往往而是。其于方圆牝牡九阵分合之变，既所不讲，剑盾枪箭五兵之长，亦不能习。老羸未汰，纪律又疏，守尚不及，战则岂堪。（《荆川外集》卷二）

沿海海防，经积弛后，尤不可问。《明史》卷二〇五《朱纨传》记嘉靖二十六年时闽浙情形说：

> 漳、泉巡检司弓兵旧额二千五百余，仅存千人。……浙中卫所四十一，战船四百三十九，尺藉尽耗。

海道副使谭纶述浙中沿海卫所积弊：

> 卫所官军既不能以杀贼，又不足以自守，往往归罪于行伍空虚，徒存尺籍，似矣。然浙中如宁、绍、温、台诸沿海卫所，环城之内，并无一民相杂，庐舍鳞集，岂非卫所之人乎？顾家道殷实者，往往纳充吏承，其次赇官出外为商，其次业艺，其次投兵，其次役占，其次搬演杂剧，其次识字，通同该伍放回附近原籍，岁收常例，其次舍人，皆不操守。即此八项，居十之半，且皆精锐。至于补伍食粮，则反为疲癃残疾，老弱不堪之辈，军伍不振，战守无资，弊皆坐此。至于逃亡故绝，此特其一节耳。（胡宗宪《筹海图编》卷一一《经略一·实军伍》）

以至一卫军士不满千余，一千户所不满百余（同上兵部尚书张时彻语）。一遇事变，便手足无措。倭寇起后，登陆屠杀，如入无人之境。充分证明了卫军的完全崩溃，于是有募兵之举，另外召募壮丁，加以训练，抵抗外来的侵略。

五、勾军与清军

卫所军士之不断地逃亡，使统治阶级感觉恐慌，努力想法挽救。把追捕逃军的法令订而又订，规定得非常严密。《明史》卷九二《兵志》四记：

> 大都督府言：起吴元年十月至洪武三年十一月，军士逃亡者四万七千九百余。于是下追捕之令，立法惩戒。小旗逃所隶三人降为军，上至总旗百户千户皆视逃军多寡，夺俸降革。其从征在外者罚尤严。

把逃军的责任交给卫所官旗，让他们为自己的利益约束军士，这办法显然毫无效果，因为在十年后又颁发了同样性质的法令：

> 洪武十三年五月庚戌，上谕都督府臣曰：近各卫士卒率多逋逃者，皆由统之者不能抚恤。宜量定千百户罚格。凡一千户所逃至百人者千户月减俸一石，逃至二百人减二石。一百户所逃及十人者月减俸一石，二十人者减二石，若所管军户不如数，及有病亡事故残疾事，不在此限。（《明太祖实录》卷一三一）

洪武十六年又命五军都督府檄外卫所，速逮缺伍士卒，名为勾军。特派给事中潘庸等分行清理，名为清军。洪武二十一年以勾军发生流弊，命卫所及郡县编造军籍：

> 九月庚戌，上以内外卫所军伍有缺，遣人追取户丁，往往鬻法，且又骚动于民。乃诏自今卫所以亡故军士姓名乡贯编成图籍送兵部，然后照籍移文取之，毋擅遣人，违者坐罪。寻又诏天下郡县，以军户类造为册，具载其丁口之数，如遇取丁补伍，有司按籍遣之，无丁者止。（同上书卷一九三）

军籍有三份，一份是清勾册（卫所的军士逃亡及死亡册），一份是郡县的军户原籍家属户口册。一份是收军册。卫所的军额是一定的，卫军规定必须有妻，不许独身不婚。①父死子继。如有逃亡缺伍或死绝，必须设法补足。补额的方法是到原籍追捕本身或其亲属。同年又置军籍勘合：

> 是岁命兵部置军籍勘合，遣人分给内外卫所军士，谓之勘合户由。其中间写从军来历，调补卫所年月，及在营丁口之数。遇点阅则以此为验。其底簿则藏于内府。（《明太祖实录》卷一九五）

这两种制度都为兵部侍郎沈溍所创。《明史》曾对这新设施的成效加以批评：

> 明初卫所世籍及军卒勾补之法，皆沈溍所定。然名目琐细，簿籍繁多，吏易为奸。终明之世，颇为民患，而军卫亦日益耗。（《明史》卷一三八《唐铎传》）

实际上不到四十年，这两种制度都已丧失效用了。不但不能足军，反而扰害农民。第一是官吏藉此舞弊：

> 宣德八年二月庚戌，行在兵部请定稽考勾军之令。盖故事都司卫所军旗伍缺者，兵部预给勘合，从其自填，遣人取补。及所遣之人，事已还卫，亦从自销，兵部更无稽考。以故官吏贪缘为弊，或移易本军籍贯，或妄取平民为军，勘合或给而不销，限期或过而不罪。致所遣官旗，迁延在外，娶妻生子，或取便还乡，二三十年不回原卫所者，虽令所在官司执而罪之，然积弊已久，猝不能革。（《明宣宗实录》卷九九）

使奉命勾军的官旗，自身也成逃军。第二是军籍散失，无法勾补：

> 宣德八年八月壬午，河南南阳府知府陈正伦言：天下卫所军士，或从征，或屯守，或为事调发边卫。其乡贯姓名诈冒更改者多。洪武中二次勘实造册，经历年久，簿籍鲜存，致多埋没。有诈名冒勾者，官府无可考验虚实。（同上书卷一〇四）

---

① 《筹海图编》卷一一《实军伍》，兵部尚书张时彻云："（卫军）无妻者辄罢革。"《明史》卷九二《兵志》四："军士应起解者皆佥妻。"

政府虽然时派大臣出外清理军伍，宣德三年且特命给事中御史按期清军。清军条例也一增再增，规定得非常严密，军籍也愈来愈复杂。嘉靖三十一年（公元1551）又增编兜底、类卫、类姓三册，合原有之军黄总册（即户口册）为四册。①但是这一切的条例和繁复的手续，只是多给予官吏以舞弊的机会，卫军的缺伍情形，仍不因之稍减。

在明代前期，最为民害的是勾军。军士缺伍，勾捉正身者谓之跟捕，勾捕家丁者谓之勾捕。勾军的弊害，洪熙元年（公元1425）兴州左屯卫军士范济曾上书说：

> 臣在行伍四十余年，谨陈勾军之弊：凡卫所勾军有差官六七员者，百户所差军旗二人或三人者，俱是有力少壮，及平日结交官长，畏避征差之徒，重贿贪饕官吏，得往勾军。及至州县，专以威势虐害里甲，既丰其馈饩，又需其财物，以合取之人及有丁者释之。乃诈为死亡，无丁可取，是以留宿不回。有违限二三年者，有在彼典雇妇女成家者。及还，则以所得财物，贿其枉法官吏，原奉勘合，曚眬呈缴。较其所取之丁，不及差遣之官，欲求军不缺伍，难矣。（《明宣宗实录》卷五）

官校四出，扰乱得闾里不宁，却对军伍之缺，一无裨补。正统元年（公元1436）九月分遣监察御史轩輗等十七人清理军政，在赐敕中也指出当时的弊害，促令注意。敕书说：

---

① 《大明会典》卷一五五《兵部三八·军政二·册单》："凡大造之年，除军黄总册照旧攒造外，又造兜底一册，细开各军名贯，充调来历，接补户丁，务将历年军册底查对明白，毋得脱漏差错。又别造类姓一册；不拘都图卫所，但系同姓者摘出类编。又别造类卫一册，以各卫隶各省，以各都隶各卫，务在编类详明，不许混乱。其节年间发永远新军亦要附入各册，前叶先查概县军户总数以递合图，以图合都，以都合县。不许存户绝，有无勾单，务寻节年故牒，补足前数。每十造册之年，另造一次，有增无减，有收无除。每县每册各造一样四本，三本存各司府州县，一本送兵部备照。册高阔各止一尺二寸，不许宽大，以致吏书作弊。"按军黄《明史》及《明史稿·兵志》均作军贯，今从《会典》。

> 武备立国之重事。历岁既久，弊日滋甚。军或脱籍以为民，民或枉指以为军。户本存而谓其为绝，籍本异而强以为同。变易姓名，改易乡贯，夤缘作弊，非止一端。推厥所由，皆以军卫有司及里甲人等贪贿挟私，共为欺蔽，遂致妄冒者无所控诉，埋没者无从追究，军缺其伍，民受其殃。(《明英宗实录》卷二二)

在实际上，不但法外的弊害，使农民受尽苦痛，即本军本户的勾补，对农民也是极大灾难。试举数例说明。第一例要七十老翁和八岁孩子补伍：

> 洪武二十五年四月壬子，怀远县人王出家儿年七十余，二子俱为卒从征以死。一孙甫八岁，有司复追逮补伍。出家儿诉其事于朝，令除其役。(《明太祖实录》卷二七)

第二例单丁补役，田地无人耕种：

> 永乐八年四月戊戌，湖广彬州桂阳县知县梁善言：本县人民充军数多，户有一丁者发遣补役，则田地抛荒，税粮无征，累及里甲。(《明成祖实录》卷一〇二)

第三例地方邻里因勾军所受的损失。万历三年徐贞明疏言：

> 东南民素柔脆，莫任远戍。今数千里勾军，离其骨肉。军壮出于户丁，帮解出于里甲，每军不下百金。而军非土著，志不久安，辄赂卫官求归。卫官利其赂且可以冒饷也，因而纵之。是困东南之民，而实无补于军政也。(《明史》卷二二三)

解除军籍的唯一途径，明初规定，必须做到兵部尚书才能脱籍为民。①《明史》卷一三八《唐铎传》记陈质许除军籍，称为特恩：

> 潮州陈质父在戍籍。父殁，质被勾补，请归卒业，帝命除其籍。(兵部尚书) 沈溍以缺军伍持不可。帝曰：国家得一卒易，得一士

---

① 《明史》卷九二《兵志》清理军伍。同书卷一三八《陈修传》："翟善迁吏部尚书，帝欲除其家戍籍。善曰：戍卒宜增，岂可以臣破例。帝益以为贤。"

难。遂除之。然此皆特恩云。①

后定制生员特许免勾，但要经考试合格：

> 凡开伍免勾，洪武二十三年令生员应补军役者，除豁遣归卒业。二十九年令生员应起解者，送翰林院考试，成效者开伍，发回读书。不成者照旧补役。（《大明会典》卷一五四）

永乐时又定例现任官吏免勾：

> 二年令生勾军有见任文武官及生员吏典等，户止三丁者免勾，四丁以上者勾一丁补伍。（同上）

从此官僚阶级得豁去当军的义务，军伍的勾取只限于无钱无势的平民了。

勾军之害，已如上述。一到大举清军时，其害更甚。清军官吏是以清出军伍的多少定考成的，因此肆意诛求，滥及民户，惟恐所勾太少。《明史》记宣德时清军情形：

> （赵豫）官松江知府。清军御史李立至，专务益军，勾及亲戚同姓，稍辩则酷刑榜掠，人情大扰。诉枉者至一千一百余人。②

正德时武定清军，一州至万余人：

---

① 《明史》卷一四二《陈彦回传》："彦回莆田人。父立诚为归安丞，被诬论死，彦回谪戍云南，家人从者多道死，惟彦回与祖母郭在。会赦又弗原，监送者怜而纵之，贫不能归，依乡人知县黄积良。……彦回后擢徽州知府。……当彦回之戍云南也，其弟彦囧亦戍辽东。至是诏除彦回籍。"按以罪谪戍者，如罪不至全家，经请求得由子弟代役，《明史》卷一四三《高巍传》："由太学生试前军都督府左断事，……寻以决事不称旨当罪，减死戍贵州关索岭。特许弟侄代役，曰旌孝子也。"《周缙传》："遣戍兴州，有司遂捕缙械送戍所。居数岁，子代还。"

② 《明史》卷二八一《赵豫传》，同上《张宗琏传》："朝遣李立理江南军籍，檄宗琏自随。立受黠军词，多逮平民实伍。"吴宽《鲍翁家藏集》卷三三《崔巡抚辩诬记》："宣德初所谓军政条例始行于天下。御史李立往理苏、常等府。立既刻薄，济以苏倅张徽之凶暴，专欲括民为军。民有与辩者，徽辄怒曰：汝欲为鬼耶？抑为军耶？一时被诬与死杖下者，多不可胜数。苏人恨入骨髓。然畏其威，莫敢与抗也。"

（郭侃）官武定知州。会清军籍，应发遣者至万二千人。侃曰：武定户口三万，是空半州也。力争之得寝。（《明史》卷二八一《郭侃传》）

王道论清军之弊有三：第一是清勾不明；第二是解补太拘；第三是军民并役。他说：

清勾之始，执事不得其人，上官不屑而委之有司，有司不屑而付之吏胥，贿赂公行，奸弊百出。正军以富而幸免，贫民无罪而干连，有一军缺而致数人之命，一户绝而破荡数家之产者矣，此清勾不明之弊一也。国初之制，垛集者不无远近之异，谪戍者多罹边卫之科，承平日久，四海一家，或因迁发，填实空旷，或因商宦，流寓他方，占籍既久，桑梓是怀。今也勾考一明，必欲还之原伍，远或万里，近亦数千，身膺桎梏，心恋庭闱，长号即路，永诀终天，人非木石，谁能堪此，此解补太拘之弊二也。迩年以来，地方多事，民间赋役，十倍曩时，鬻卖至于妻子，算计尽乎鸡豚，苦不聊生，日甚一日，而又忽加之以军伍之役，重之以馈送之繁，行赍居送，无地方可以息肩，死别生离，何时为之聚首？民差军需，交发互至，财殚力竭，非死即亡，此军民并役之弊三也。（《顺渠先生文集》卷四）

至嘉靖时，军伍更缺，法令愈严，有株累数十家，勾摄经数十年者，丁口已尽，犹移覆纷纭不已。万历中南直隶应勾之军至六万六千余，株连至二三十万人（《明史》卷九二《兵志四》）。卫军已逃亡的，"勾军无虚岁，而什伍日亏。"未逃亡或不能逃亡的，却"平居以壮仪卫，备国容犹不足"[1]。卫所制度到这时候，已经到了完全崩溃的阶段了。

---

[1] 顾起元：《客座赘语》二《勾军可罢》："南都各卫军在卫者，余尝于送表日见之。尪羸饥疲，色可怜，与老稚不胜衣甲者居大半。平居以壮仪卫，备国容犹不足，脱有事而责其效一臂力，何可得哉！其原籍尺籍，皆系祖军，死则其子孙或其族人充之，非盲瞽废疾，未有不编于伍者。又户绝必清勾，勾军多不乐轻去其乡，中道辄逃匿，比至又往往不习水土，而病且死。以故勾军无虚岁而什伍日亏。且勾军之害最大，一户而株累数十户不止。比勾者至卫所，官卫又以需索困苦之，故不病且死，亦多以苦需索而窜。"

六、募兵

从永乐迁都北京以后，每年须用船运东南米数百万石北来，漕运遂为明代要政。运粮多由各地卫军负责。宣宗即位后，始定南北卫军分工之制，南军转运，北军备边。①特设漕运总兵，用卫军十二万人（《明史》卷一五三《陈瑄传》）。东南军力由之大困。弘治元年（公元1488）都御史马文升疏论运军之苦说：

> 各直省运船，皆工部给价，令有司监造。近者漕运总兵以价不时给，请领价自造，而部臣以军士不加爱护，议令本部出料四分，军卫任三分，旧船抵三分。军卫无从措办，皆军士卖资产，鬻男女以供之，此造船之苦也。正军逃亡数多，而额数不减，俱以余丁充之，一户有三四人应役者，春兑秋归，艰辛万状，船至张家湾，又雇车盘拨，多称贷以济用，此往来之苦也。其所称贷，运官因以侵渔，责偿倍息，而军士或自载土产以易薪米，又格于禁例，多被掠夺。（《明史》卷七九《食货志三·漕运》）

江南军士"多因漕运破家"，江北军士则"多以京操失业"②。南北卫军因之都废弛不可用。

明代用全力防守北边，备蒙古入侵。腹地军力极弱，且经积弛之后，一有事故，便手足无措。隆庆时靳学颜疏言：

> 夫陷阵摧坚，旗鼓相当，兵之实也。今边兵有战时，若腹兵则终世不一当敌，每盗贼窃发，非阴阳医药杂职，则丞贰判簿为之将，非乡民里保，则义勇快壮为之兵，在北则借盐丁矿徒，在南则借狼土，此皆腹兵不足用之明验也。（《明史》卷二一四《靳学颜传》）

所说的虽然是后期情形，其实在前期即已如此。正统时邓茂七起义，将帅

---

① 《明史》卷一四五《朱能传》："朱勇以南北诸卫所军，备边转运，错互非便。请专令南军转运，北军备边。"
② 《刘忠宣公集》卷一《乞休疏》中语。

尪怯退避,反由文吏指挥民兵作战。①天顺初年两广"盗"起,将吏率缩朒观望,怯不敢战。②至正德时刘宠、刘辰起义,腹地卫军已全不能用:

> 正德六年刘宠刘辰等自畿辅犯山东河南,下湖广,抵江西。复自南而北,直窥霸州。杨虎等自河北入山西,复东抵文安,与宠等合。破邑百数,纵横数千里,所过若无人。(《明史》卷一八七《马中锡传》)

只好调边兵来作战。西南和东南则调用素称慓悍嗜杀的狼土兵。③可是狼土兵毫无军纪,贪淫残杀,当时有"贼如梳,军如篦,土兵如剃"④和"土贼尤可,土兵杀我"之谣。⑤甚或调用土达⑥,如毛胜(原名福寿)之捕苗云南:

> 正统六年,靖远伯王骥请选在京番将舍人捕苗云南,乃命胜与都督冉保统六百人往。……(正统十四年)以左副总兵统河间东昌降夷赴贵州(平贼)。(同上书卷一五六《毛胜传》)

和勇(原名脱脱孛罗)之平两广"盗":

> 天顺间以两广多寇,命充游击将军,统降夷千人往讨。……成化初赵辅、韩雍征大藤峡,诏勇以所部从征。(同上书卷一五六《和勇传》)

---

① 《明史》卷一六五《丁瑄传》:"当是时浙闽盗所在剽掠为民患,将帅率玩寇,而文吏励民兵拒贼往往多斩获。闽则有张英王得仁之属,浙江则金华知府石瑁擒遂昌贼苏才。处州知府张佑击贼众,擒斩千余人。"

② 《明史》卷一六五《叶祯传》。卷一七七《叶盛传》:"天顺二年巡抚两广,时两广盗贼蜂起,所至破城杀将,诸将怯不敢战,杀平民冒功,民相率从贼。"

③ 狼兵和土兵是湖南、广西一带土司的军队,参看《明史》卷三一〇《土司传》和毛奇龄《蛮司合志》。

④ 《明史》卷一八七《洪钟传》:"正德五年,保宁贼起。官兵不敢击,潜蹑贼后,馘良民为功,土兵虐民尤甚。时有谣曰:贼如梳,军如篦,土兵如剃。

⑤ 《明史》卷一八七《陈金传》:"正德六年,江西盗起。金以所属郡兵不足用,奏调广西狼土兵,累破剧贼。然所用目兵,贪残嗜杀,剽掠甚于贼。有巨族数百口阖门罹害者。所获妇女率指为贼属,载数十艘去。民间谣曰:土贼尤可,土兵杀我。金亦知民患之,方倚其力不为禁。"

⑥ 蒙古降人和内地的土著蒙古人。

又行佥民壮法，增加地方兵力。正统二年始募所在军余民壮愿自效者。十四年令各处召募民壮，就令本地官司率领操练，遇警调用，事定仍复为民。弘治二年又令：

> 州县选取年二十以上五十以下精壮之人，州县七八百里，每里佥二名。五百里者每里三名。三百里者每里四名。一百里以上者每里五名。春夏秋每月操二次，至冬操三歇三，遇警调集，官给行粮。（《明史》卷九一《兵志》）

富民不愿服务，可纳钱免佥，由官代募。此种地方兵又称机兵，在巡检司者称为弓兵。到此人民又加上一层新负担，军外加兵，疲于奔命。

调用边兵土兵达兵和佥点民壮，虽然解决了一时的困难，可是边兵有守边之责，土兵不易制裁，达兵数目不多，民壮稍后也积弊不可用，而且是地方兵，只供守卫乡里，不能远调。王守仁在正德时曾申说当时兵备情形：

> 赣州财用耗竭，兵力脆弱，卫所军丁，只存故籍，府县机（兵）快（手），半充虚文，御寇之方，百无一恃，以此例彼，余亦可知。是以每遇盗贼猖獗，辄覆奏请兵，非调土军，即倩狼达，往返之际，辄已经年，靡费所需，动逾数万。逮至集兵举事，即已魍魉潜形，曾无可剿之贼，稍俟班师旋旅，则又鼠狐聚党，复当不轨之群。机宜屡失，备御益弛。征发无救于疮痍，供饩适增其荼毒。群盗习知其然，愈肆无惮，百姓谓莫可恃，竞亦从非。（《阳明集要·经济集一·选拣民兵》）

在这种情况下，不能不另想办法。于是有募兵出现。在卫军民壮以外，又加上第三种军队。募兵出而卫军民壮自以为无用，愈加废弛。[①]

[①] 顾炎武《亭林文集》卷六《兵制论》："正德末始令郡县选民壮。弘治中制里佥二名若四五名。有调发官给行粮。正德中计丁粮编机兵银，人岁食至七两有奇，悉赋之民。此之谓机（兵）快（手）民壮，而兵一增，制一变。又久备益弛，盗发雍豫，蔓延数省，民兵不足用，募新兵，倍其糈，以为长征之军，而兵再增，制再变。屯卫者曰：我乌知兵，转漕耳。守御非吾任也。故有机壮而屯卫为无用之人。民壮曰：我乌知兵，给役耳。调发非吾任也。故有新募而民壮为无用之人。"

募兵之制，大约开端于正统末年。募兵和民壮不同，民壮是由地方按里数多少或每户壮丁多少佥发的，平时定期训练，余时归农，调发则官给行粮，事定还家。完全为警卫地方之用。募兵则由中央派人召募，入伍后按月发饷，东西征戍，一惟政府之命。战时和平时一样，除退役外不能离开行伍。正统土木之变，京军溃丧几尽，各省勤王兵又不能即刻到达，于是派朝官四出募兵①，以为战守之计。嘉靖时倭寇猖獗，沿海糜烂，当时人对于卫军之毫无抵抗能力，不能保卫地方，极为不满。主张在卫军和募兵两者中择较精锐的精练御敌，即以所淘汰的军的粮饷归之能战的兵，郎瑛所记"近日军"即代表此种意见。他说：

> 古之置军也防患，今之置军也为患。何也？太平无事，民出谷以养军，官有产以助军，是欲藉其有警以守，盗发以讨，所以卫民也。卫民，卫国也。今海贼为害有年矣，未闻军有一方之守，一阵之敌焉。守敌者非召募之土著，则选调别省兵勇。故见戮于贼也，非地方男妇良民，即远近召募之众。是徒有养军之害，而无卫军之实，国非亦为其所损哉！为今之计，大阅军兵，使较射扑，军胜于募，则以募

---

① 《明史》卷一五七《杨鼎传》："也先将寇京师，诏以监察御史募兵兖州。"同书卷一六《石玮传》："景帝即位，出募天下义勇。"卷一七五《白圭传》："陷土木脱还，景帝命往泽州募兵。"按同书卷一六四《左鼎传》："初京师戒严，募四方民壮分营训练，岁久多逃，或赴操不如期。建议编之尺籍。（练）纲等言：召募之初，激以忠义，许事定罢遣。今展转轮操，已孤所望。况其逃亡，实迫寒馁。岂可遽著军籍！边方多故，倘更召募，谁复应之。诏即除前令。"此为景泰四年事，距召募入伍时已五年。似乎这次所募的大部分是各地民壮，虽未著录于中央军籍，却已入伍四五年，编营训练，其性质和后来的兵相同了。至于《杨鼎传》和《白圭传》所记的募兵，当即为和军对称并行的兵，并非地方的民壮。又募兵须由中央，地方长官不得擅募。《明史》卷一六四记李信以擅募被劾可证："景泰中曹凯擢浙江右参政。镇守都督李信擅募民为军，糜饷万余石。凯劾奏之。信虽获宥，诸助信募军者皆获罪。"传中军当作兵。

银之半加于军，募胜于军，则扣军粮之半以益募。如此则军兵各为利而精矣。以练精者上阵以杀贼，余当减之也。庶民不费于召募之费，国不至于倍常之费，虽为民而实为国矣。（《七修类稿续稿》卷三）

要求用精练的兵作战。当时将帅都在这要求下纷纷募兵训练，内中最著名的如戚继光：

继光至浙，见卫所兵不习战，而金华义乌俗称慓悍，请召募三千人教以击刺法，长短兵迭用，由是继光一军特精。又以南方多薮泽，不利驰逐。乃因地形，制阵法，审步伐便利，一切战舰火器兵械，精求而更制之，戚家军名闻天下。（《明史》卷二一二《戚继光传》）

谭纶：

东南倭患已四年，朝议练乡兵御贼。参将戚继光请期三年而后用之。纶亦练千人，立束伍法，自裨将以下节节相制，分数既明，进止齐一，未久即成精锐，益募浙东良家子教之。而继光练兵已及期，因收之为己用，客兵罢不复调。（同上书卷二一二《谭纶传》）

同时张鏊募兵名振武营①，郑晓②、朱先募盐徒为兵。③名将俞大猷所练兵名俞家军。④都卓有成效，在几年中完全肃清了倭寇。

在另一方面，北边的边军也渐渐地用募兵来代替和补充世军。《明史》卷二〇四《陈九畴传》：

世宗即位，巡抚甘肃。抵镇言：额军七万余，存者不及半，且多

---

① 《明史》卷二〇五《李遂传》："振武营者（南京）兵部尚书张鏊募健儿以御倭，素骄悍。（以给饷逾期哗变）遂奏调振武军护陵寝，一日散千人。"
② 《明史》卷一九九《郑晓传》："募盐徒骁悍者为兵。"
③ 《明史》卷二一二《戚继光传》："朱先募海滨盐徒自为一军。"
④ 《明史》卷二一二《俞大猷传》："嘉靖四十二年，惠州府参将谢敕与伍端温七战失利，以俞家军至恐之。"

老弱，请令召募。报可。①

嘉靖二十九年又令蓟镇自于密云、昌平、永平、遵化募兵一万五千（《大明会典》卷一二九）。隆庆二年以戚继光为总兵官练蓟镇兵，募浙兵三千作边军模范（《明史》卷二一二《戚继光传》）。后又续募浙兵九千余守边，边备大饬。（同上书《谭纶传》）甚至京军也用募兵充伍：

> 嘉靖二十九年，遣四御史募兵畿辅、山东、山西、河南得四万人，分隶神枢神机。（同上书卷八九《兵志》一）

从此以后，以募兵为主力，卫军只留空名，置而不用。②时人以为募兵较世军有十便：

> 年力强壮者入选，老弱疲癃，毋得滥竽其中，便一。一遇有缺伍，朝募而夕补，不若清勾之旷日持久，便二。地与人相习，无怀故土逃亡之患，便三。人必能一技与善一事者方得挂名什伍，无无用而苟食者，便四。汰减之法，自上为政，老病不任役者弃之，不若祖军顶替，有贿官职而瞒年岁者，便五。部科遴拣，一朝而得数什百人，贪弁不得缘以勒掯需索，便六。有事而强壮者人可荷戈，不烦更为挑选，便七。家有有力者数人，人皆得为县官出力，不愿者勿强也，便八。壮而不能治生产者，得受糈于官，无饥寒之患，便九。猛健豪鸷之材，笼而驭之，毋使流为奸宄盗贼，便十。（《客座赘语》卷二）

万历末年建州勃兴，辽沈相继失守，募兵愈多，国库日绌。募来的兵多未经严格训练，又不能按时发饷，结果也和卫军一样，逃亡相继。熊廷弼

---

① 《明史》卷二〇四《翟鹏传》："嘉靖二十一年，起鹏宣大总督。……修边墙……得地万四千九百余顷。募军千五百人，人给五十亩，省仓储无算。"

② 《明史》卷二五一《蒋德璟传》："文皇帝设京卫七十二，计军四十万。畿内八府军二十八万，又有中都、大宁、山东、河南入卫班军十六万，春秋入京操演。深得居重驭轻之势。且自来征讨，皆用卫所官军，嘉靖末始募兵，遂置军不用，至加派日增，军民两困。"

《辽左大势久去疏》：

> 辽东见在兵有四种：一曰募兵，佣徒厮役，游食无赖之徒，几能弓马惯熟？几能膂力过人？朝投此营，领出安家月粮而暮逃彼营；暮投河东，领出安家银两而朝投河西。点册有名，及派工役而忽去其半；领饷有名，及闻告警而又去其半。此募兵之形也。（《熊襄愍公集》卷三）

甚至内地兵尚未出关，即已逃亡。①在辽就地所募兵，得饷后即逃亡过半。②天启时以四方所募兵日逃亡，定法摄其亲属补伍（《明史》卷二五六《毕自严传》）。也只是一个空头法令，实际上并不能实行。稍一缺饷，则立刻哗变，崇祯元年川、湖兵戍宁远时，以缺饷四月大噪，余十三营起应之，至缚系巡抚毕自严（《明史》卷二五九《袁崇焕传》）。"流寇"起后，内外交逼，将帅拥兵的都只顾身家，畏葸不敢作战。政府也曲意宽容，极意笼络，稍有功效，加官封爵，惟恐不及。丧师失地的却不敢少加罪责，惟恐其拥兵叛乱，又树一敌。由此兵骄将悍，国力日蹙。③诸将中左良玉兵最强，拥兵自重，跋扈不肯听调遣，《明史》说他：

> 多收降寇以自重，督抚檄调，不时应命。……壁樊城，驱襄阳一郡人以实军，降贼附之，有众二十万。……福王立……南都倚为屏蔽。良玉兵八十万，号百万，前五营为亲军，后五营为降军，每春秋

---

① 《明史》卷二三七《冯应京传》："辽阳陷，时议募兵。何栋如自请行。遂赍帑金赴浙江，得六千七百人。……所募兵畏出关，多逃亡。"

② 《明史》卷二五九《熊廷弼传》："刘国缙募辽人为兵，所募万七千人，逃亡过半。"并参阅《熊襄愍公集》卷四《新兵全伍脱逃疏》。

③ 《明史》卷二六四《李梦辰传》："崇祯六年冬……累迁本科给事中。复言：将骄军悍，邓玘、张外嘉之兵轼主而叛，曹文诏、艾万年之兵望贼而奔，尤世威、徐来朝之兵离汛而遁。今者张全昌、赵光远之兵且倒戈为乱矣。荥泽劫库杀人，偃师列营对垒，且全昌等会剿豫贼，随处逗留，及中途兵变，全昌竟东行，光远始西向。骄抗如此，安可不重治。帝颇采其言。"

> 肄兵武昌诸山，一山帜一色，山谷为满。军法用两人夹马驰日过对，马足动地，殷如雷声。诸镇兵惟高杰最强，不及良玉远甚。（《明史》卷二七三《左良玉传》）

一人拥兵八十万，当时号为左兵。在崇祯时代他为要保全私人实力，不听政府调遣。福王立，他又发动内战，以致清兵乘虚直捣南京。其他镇将如高杰、黄得功、刘泽清、刘良佐在北都亡后，拥兵江北，分地分饷，俨然成为藩镇。他们不但以武力干涉中央政事，还忙于抢夺地盘，互相残杀。高杰、黄得功治兵相攻，刘泽清、刘良佐、许定国则按兵不动。后来许定国诱杀高杰，以所部献地降清，刘泽清、刘良佐也不战降附，黄得功兵败自杀，南都遂亡。

七、军饷与国家财政

明初卫军粮饷，基本上由屯田所入支给。明太祖在初起兵时，即立民兵万户府，寓兵于农：

> 戊戌（公元1358）十一月辛丑，立管理民兵万户府。令所定郡县民武勇者，精加简拔，编辑为伍，立民兵万户府领之。俾农时则耕，闲则练习，有事则用之。事平有功者一体升擢，无功令还为民。（《明太祖实录》卷六）

又令诸将屯田各处。建国后宋讷又疏劝采用汉赵充国屯田备边的办法，以御蒙古。他说：

> 今海内乂安，蛮夷奉贡。惟沙漠未遵声教。若置之不理，则恐岁久丑类为患，边圉就荒。若欲穷追远击，六师往还万里，馈运艰难，士马疲劳。陛下为圣子神孙万世计，不过谨备边之策耳。备边固在乎兵实，兵实又在乎屯田。屯田之制，必当以法汉（赵充国）。……陛下宜于诸将中选其智勇谋略者数人，每将以东西五百里为制，随其高

下，立法分屯。所领卫兵以充国兵数斟酌损益，率五百里一将，布列缘边之地，远近相望，首尾相应，耕作以时，训练有法，遇敌则战，寇去则耕，此长久安边之法也。（《西隐文稿》卷一〇《守边策略》）

同时由海道运粮到辽东，又时遭风覆溺。因之决意兴屯，不但边塞，即内地卫所也纷纷开屯耕种。定制边地卫所军以三分守城，七分屯种，内地二分守城，八分屯种。每军受田五十亩为一分，给耕牛农具，教树植，复租赋。初税亩一斗。建文四年（公元1402）定科则，军田一分正粮十二石，贮屯仓，听本军自支。余粮为本卫所官军俸粮。永乐时东自辽左，北抵宣大，西至甘肃，南至滇、蜀，极于交阯，中原则大河南北，在在兴屯（《明史》卷七七《食货志一·田制》）。养兵（数）百万，基本上由屯田收入支给（同上书卷二五七《王洽传》）。

除军屯外，边上又有商屯。洪武时户部尚书郁新创开中法：

> 新以边饷不继，定召商开中法。令商输粟塞下，按引支盐，边储以足。（同上书卷一五〇《郁新传》）。

商人以远道输粟，费用过大，就自己募人耕种边上闲田，即以所获给军，换取盐引，到盐场取盐贩卖营利，边储以足。

政府经费则户部银专给军旅，不作他用（《明史》卷二二〇《王遴传》）。户部贮银于太仓库，是为国库。内廷则有内承运库，贮银供宫廷费用，收入以由漕粮改折之金花银百万两为大宗。除给武臣禄十余万两外，尽供御用。边赏首功不属经常预算，亦由内库颁发。国家财政和宫廷费用分开（同上书卷七九《食货志三·仓储》）。军饷又概由屯田和开中支给。所以明初几次大规模的对外战争，如永乐、宣德时代之六次打蒙古，三次打安南，七次下西洋，虽然费用浩繁，国库还能应付。

可是军屯和商屯两种制度，不久便日趋废弛，国库也不能维持其独立性，为内廷所侵用。卫军坏而募兵增，政府既须补助卫军饷糈，又加上兵的饷银，国家经费，入不敷出，只好采取饮鸩止渴的办法，以出为入，发生加派增税捐纳种种弊政,农民于缴纳额定的赋税以外,又加上一层军兵费的新负担。

军屯之坏,在宣德初年范济即已上书指出。他说:

> 洪武中令军士七分屯田,三分守城,最为善策。比者调度日繁,兴造日广,虚有屯种之名,田多荒芜。兼养马采草伐薪烧炭,杂役旁午,兵力焉得不疲,农业焉得不废。(同上书卷一六四《范济传》)

屯军因杂役而废耕,屯的田又日渐为势豪所占。①正统以后,边患日亟,所屯田多弃不能耕。再加上官吏的需索,军士的逃亡,屯军愈困,卫所收入愈少。②政府没有办法,只好减轻屯粮,免军田正粮归仓,止征余粮六石。弘治时又继续减削,屯粮愈轻,军饷愈绌。《明史》记:

> 初永乐时屯田米常溢三之一。常操军十九万,以屯军四万供之。而受供者又得自耕边外,军无月粮,是以边饷恒足。(《明史》卷七七《食货志一·田制》)

正统以后政府便须按年补助边费,称为年例。

军屯以势豪侵占,卫军逃亡而破坏,商屯则以改变制度而废弛。《明史·叶淇传》:

---

① 《明史》卷一五七《柴车传》:"宣德六年,山西巡按御史张勖言:大同屯田多为豪右占据。命车往按得田几二千顷,还之军。"卷一七六《商辂传》:"塞上腴田率为势豪占据,辂请核还之军。"卷一五五《蒋贵传》:"成化十年,蒋琬上言:大同、宣府诸塞腴田,无虑数十万,悉为豪右所占。"卷一八○《张泰传》:"弘治五年泰言:甘州膏腴地,悉为中官武臣所据,仍责军税。城北草湖,资戍卒牧马,今亦被占。"卷二六二《孙传庭传》:"崇祯九年……西安四卫旧有屯田二万四千余顷,其后田归豪右,军尽虚籍。"

② 侯朝宗《壮悔堂文集》卷四《代司徒公屯田奏议》:"(诸阃帅荫职以)肥区归己,而以其瘠硗者移之军士,久则窜易厥籍,而粮弥不均。于是不得不寄甲于势要,而欺隐遂多。欺隐多于是不得不摊税于佃军,而包赔愈苦。流病相仍,非朝伊夕,人鲜乐耕,野多旷土,职此之繇。"

>弘治四年为户部尚书。变开中之制，令淮商以银代粟，盐课骤增百余万，悉输之运司，边储由此萧然矣。（同上书卷一八五）

盐商从此可以用银买盐，不必再在边境屯田。盐课收入虽然骤增，可是银归运司，利归商人，边军所需是月粮，边地所缺的是米麦，商屯一空，边饷立绌。《明史·食货志》说：

>弘治中叶淇变法而开中始坏，诸淮商悉撤业归，西北商亦多徙家于淮。边地为墟，米石直银五两，而边储枵然矣。

后来虽然有若干人提议恢复旧制，但因种种阻碍，都失败了。

明代国家财政每年出入之数，在初期岁收田赋本色米，除地方存留千二百万石外（同上书卷二二五《王国光传》），河、淮以南以四百万石供京师，河、淮以北，以八百万石供边，一岁之入，足供一岁之用（同上书卷二一四《马森传》）。到正统时边用不敷，由中央补助岁费，名为年例。正统十二年（公元1447）给辽东银十万两，宣大银十二万两（毕自严《石隐园藏稿》卷六《议复屯田疏》）。到弘治时内府供应繁多，"光禄岁供增数十倍，诸方织作，务为新巧，斋醮日费巨万，太仓所储不足饷战士，而内府收入，动四五十万。而宗藩贵戚之求土田，夺盐利者，亦数千万计。土木日兴，科敛不已。传奉冗官之估俸薪，内府工匠之饩廪，岁增月积，无有穷期。"（《明史》卷一八一《刘健传》）财用日匮。国库被内廷所提用，军饷又日渐不敷，弘治八年尚书马文升以大同边警，至议加南方两税折银（《明史》卷一八一《谢迁传》）。正德时诸边年例增至四十三万两（同上书卷二三五《王德完传》），军需杂输，十倍前制（同上书卷一九二《张原传》）。京粮岁入三百五万，而食者乃四百三万（同上书卷二〇一《周金传》）。嘉靖朝北有蒙古之入寇，南有倭寇之侵轶，军兵之费较前骤增十倍。田赋收入经过一百五十年的休养生息，反比国初为少。①嘉靖五年银的岁入止百三十万两，岁出至二百四十万（同上书卷一九四《梁材传》）。光禄库金自嘉靖改元至十五年积至八十万，自二十一年以后，供亿日增，余藏顿尽（同上书卷二一四《刘体乾传》）。嘉靖二十九年俺答入寇，兵饷无出，只好增加田赋，名为加派，征银一百十五万。这时银的岁入是二百万两，岁出诸边费即六百余万，一切取财法行之已尽。②接着是东南的倭寇，又于南畿浙闽的田赋加额外提编，江南加至四十万。提编是加派的别名，为倭寇增兵而设，可是倭寇平后这加派就成为正赋（同上书卷七八《食货志二·赋役》）。广东也以军兴加税，到万历初年才恢复常额（同上书卷二五五《李戴传》）。诸边年例增至二百八十万两（同上书卷二〇二《孙应奎传》，同书卷二三五《王德完传》）。隆庆初年马森上书说：

> 屯田十亏七八，盐法十折四五，民运十逋二三，悉以年例补之。在边则士马不多于昔，在太仓则输入不多于前，而所费数倍。（同上书卷二一四《马森传》）

派御史出去搜括地方库藏，得银三百七十万也只能敷衍一年。内廷在这情形下，还下诏取进三十万两，经户部力争，乃命止进十万两（同上书卷二一四《刘体乾传》）。万历初年经过张居正的一番整顿，综核名实，裁节冗费，政治上了轨道，国库渐渐充实，浸浸成小康的局面。张居正死后，神宗惑于货利，一面浪费无度，一面肆力搜括，外则用兵朝鲜，内则农民暴动四起，国家财政又到了破产的地步。

---

① 《明史》卷二〇八《黎贯传》："嘉靖二年疏言：国初夏秋二税，麦四百七十万，而今损九万，米二千四百七十三万，而今损二百五十万。以岁入则日减，以岁出则日增。"

② 《明史》卷二〇〇《孙应奎传》："俺答犯京师后，羽书旁午征兵饷。应奎乃建议加派，自北方诸府暨广西、贵州外，其他量地贫富，骤增银一百十五万有奇，而苏州一府乃八万五千。"

万历前期的国家收入约四百万两，岁出四百五十余万两。岁出中九边年例一项即占三百六十一万两①，后来又加到三百八十余万两②。每年支出本来已经不够，内廷还是一味向国库索银，皇帝成婚，皇子出阁成婚，皇女出嫁，营建宫殿种种费用都强逼由国库负担。③又从万历六年起，于内库岁供金花银外，又增买办银二十万两为定制（《明史》卷七九《食货志三·仓库》）。结果是外廷的太仓库光禄寺库太仆寺库的储蓄都被括取得干干净净，内廷内库帑藏山积，国库则萧然一空。④万历二十年哱拜反于宁夏；又接连用兵播州；朝鲜战役历时至七年。支出军费至一千余万两。⑤大

---

① 《明史》卷二二四《宋纁传》："万历十四年迁户部尚书。言：边储大计，最重屯田、盐策。近诸边年例银增至三百六十一万，视弘治初八倍。"
② 《明史》卷二三五《王德完传》："万历十四年进士……累迁户科都给事中，上筹划边饷议言：诸边岁例，弘正间止四十三万，至嘉靖则二百七十余万，而今则三百八十余万。"
③ 《明史》卷二二〇《王遴传》："故事户部银专供军团，不给他用。帝大婚，暂取济边银九万两为织造费。至是复欲行之，遴执争。未几诏取金四千两为慈宁宫用，遴又力持，皆不纳。"卷二三七《万象春传》："皇女生，诏户部光禄寺各进银十万两，象春力谏不听。"卷二二〇《赵世卿传》："福王将婚，进部帑二十七万，犹以为少。……至三十六年七公主下嫁，宣索至数十万。世卿引故事力争，诏减三之一。世卿复言：陛下大婚止七万，长公主下嫁止十二万，乞陛下再裁损，一仿长公主例。帝不得已从之。"卷二四〇《朱国祚传》："万历二十六年诏旨采办珠宝二千四百万，而天下赋税之额乃止四百万。"《王德完传》："今皇长子及诸王册封冠婚至九百三十四万，而袍服之费复二百七十余万。"卷二四〇《张问达传》："帝方营三殿，采木楚中，计费二百二十万有奇。"
④ 《明史》卷二三〇《汪若霖传》："万历三十六年巡视库藏，见老库止银八万，而外库萧然。诸边军饷积逋至百余万。"
⑤ 《明史》卷二三五《王德完传》："万历二十八年起任工科，极陈国计匮乏，言：近岁宁夏用兵费百八十余万，朝鲜之役七百八十余万，播州之役二百余万。"按毕自严所记与此不同，《石隐园藏稿》卷六《清查九边军饷疏》："征哱拜之费用过一百余万，两次征倭之费用过五百九十五万四千余两，征播之费用过一百二十二万七千余两。"

半出于加派和搜括所得。《明史·孙玮传》记:

> 朝鲜用兵,置军天津,月饷六万,悉派之民间。(同上书卷二四一)

所增赋额较二十年前十增其四,民户殷足者什减其五。东征西讨,萧然苦兵(《明史》卷二一六《冯琦传》)。到万历四十六年(公元1618)辽东兵起,接连加派到五百二十万两:

> 时内帑充积,帝靳不肯发。户部尚书李汝华乃援征倭征播例,亩加三厘五毫,天下之赋增二百万有奇。明年复加三厘五毫。又明年以兵工二部请,复加二厘。通前后九厘,增赋五百二十万,遂为定额。(同上书卷七八《食货志二·赋役》;卷二二〇《李汝华传》)

接着四川、贵州又发生战事,截留本地赋税作兵饷,边饷愈加不够。从万历三十八年到天启七年(公元1610至1627)负欠各边年例至九百六十八万五千五百七十一两七钱三分(《石隐园藏稿》卷六《详陈节欠疏》)。兵部和户部想尽了法子,罗掘俱穷,实在到了无办法的地步,只好请发内库存银,权救边难,可是任凭呼吁,皇帝坚决不理,杨嗣昌在万历四十七年所上的《请帑稿》颇可看出当时情形:

> 今日见钱,户部无有,工部无有,太仆寺无有,各处直省地方无有。自有辽事以来,户部一议挪借,而挪借尽矣。一议加派,而加派尽矣。一议搜括,而搜括尽矣。有法不寻,有路不寻,则是户部之罪也。至于法已尽,路已寻,再无银两,则是户部无可奈何,千难万苦。臣等只得相率恳请皇上将内帑多年蓄积银两,即日发出亿万,存贮太仓,听户部差官星夜赍发辽东,急救辽阳。如辽阳已失,急救广宁,广宁有失,急救山海等处,除此见钱急着,再无别法处法。(《杨文弱集》卷二)

疏上留中,辽阳、广宁也相继失陷。

天启时诸边年例又较万历时代增加六十万,京支银项增加二十余万

（《石隐园藏稿》卷六《清查九边军饷疏》）。辽东兵额九万四千余，岁饷四十余万，到天启二年关上兵止十余万，月饷至二十二万（《明史》卷二七五《解学龙传》），军费较前增加六倍。新兵较旧军饷多，在召募时，旧军多窜入新营为兵，一面仍保留原额，政府付出加倍的费用募兵，结果募的大部仍是旧军，卫所方面仍须发饷。① 从泰昌元年十月到天启元年十二月十四个月用去辽饷至九百二十五万一千余两，较太仓岁入总数超过三倍。（《杨文弱集》卷四《述辽饷支用全数疏》）

崇祯初年，一方面用全力防遏建州的入侵，一方面"流寇"四起，内外交逼，兵愈增，饷愈绌。崇祯二年三月户部尚书毕自严疏言：

> 诸边年例自辽饷外，为银三百二十七万八千有奇。今蓟、密诸镇节省三十三万，尚应二百九十四万八千。统计京边岁入之数，田赋百九十六万二千，盐课百十一万三千，关税十六万一千，杂税十万三千，事例约二十万，凡三百二十六万五千有奇。而逋负相沿，所入不满二百万，即尽充边饷尚无赢余。乃京支杂项八十四万，辽东提塘三十余万，蓟、辽抚赏十四万，辽东旧饷改新饷二十万，出浮于入已一百十三万六千。况内供召买，宣大抚赏，及一切不时之需，又有出常额外者。（《明史》卷二五六《毕自严传》）

除辽饷不算，把全国收入，全部用作兵费还差三分之一。崇祯三年又于加

---

① 《明史》卷二七五《杨文弱集》卷一，万历四十七年九月，《请立兵册清查辽饷确数稿》："新兵原食一两二钱，今递加至一两八钱。旧兵原食四钱，今递加至一两二钱。新兵递加，往开元等一两八钱，往铁岭等一两六钱。旧兵递加，其上等一两二钱，中等者八钱。"天启元年六月《三覆议山东河北增兵用饷稿》："定辽西新旧兵例分为五等，一等月给银二两，二等月给银一两八钱，三等月给银一两五钱，四等月给银一两二钱，五等月给银八钱。"

派九厘外,再加三厘,共增赋一百六十五万四千有奇。①同年度新旧兵饷支出总数达八百七十余万,收入则仅七百十余万,不敷至百六十万(《石隐园藏稿》七《兵饷日增疏》)。崇祯十年增兵十二万,增饷二百八十万,名为剿饷:

> 其筹饷之策有四:曰因粮,曰溢地,曰事例,曰驿递。因粮者,因旧额之粮,量为加派,亩输粮六合,石折银八钱,伤地不与,岁得银百九十二万有奇。溢地者,民间土地溢原额者,核实输赋,岁得银四十万六千有奇。事例者,富民输赀为监生,一岁而止。驿递者,前此邮驿裁省之银,以二十万充饷。……初嗣昌增剿饷,议一年而止,后饷尽而贼未平,诏征其半。至是督饷侍郎张伯鲸请全征。(《明史》卷二五二《杨嗣昌传》)

崇祯十二年又议练兵七十三万,于地方练民兵,又于剿饷外,增练饷七百三十万。时论以为:

> 九边自有额饷,概予新饷,则旧者安归。边兵多虚额,今指为实数,饷尽虚糜而练数仍不足。且兵以分防不能常聚,故有抽练之议。抽练而其余遂不问。且抽练仍虚文,边防愈益弱。至州县民兵益无实,徒糜厚饷。以嗣昌主之,事钜,莫敢难也。(同上)

从万历末年到这时,辽饷的四次递加,加上剿饷、练饷,一共增赋一千六百九十五万两。这是明末农民在正赋以外的新增负担!崇祯十六年索性把三饷合为一事,省得农民弄不清楚和吏胥的作弊。(同上书卷二六五《倪元璐传》)

---

① 《明史》卷二五六《毕自严传》:"兵部尚书梁廷栋请增天下田赋,自严不能止。于是旧增五百二十万之外,更增百六十五万有奇,天下益耗矣。"卷二五七《梁廷栋传》:"亩加九厘之外,再增三厘,于是增赋百六十五万有奇,海内益怨咨。"按卷二五二《杨嗣昌传》:"神宗末年增赋五百二十万,崇祯初再增百四十万。统名辽饷。"作百四十万,误。

因外族侵略和农民起义而增兵，因增兵而筹饷，因筹饷而加赋。赋是加到农民头上的，官吏的严刑催比和舞弊，迫使农民非参加起义不可，《明史》卷二五五《黄道周传》说：

> 催科一事，正供外有杂派，新增外有暗加，额办外有贴助。小民破产倾家，安得不为盗贼！

结果是朱明统治的被推翻。"流寇"领袖攻陷北京的李自成起事的口号是：

> 从闯王，不纳粮！

一九三七年六月于北平

（原载《中国社会经济史集刊》第五卷第二期）

明初的学校

一

专制独裁的君主，用以维持和巩固统治权的法宝，是军队、法庭、监狱、特务和官僚机构，用武力镇压，用公文办事。

明太祖朱元璋原来是红军大帅郭子兴的亲兵，一步步升官，作到韩宋的丞相国公，龙凤十年（公元1364，元顺帝至正二十四年）作吴王，四年后爬上宝座作明朝的开国皇帝。本来是靠武力起的家，化家为国后，有的是队伍，红军嫡系的，敌军收买过来的，投降的杂牌军，官民犯罪充军的，不够，再按户口抽壮丁，总数约摸有两百万，编制作卫（师）所（团），分驻全国各地，执行武装弹压警戒的任务。

明太祖明白，武力可用以夺取政权，却不能用以治国，而且，军官大多数不识字，也办不了公文。即使有识字的，也不能作高级执政官，武人当政，历史上的例子说明不是好办法。结论是要治国必需建立一个得心应手，御用的官僚机构，而官僚必得用文人。于是，问题来了。从朝廷到地方，从省府部院寺监到州县，各级官僚得十几万人，白手成家的明太祖，从哪儿去找这么些忠心的而又能干的文人？

当然，第一个想到的是元朝的旧官僚。除了在长期战争中被消灭了的一部分以外，剩下的会办事有才力的一批，早已来投效了；不肯来的，用威吓手段，说是"智谋之士"，"坚守不起，恐有后悔"，也不敢不来。（《明史》卷二八五《张以宁传》附《秦裕伯传》）其余有的是贪官污吏，有的人老朽昏庸，有的人怀念元朝的恩宠，北逃沙漠（《明史》卷一二四《扩廓帖木儿传》附《蔡子英传》），有的人厌恶、恐惧新朝，遁迹江湖，埋名市井（同上书卷二八五《杨维桢传》、《丁鹤年传》）。尽管新朝用尽了心机，软话硬拉，要凑齐这个大班子，人数还差得太远。

第二想到的是元朝的吏。元朝是以吏治国的。从元世祖以后，甚至执政大臣也用吏来充当，造成风气，中原一带，稍稍识字能办公文的，投身台阁作吏，显亲扬名。南方的士人既不能从科举出身，又不甘心作吏，境况日渐没落，不免对北方的吏发生妒忌嫌恨的感情。（余阙《青阳文集》卷四《杨君显民诗集序》）明太祖是南方人，当然不免怀有南方人共同的看法。他又深知法令愈繁冗，条格愈详备，一般人不会办，甚至不能懂，吏就愈方便作弊，舞文弄法，闹成吏治代替了官治，代替了君治，这是对皇家统治有严重损害的。（《明太祖实录》卷二六，卷一二六）而且，办公文的诀窍，程序格式条例，成为专业，不是父子，就是师徒世传，结成行帮，自成团体。行帮是可怕的，把治权交给行帮，起腐蚀作用，更可怕。以此，吏不但不能用，而且得用种种方法来防范、压制。在明代，吏不许作官，国子监生有罪罚充吏役，便是这个道理。

第三只好任用没有作过官的读书人。读书人当然想作官，可是有的人也有顾忌，顾忌的是失身份："海岱初云扰，荆蛮遂土崩，王公甘久辱，奴仆尽同升。"（贝琼《清江诗集》卷八《述怀·二十二韵寄钱思复》）和奴仆同升也许还不太重要，重要的是这个政权还不太巩固，对内未统一，北边蒙古还保有强大力量。有的人顾忌的是这个政权是淮帮，大官位都给淮人占完了："两河兵合尽红巾，岂有桃源可避秦？马上短衣多楚客，城中高髻半淮人。"（同上卷五《秋思》）有的人顾忌的是作了官一有不是，有杀头的，有戴斩罪办事的，有镣足办事的，有罚做苦工的，有抄家的，甚至还有抽筋剥皮的刑罚。朝官上朝，战战兢兢，下朝回家，这天侥幸平安，便阖家欢祝。（详作者《朱元璋传》）作官固然可以发财，可是，要拼着命，甚至带上阖家阖族的命，有一些人是要多多考虑的。明太祖要读书人出来作官，还是有人借故逃避，没办法，甚至立下"寰中士夫不为君用"，不肯作官就要杀头的条文，也可以看出明初官僚人才的缺乏，和需要的迫切了。

第四是任用地主作官，称为荐举。有富户、耆民、孝弟力田、税户人才（纳粮最多的大地主）等名目。有一出来便作尚书府尹、副都御史、布政使、参政、参议等大官的，最多的一次到过三千七百多人。（《明史》卷七一《选举志三》）可是，还不够用，而且，这些地主官僚的作风也不完全适合新朝的要求。

旧的人才不够用，只好想法培养新的了。明太祖用自己的训练方法，造成大量的新官僚。这个官僚养成所叫作国子监。

《明史·选举志》说："学校有二，曰国学，曰府州县学。"

二

研究明代国子监的材料，除《明史·选举志》以外，关于南京国子监的，有黄佐的《南雍志》，北京国子监有《皇明太学志》。此外，《大明会典》卷七十八《学校门》也有简单的记载。

明初制度，参加科举的必须是学校的生员，学校生员作官则不一定经由科举。以此，学校是作官所必由的大路，政府和社会都极看重。可是，从明成祖以后，进士独占了作官的门路，监生出路日坏。从明景帝开生员纳粟纳马入监之例以后，国子监成为富豪子弟的京师旅邸，日渐废弛。从明武宗以后，非府州县学生也可以纳银入监，作个挂名学生，以依亲为名，根本不必入学，国子监到此完全失去初创的意义，只剩下一个招牌了。因之，研究明代学校和政治的关系，洪武一朝是最有代表性的时期。

国子监的前身是国子学。宋龙凤十一年（公元1365，元顺帝至正二十五年）以元故集庆路儒学改建。有博士、助教、学正、学录、典乐、典书、典膳等官。在建学的前一年，未有校址，先已任命了国子博士和国子助教，在内府大本堂教皇子和胄子（贵族大官子弟）。吴元年（公元1367）定国子学官制，祭酒正四品，司业正五品，博士正七品，典簿正八品，助教从八品，学正正九品，学录从九品，典膳省注。洪武四年（公元1371）中书省户部定文武官禄，祭酒二百七十石，司业一百八十石，博士八十石，典簿七十石，助教六十五石，学正六十石，学录五十石。十四年又更定官员品数，祭酒一人，从四品，司业二人，正六品，监丞二人，正八品，博士五人，助教十五人，典簿一人，俱从八品，学正十人，正九品，学录七人，典籍一人，俱从九品。掌馔二人，杂职。又改建国子学于鸡鸣山之南。十五年改国子学为国子监。二十四年，又改司业监丞各一人。（黄佐《南廱志》卷一《事纪》）从祭酒到掌馔都是朝廷命官，任免都出于吏部。

学校官在学的职务分工，据洪武十五年钦定的监规：祭酒是正官，衙门首长，专总理一应事务，要整饬威仪，严立规矩，表率属官，模范后进。属官赴堂禀议事务，质问经史，皆须拱立听受，不得即便坐列，正官亦不得要求虚誉，辄自起身，有紊礼制。祭酒和其他同僚，是长官和属僚的关系，就国子监说，是一监之长，勉强比附现代名词，相当于校长，但是，这个校长并无聘任教员之权，因为一切教员都是部派的。监丞品位虽低，却参领监事，凡教官怠于师训，生员有戾规矩，并课业不精，廪膳不洁，并从纠举。务要夙夜尽公，严行约束，毋得徇情，以致废弛。（同上书卷九《学规本末》）不但管学生规矩课业，还兼管教员教课成绩，办公处叫"绳愆厅"，器用除公案公椅以外，特备有行扑红凳二条，拨有直厅皂隶二名，"扑作教刑"。刑具是竹篦，皂隶是行刑人，红凳是让学生伏着挨打的。（同上书卷一六《器用》）照规定，监丞立集愆册一本，各堂生员敢有不遵学规，即便究治。初犯记录（记过），再犯决竹篦五下，三犯决竹篦十下，四犯发遣安置（开除、充军，罚充吏役）。（同上书卷九《学规本末》）监丞对学生，不但有处罚权，而且有执行刑罚之权，学校法庭刑场合而为一。当然，判决和执行都是片面的，学生绝对没有辩解申说和要求上诉的权利。这职位就管束学生而论，有点像现代的训导长。掌馔是管师生膳食的，膳夫由朝廷拨因徒充役，洪武十五年六月敕谕监丞等："囚徒膳夫，俱系死囚，若不听使令，三更五点不起，有误生员饮食，一两遍不听，打五十竹篦，三遍不听处斩。做贼的割了脚筋，若监丞典簿掌馔管束不严，打一百圆棍，如不死，仍发云南。有通了学里学外人偷了学里诸物者处斩，家下人发云南，钦此。"（《南廱志》卷一〇《谟训考》）这种刑法是超出当时的《大明律》之外的。典簿职掌文案，凡一应学务，并支销钱粮，季报课业文册等项，皆须明白稽考。又管出纳，又管教务，类似现代学校里的总务长和教务长。典籍是图书馆长。

祭酒同时也是教员，和博士助教学正学录等官，职专教诲，务在严立课程，用心讲解，以臻成效。如或怠惰，不能自立，以致生员有戾规矩者，举觉到官，各有责罚。（同上书卷九《学规本末》）换言之，教员如不能使生员循规蹈矩，所遭遇到的不是解聘，而是更严重的刑事处分。

学校的教职员全是官。学生呢？来源有两类，一类是官生，一类是民生。官生又分两等，一等是品官子弟，一等是土司子弟和海外学生（留学生）。官生是由皇帝指派分发的，出自特恩，民生由各地地方官保送。（同上书卷一五）官生入学的目的，是为了"皇子将有天下国家之责，功臣子弟将有职任之寄。"皇子在内府大本堂，功臣子弟入国学。教之之道，以正心为本，学的是如何统治的"实学"，不必像文士那样记诵辞章。（同上书卷一《事纪》）洪武十六年文渊阁大学士宋讷任国子监祭酒，明太祖特派太师韩国公李善长谏、礼部尚书任昂和谏院、翰林院等官到监，举行特别考试，考定教官生员高下，分别班次。又以公侯子弟在学读书，怕不服教员训诲，特派重臣曹国公李文忠兼领国子监事，将军作校长，扑罚违教的官生，整顿学风。（《明史》卷六九《选举志》）官生中有云南、四川等处土官子弟，日本琉球暹罗诸国学生，琉球学生来的最多。就洪武一朝官民生比例，据《南廱志》卷一五《储养考》：

洪武四年	官民生二千七百二十八名	
十五年	五百七十七名	
十六年	七百六十六名	
十七年	九百八十名	
二十三年	九百六十九名	
二十四年	一千五百三十二名	官生四十五名 民生一千四百八十七名
二十五年	一千三百九名	官生十六名 民生一千二百九十三名
二十六年	八千一百二十四名	官生四名 民生八千一百二十名
二十七年	一千五百二十名	官生四名 民生一千五百一十六名
三十年	一千八百二十九名	官生三名 民生一千八百二十六名

　　国子学时代只有洪武四年的生员总数，据《大明礼令》："凡国学生员，一品到九品文武官子孙弟侄，年一十二岁以上者充补，以一百名为额。民间俊秀年一十五岁以上，能通《四书》大义，愿入国学者，中书省闻奏入学，以五十名为额。"（《皇明制书》）则在洪武四年以前，官生与民生的比例是二比一。官生是主体，民生不过陪衬而已。国子监时代，洪武十五年到二十三年，只举官民生总数，无法知道比例。从二十四年到三十年，有五个年度的在学人数记录，二十四年官生占总数三十四分之一，二十五年八十二分之一，二十六年二千零三十分之一，二十七年三百三十分之一，三十年六百十分之一。在这个记录中，值得指出的：第一，官生占监生总数比例极小；第二，官生就学比例逐年减少，从四十五

名降为三名；第三，洪武二十六年监生员数突然激增，次年又突然减少；第四，官生中琉球生悦慈从洪武二十五年到三十年，留学至少有六年之久。（琉球生入南监，最后一次是嘉靖十七年，二十三年回去的［公元1538—1544］。《明史·选举志》作"成化正德时［公元1465—1521］琉球生犹有至者"，是错的。）

如上文所说，明太祖建立国子学的目的，是为了教育胄子（贵族官僚子弟），甚至在改组为国子监以后，还特派重臣勋戚李文忠兼领，管束官生。为什么从二十四年以后，官生数目反而年少一年，和民生的比例，从二比一到一比二千零三十，主体变为附庸，完全失去立学的用意呢？这道理说来也极为简单：公侯子弟成年的袭爵任官，不必入学，未成年的入学得经圣旨特派，纨绔少年，束发受经，不过虚应故事，爵位官职原来不靠书本词章。那么，除非皇帝特命，又何必入学。此其一。从洪武十三年胡惟庸党案发作后，功臣宿将，连年被杀，到洪武末年，除汤和、耿秉文、李景隆、徐辉祖几家以外，其余的差不多杀干净了。功臣本人被杀，子弟如何能入学？此其二。至于官僚子弟的入学令，限一百名的有效期限恐怕只是适用在洪武三年之前，以后实施极为严格，非奉特旨，不能入学，人数当然不可能太多。此其三。（《南廱志》卷一《事纪》，《明史·选举志》）而且，大官子弟自有荫官一途，用不着走国子监这条路，这样，国子监就自然而然衍变作专门训练民生作官的衙门了。

洪武二十六年监生人数突增的原因，是因为有新的政治任务，人手不够，特别扩大保送，说详下文。

三

民生的来源，分贡监、举监两类。国子监的学生通称监生。贡监出于岁贡，原来依据历史上的成规，地方官有贡"士"于朝廷的义务。洪武元年令民间俊秀能通文义者,充国子学生。二年立府州县学。四年正月,诏择府州县学生之俊秀通经者入国学,得二千七百二十八人。到十五年正月,礼部以州县所贡子弟,推选未至,奏令各按察司,于年二十以上,厚重端秀者,务拔其尤,岁贡一人入监,著为令。从这一命令,可以看出在此以前,保送监生是州县官的任务,此后则改归按察司选送。洪武四年以前,选士于民间,四年以后,选士于地方学校,州县学和国子监成为学制上的联系衔接衙门,民生在地方学校受初级训练,选拔到国子监受高级训练,国子监成为全国青年人才集中的场所。十六年又令礼部榜谕天下府州县学,自明年为始,岁贡生员各一人,正月至京师,从翰林院试经义、四书义各一道,判语一条,中式的(及格)入国子监,不中的原学教官罚停廪禄(扣薪水),生员罚为吏。则又把贡士之权改归地方学校教官,贡生在入监之前,得经翰林院主持的甄别试验。(《南廱志》卷一《事纪》;《明史·选举志》)

学生入监,主持选送的是府州县官、按察司官、本学教官。入学考试,主持考试的是翰林院官。入监后主持训育的是国子监官。受训完毕后,监生的出路,而且是惟一的出路,是替皇帝作官,"学而优则仕"。

贡监据洪武十五年十六年的法令,府州县学岁贡生员一人,是有一定名额的。这定额在洪武朝发生过两次例外,第一次在洪武二十五年四月,"初令天下府学岁贡二人,州学二岁贡三人,县学每岁贡一人入监,明年如常"。突然增加保送名额,照例岁贡生应于次年正月到京师,因为这法令,洪武二十六年的官民生总数就增加到八千一百二十四名。第二次在洪武三十年,这一年"本监以坐堂(在学)人少,诚恐诸司再取办事不敷,移文礼部,上令照二十五年例,于是入监遂众。"据上文记录,三十年度的官民生总数是一千八百二十九名,三十一年的名额,虽然没有记录,大概和二十六年度的相差不远。从后一例子的理由,可以明白这两次增加名额的原因,是因为朝廷诸司办事人员的迫切需要,说明了在学监生同时也是朝廷的办事人员。

举监是举人入监。洪武初年择年少举人入国子监读书。洪武十八年，又令会试下第举人送监卒业，是补习班或先修班的意思。

监生入学后，还得再经过一次编级考试，分堂（级）肄业。

国子监分六堂，六堂又分三等。初等生员通四书、未通经书的，入正义、崇志、广业三堂，修业期一年半以上。初等生修业期满，文理条畅的，升中等，入修道、诚心二堂，修业期一年半以上。中等生修业期满，经史兼通，文理都优的升高等，入率性堂。生员升入率性堂，依学规规定，根据勘合文簿（点名册）坐堂时日，满七百天才够资格。

司业二名，分为左右，各捉调三堂。博士五员，分五经，于彝伦堂西设座教训六堂，依本经考课（《南雍志》卷九《学规本末》）。

功课内容，分《御制大诰》、《大明律令》、《四书》、《五经》、刘向《说苑》等书（后来又加上《御制为善阴骘》、《孝顺事实》、《五伦书》等书）。（《皇明太学志》卷七）最主要的是《大诰》。《大诰》是明太祖自己写的，有《续编》、《三编》、《大诰武臣》，一共四册，主要内容是列举他所杀的人的罪状，使人民知所警戒，和教人民守本分，纳田租，出夫役，替朝廷当差的训话。洪武十九年以《大诰》颁赐监生，二十四年三月，特命礼部官说："《大诰》颁行已久，今后科举岁贡人员，俱出题试之。"礼部行文国子监正官，严督诸生熟读讲解，以资录用，有不遵者，以违制论。（《南雍志》卷一《事纪》）违制是违抗圣旨的法律术语，这罪名是很大的。皇帝颁布的杀人罪状，列作学生的必修功课，而且，作为考试的科目，用法令强迫全国生员非熟读讲解不可，这道理是用不着什么解释的。其次，训练学生的目的是作官，《大明律令》必然是必读书。而且"载国家法制，参酌古今之宜，观之者亦可以远刑辟"。《四书》、《五经》是儒家的经典，洪武五年，明太祖面谕国子博士赵俶："尔等一以孔子所定经书诲诸生。"（同上书卷一《事纪》）孔子的思想是没有问题的，尊王正名，君君臣臣父父子子这一套，最合帝王的需要。可是，孟子就不同了，洪武三年，他开始读《孟子》，读到有几处对君上不客气的地方，大发脾气，对人说："这老头要是活到今天，非严办不可！"下令国子监撤去孔庙中孟子配享的神位，把孟子逐出孔庙。他认为这本书有反动的毒素，得经过严密的检查。洪武二十七年（公元1394）特别敕命组织一个"审查委员会"，执行检删任务的是当时的老儒刘三吾，把《尽心篇》的"民为贵，社稷次之，君为轻"；《梁惠王篇》"国人皆曰贤"，"国人皆曰可杀"一章；"时日曷丧，予及汝偕亡！"和《离娄篇》"桀纣之失天下也，失其民也，失其民者，失其心也"一章；《万章篇》"天与贤则与贤"一章；"天视自我民视，天听自我民听"；"君有大过则谏，反覆之而不听，则易位"；以及类似的"闻诛一夫纣矣，未闻弑君也"；"君之视臣如草芥，则臣视君如寇雠"：一共八十五条，以为这些话不合"名教"，全给删节掉了。只剩下一百七十几条，刻板颁行全国学校。这一部经过大手术切割的书，叫做《孟子节文》。所删掉的八十五条，"课士不以命题，科举不以取士"。[①]至于《说苑》，则因为"多载前言往行，善善恶恶，昭然于方册之间，深有劝戒"：是当作修身或公民课本被指定的。此外，也消极地禁止某些书不许诵读，如洪武六年面谕赵俶时所说："若苏秦、张仪，縦战国尚诈，故得行其术，宜戒勿读。"由此可见，学校功课的项目，内容的去取，必读书和禁读书，学校教官是无权说话的，一切都由皇帝御定。（《南雍志》卷一《事纪》）有时高兴，连考试的题目也出，例如圣制策问十六道，试举

---

① 《明史》卷一三九《钱唐传》，卷五四《礼志四》，李之藻《领官礼乐疏》卷二，全祖望《鲒琦亭集》卷三五辨钱尚书争孟子事，北平图书馆藏洪武二十七年刊本《孟子节文·刘三吾孟子节文题辞》："《孟子》一书，中间词气之间抑扬太过者八十五条。其余一百七十余条，悉颁之中外校官，俾读是书者知所本旨。自今八十五条之内，课士不以命题，科举不以取士，壹以圣贤中正之学为本。"

一例,敕问文学之士,整个题目如下:

> 吁,时士之志,奚不我知,其由我不德而致然耶?抑士晦志而有此耶?呜呼艰哉!君子得不易,我知,人惟彼苍之昭鉴,必或福志之将期,然迩来云才者群然而至,及其用也,才志异途,空矣哉!(同上书卷一〇《谟训考圣制策问》)

日常功课,监规规定:一是写字。每日写仿一幅,每幅十六行,行十六字,不拘家格,或羲、献、智、永、欧、虞、颜、柳,点画撇捺,必须端楷有体,合格书法,本日写完,就于本班先生处呈改,以圈改字少为最。逐月通考,违者痛决(打)。二是背书。三日一次背书,每次须读《大诰》一百字,本经一百字,《四书》一百字,即平均每日背一百字。不但熟记文词,务要通晓义理。若背诵讲解全不通者,痛决十下。三是作文。每月务要作课六道:本经义二道,四书义二道,诏诰章表策论判语(公家文书)内科(选)二道。不许不及道数,仍要逐月作完送改,以凭类进。违者痛决。

升到率性堂的学生,采积分制。积分之法,孟月试本经义一道,仲月试论一道,诏诰章表内科一道,季月试经史策一道,判语二条。每试文理俱优与一分,理优文劣者半分,文理纰缪者无分。岁内积至八分者为及格,与出身(官职)。不及格仍坐堂肄业(留级)。试法一如科举之制,果有材学超越异常者,呈请皇帝特别加恩任官。(《南廱志》卷九《学规本末》)

四

国子监坐堂监生最多的时期,将近万人,校舍规模是相当宏大的,校址东至小教场,西至英灵坊,北至城坡土山,南至珍珠桥。左有龙舟山,右有鸡鸣山,北有玄武湖,南有珍珠河。"延袤十里,灯火相辉。"

监内建筑，正堂一，支堂六，每堂一十五间，是师生讲习的地方。有馔堂二所，是会馔的地方。书楼十四间藏书。光哲堂十五间住琉球官生。号房（学生宿舍）约二千间。此外有射圃、仓库、酱醋房、水磨房、晒麦场、菜圃、养病房等建筑。规模最宏大的是供奉孔子和列代贤哲的文庙。（《南雍志》卷七、卷八《规制考》）

监生穿一定的服装，形式也是明太祖钦定的，用玉色绢布，宽袖皂缘，皂绦软巾，叫作襕衫。每年冬夏衣由朝廷颁赐。膳食公费，全校会馔。有家眷的特许带家眷入学，每月支食粮六斗。皇帝特赐，有时赐及学生的家长，例如洪武十二年赐诸生父母帛各四匹。或赐及妻子，如洪武二十七年，赐监生有家属的六百二十五人，每人钞五锭（这年官民生总数是一千五百二十人，有家眷的占百分之三十八）。三十年又赐监生夏布大小人五匹，家属每人二匹。（《南雍志》卷一《事纪》）

监生请假休学，只有在奔丧，完姻，父母年已七十必须侍养，或妻子死亡等情形下，才被准许。而且得由皇帝亲自准许。请假日期有严格规定，洪武十六年令监生入监三年，有父母者，照地远近，定限归省。其欲挈家成婚者亦如之，俱不许过限。父母丧照例丁忧。伯叔兄长丧而无子者，亦许立限奔丧。十八年令监生有父母年老无次丁者，许还原籍侍养，其妻死子幼者许送还乡，给与脚力，立限还监，违者罚之。二十二年，礼部奏准，监生毕姻般取，照省亲例入监三年者方许。三十年令监生省亲等事，量道路远近，定具在途往还日月：每日水路一百里，陆路六十里；直隶限四阅月，河南、山东、江西、浙江、湖广限六阅月，北平、两广、福建、山西、陕西限八阅月。其住家月日：省亲三阅月，毕姻两阅月，送幼子还乡一阅月，丁忧照官员例不计闰，俱二十七月。凡过限两月以上者，送问复监。同年有违限监生二百一十七人，祭酒比例拟奏，发充吏役。三十一年又有违限监生二百二十人，命吏部铨除远方典史以困役之。

不但监生请假休学，要得特许，连教员请假，也必得经过同样程序，如洪武十二年助教吴伯宗奏请省亲,明太祖特许给假四个月就是一个例子。

坐堂期间,管制极端严格,表面上历次增订的监规,总共五十六款,除关于教官部分以外,关于约束防闲监生的,如:

> 各堂生员,在学读书,务要明体适用,以须仕进。宜各遵承师训,循规蹈矩,凡出入起居,升堂会馔,毋得有犯学规。违者痛治。

> 各堂生员每日诵受书史,并须在师前立听讲解。其有疑问,必须跪听,毋得傲慢,有乖礼法。

绝对禁止学生对人对事的批评,和团结组织,甚至班与班之间也禁止来往:

> 今后诸生毋得到于别堂,往来相引,议论他人长短,因而交结为非。违者从绳愆厅纠察,严加治罪。

> 有等无志之徒,往往不行求师问道,专务结党恃顽,故言饮食污恶。切详此等之徒,果系何人之子?其所造饮食,千百人所用皆善,独尔以为不善,果君子欤?小人欤?是后必有此生事者,具实奏闻,令法司枷镣,禁锢终身,在学役使,以供生徒。

生员往来议论,就难免对学校设施,对政治良窳有意见,有结论,就难免不发生学潮,针对的办法是隔离和孤立。至于结党,发生组织力量,就无法管束和训导了,非严办不可。在太祖朝严刑重法,大量屠杀的恐怖空气中,监生不能也不敢提出原则性的反抗,只好从生活不满的方面来发泄,因之,故言饮食污恶,对饥饿的抗议就成为学潮的主题了。抗议饥饿的行动,如不是集体提出,学规另有专条:"生员毋得擅入厨房,议论饮食美恶,及鞭挞膳夫。违者笞五十,发回原籍,亲身当差。"这和枷镣禁锢终身役使的处分,轻重相去是极大的。此外禁例,如不许穿常人衣服;有事先于本堂教官处禀之,毋得径行烦紊;凡遇出入,务要有出恭入敬牌;以及无病称病,出外游荡,会食喧哗,点问(名)不到,不许燕安怠惰,解衣脱巾,喧哗嬉笑。号房不许私借他人住坐,不许作秽,不许酗歌夜饮等二十七条，下文都是"违者痛决！"最最严重的一款是：

  在学生员，当以孝弟忠信礼义廉耻为本，必先隆师亲友，养成忠厚之心，以为他日之用。敢有毁辱师长及生事告讦者，即系干名犯义，有伤风化，定将犯人杖一百，发云南地面充军。（《南雍志》卷九《学规本末》）

明太祖寄托培养官僚的全部责任于国子监，这一条款就是授权国子监教官，用刑法清除所有不服从不听调度的反抗分子。毁辱师长的含义是非常广泛的，无论是语言、行动、思想、文字上的不同意，以至批评，都可任意解释。被周纳的犯人是不能也不许可有辩解的机会的。至于生事告讦，更可随便运用，凡是不遵从学规的，不满意现状的，要求对某方面教学或生活有所改进的，都可以用生事告讦的罪状片面判决之，执行之。国子监第一任祭酒宋讷是这条学规的制定人，明初人说他办学极意严酷，以求符合明太祖的政策。在他的任内，监生走投无路，经常有人被强制饿死，（这也是有学规的依据的，洪武十五年第二次增订学规：师生如有病患，不能行履者，许令膳夫供送。若无病不行随众会食者，不与当日饮食。）以至自缢死。他连死尸也不肯放过，一定要当面验明，才许棺殓。（赵翼《廿二史札记》卷三一《明史立传多存大体条》引叶子奇《草木子》，按坊本《草木子》无此条）后来他的儿子宋复祖继任司业，也学他父亲"诫诸生守讷学规，违者罪至死"（《明史》卷一三七《宋讷传》）。学录金文徵反对宋讷的过分残暴，想法子救学生，向明太祖提出控诉说："祭酒办学太严，监生饿死了不少人。"太祖不理会，说是祭酒只管大纲，监生饿死，罪坐亲教之师，和祭酒无干。文徵又设法和同乡吏部尚书余熂商量，由吏部出文书令宋讷以年老退休（洪武十八年宋讷七十五岁，已经过了法令规定该致仕的年龄了）。不料宋讷在辞别皇帝时，说出并非真心要辞官，太祖大怒，追问缘因，立刻把余熂、金文徵和学录田子真、何操、学正陈潜夫都杀了，还把罪状出榜在国子监前面，也写在大诰里头。这次反迫害的学潮，在一场屠杀后被压平，从此再也没有人敢替饿死缢死的学生说话了。(《南雍志》卷一《事纪》，卷一〇《谟训考》，《明史·宋讷传》)

洪武二十七年第二次学潮又起，监生赵麟受不了虐待，出壁报提出抗议，学校以为是犯了毁辱师长罪。照学规是杖一百充军。为了杀一儆百，明太祖法外用刑，把赵麟杀了，并且在国子监前立一长竿，枭首示众。（这在明太祖的口头语，叫枭令，比处死重一等。）二十八年又颁行《赵麟诽谤册》和《警愚辅教》二录于国子监。三十年七月二十三日，又召集祭酒司业和本监教官，监生一千八百二十六员名，在奉天门当面训话。训词说：

恁学生每听着：先前那宋讷做祭酒呵，学规好生严肃，秀才每循规蹈矩，都肯向学，所以教出来的个个中用，朝廷好生得人。后来他善终了，以礼送他回乡安葬，沿路上著有司官祭他。

近年著那老秀才每做祭酒呵，他每都怀著异心，不肯教诲，把宋讷的学规都改坏了，所以生徒全不务学，用著他呵，好生坏事。

如今著那年纪小的秀才官人每来署学事，他定的学规，恁每当依著行。敢有抗拒不服，撒泼皮，违犯学规的，若祭酒来奏著恁呵，都不饶：全家发向武烟瘴地面去，或充军，或充吏，或做首领官。

今后学规严紧，若无籍之徒，敢有似前贴没头帖子，诽谤师长的，许诸人出首，或绑缚将来，赏大银两个。若先前贴了票子，有知道的，或出首，或绑缚将来呵，也一般赏他大银两个。将那犯人凌迟了，枭令在监前，全家抄没，人口迁发烟瘴地面。钦此！(《南雍志》卷一〇《谟训考》)

这篇有名的训词，在中国教育史上是空前的。唯一可以比拟的，大概是北魏太平真君五年（公元444）禁止民间私立学校，违者"师身死，主人门诛"那道敕令吧。国子监前面的长竿，是专作枭令学生用的，一直到正德十四年（公元1519）明武宗南巡，这个顽皮年轻皇帝，学他祖宗的榜样，化装出来侦察，走过国子监前，看见这个怪竿子（那时代还没有挂旗子的礼俗），弄糊涂了，问明白说是挂学生子脑袋的。他说："学校岂是刑场！"而且，"哪个学生又敢犯我的法令！"才叫人撤去。这竿子一共竖了一百二十六年。（同上书卷四《事纪》）

其实，并不是明武宗比他的祖宗更仁慈，而是一百多年来，进士科已经完全代替了国子监的地位，作官的不再从国子监出来，国子监已是破落的冷而又穷的衙门，会馔因为经费不够停止了，连房子倒塌了，朝廷也不肯修理，靠募捐才能补葺一下。它已失去了明初官僚养成所的地位，当然，也用不着这根刺目的不相称的竿子了。

国子监既然是为皇家制造官僚的工厂，用严刑峻法来捏塑官僚，那末，皇家对这工厂的技师，自有其划一的雇用标准。和监规的尺度一样，明初的国子监教官，是被严刑约束着，连一丝一毫自由的气氛也不许可有的。例如第一任国子学博士和祭酒许存仁，在明太祖幕府十年，是从龙旧臣，洪武元年被劾逮死狱中。表面上的罪名是私用学宫什器，娶妾饰床以象牙，非师臣体，实际上是因为明太祖刚即位作皇帝，存仁便告辞回家，犯了忌讳。司业刘丞直劝他："主上方应天顺人，兴高采烈，你要回家，也该等待一会。"存仁没理会，果然因此致死。（《南廱志》卷一《事纪》，卷二一《刘丞直传》，《明史·宋讷传》，刘辰《国初事迹》）第二任祭酒梁贞也得罪放归田里。第三任魏观，后来在苏州知府任上被杀。第四任乐韶凤以不职病免。第五任李敬以罪免。第六任吴颙因为武官子弟怠学，宽纵不能制裁被斥免。国子监第一任祭酒是宋讷，屠杀生徒，最被恩礼，可是明太祖还不放心，经常派人伺察，有时还在暗中画他的相貌，一喜一怒，都有报告（《明史·宋讷传》）。第二任龚敩，得罪的罪状是有监生告假还家，没有报告皇帝，祭酒便准了假。明太祖大怒，以为"卖放"，"置于法"。第三任胡季安坐胡惟庸党案得罪。第四任杨淞，因为擅自分配学生宿舍，原来有廊房二十间，所住学生以罪被逐，留下空屋，明太祖令北城兵马司封钥，杨淞因为宿舍不够住，自作主张，准许学生住进去，结果是因此"掇祸"。（《南雍志》卷一《事纪》）最末一任张显宗就是奉天门训话里的年纪小的秀才官人，上任不久，明太祖便死了，算是侥幸没有意外。统计三十多年来的历任祭酒，只有以残酷著名的宋讷是善终在任上，死后的恩礼也特别隆重，可以说是例外，其他的不是得罪，便是被杀。

痛决，充军，罚充吏役，枷镣终身，饿死，自缢死，枭首示众，明初的国子监是学校，又是监狱，又是刑场。不止是学生，也包括教官在内，在受死刑所威胁的训练，造成绝对服从的、奴性的官僚。

五

明初的国子学、国子监，所负荷的制造和训练官僚的任务，据《南雍志》和《明史·选举志》所记：

> 洪武二年，择国子生试用之，巡行列郡，举其职者，竣事覆命，即擢行省左右参政，各道按察司佥事及知府等官。
>
> 五年四月，以国子生王铎摄监察御史，擢浙江布政司左参政。
>
> 六年九月，纂修日历，选善书者誊写，国子生陈益旸等与焉。令吏部选国子生之成材者，量材授主事、给事中、御史等官。
>
> 八年三月，命丞相往国子学，考校老成端正、学博经通者，分教天下，令郡县廪其生徒而立学焉。又命御史台精选以分教北方。于是选国子生林伯云等三百六十六人，给廪食赐衣服而遣之。六月以国子生李扩等为监察御史。
>
> 九年三月，以武英堂纪事国子生黄义为湖广行省参政，赵信为考功监丞。九月，遣国子生往陕西祭平凉卫指挥秦虎。国子生奉命出使

自此始。寻命国子生分行列郡，集事之未完者，如古行人之职，皆量道路远近，赐钞为费而遣之。

十年正月，国子生试用于列郡者，皆授县丞主簿，人赐夏衣一袭，宝钞三十贯。命中书省臣，凡有亲在者，量程给假归省，然后之官。十月，召国子生分教郡县者还京师，令吏部擢用。

十二年，上以国子生多未仕者，谓中书省臣曰："朕甚欲尊显诸生，虑其未悉朕意。且诸生入学之日久矣，其令归省其亲，赐其父母帛各四疋。有妻孥者携以来，月与粟钱，务得其欢心。"于是王文冈等一百三十四人皆告归，有司如诏赍之。

十四年八月，以国子生茹瑺为承敕郎。

十七年三月，令礼部颁行科举成式，凡三年大比，子午卯酉年乡试，辰戌丑未年会试，祭酒司业择国子生之性资敦厚，文行可称者应之。是年国子生升至率性堂者，入试文渊阁，擢杨文忠为首，除永福县丞。

十八年二月会试，比揭榜，国子生多在前列（会试黄子澄第一，殿试丁显、练子宁居首甲），上大喜。

十九年四月，吏部奏用监生十四人，皆为六品以下官。五月，上以天下郡县多吏弊民蠹，皆由杂流得为牧民官。乃命祭酒司业择监生千余人送吏部，除授知州知县等职。

二十年二月，鱼鳞图册成。先是上命户部核实天下土田，而苏松富民，畏避徭役，以田产诡寄亲邻佃仆，相习成风，奸弊百出。于是富者愈富，贫者愈贫。上闻之，遣国子生武淳等往，随税粮多寡，定为几区，每区设粮长四人，使集里甲耆民，躬履田亩以量度之。量其方圆，次其字号，悉书主名及尺丈四至，编类为册，绘状若鱼鳞然、故名。至是浙江、直隶、苏州等府县册成进呈，上喜，赐淳等钞锭有差。三月，监生古朴奏言，家贫愿仕，冀得禄以养母，上嘉之，除工部主事，迎养就京师。十二月，擢监生李庆署都察院右佥都御史。

二十一年三月，殿试，监生任亨泰廷对第一，召祭酒宋讷褒谕之。命撰进士题名记，立碑于监门。

二十二年二月，初令监生同御史王英、进士齐德照刷文卷。

二十四年三月，以监生许观会试殿试皆第一，召国子监官褒奖之。八月，初令监生往后湖清查黄册（全国户籍）。户部所贮天下黄册，俱送后湖收架，委监察御史二员、户科给事中一员、监生一千二百名，以旧册比对清查，如有户口田粮埋没差错等项，造册径奏。是年选监生有练达政体者，得方文等六百三十九人，命行御史事，稽核天下百司案牍。

二十五年七月，擢监生师逵、墨麟等为监察御史，夏原吉为户部主事。

二十六年十月，诏祭酒胡季安选监生年三十以上能文章者三百四十一人，命吏部除授教谕等官。以监生刘政、龙镡等六十四人为行省布政使、按察两使及参政参议副使、佥事等官。

二十七年八月，遣监生及人材分诣天下郡县，督吏民修治水利，给道里费而行。

二十九年四月，令吏部以次录用国子监生，毋使淹滞。六月初令监生年长者，分拨诸司，历练政事。凡历事监生，随本衙门司务，分勤谨平常才力不及奸顽等项引奏。勤谨者仍历事，阙官以次取用。平常再历，才力不及送监读书，奸顽充吏，（计南京五府六部等衙门历事监生二百十八名，户部等衙门写本监生二十八名，差拨内外衙门办事监生一百二十四名）称为拨历法。

三十年二月，擢监生卢祥为刑部郎中。

明代官制，都察院右佥都御史正四品，郎中正五品，主事正六品，监察御史正七品，给事中从七品。布政使从二品，参政从三品，参议从四品,按察使正三品,副使正四品,佥事正五品。知府正四品,知州从五品,知县正七品,县丞正八品,主簿正九品。教谕无品级。从洪武二年到三十一年这一时期监生任官的情形来看,第一,监生并没有一定的任官资序,最高的可以作到地方大吏从二品的布政使,最低的作正九品的县主簿,以至无品级的教谕。第二,监生也没有固定的任官性质,部院官、监察官、地方最高民政财政官、司法官,以至无所不管的亲民的府州县官和学校官,监生几乎无官不可作。第三,除作官以外,在学的监生,有奉命出使的,有奉命巡行列郡的,有稽核百司案牍的,有到地方督修水利的,有执行丈量纪录土地面积定粮的任务的,有清查黄册的,有写本的,有在各衙门办事的,有在各衙门历事的。第四,三十年来监生的任官,以洪武二年和二十六年为最高,十九年为最多。"故其时布列中外者,太学生最盛。"(《明史》卷六九《选举志》)大体说来,从国子学改为国子监以后,监生的出路已渐渐不如初年,从作官转到做事,朝廷利用大批监生作履亩定粮、督修水利、清查黄册等基层技术工作。至于为什么洪武二年和二十六年大量任用监生作高官呢?理由是第一,刚开国人才不够,只能以国子生出任高官。第二,洪武二十六年二月蓝玉被杀,牵连致死的文武官僚、地方大吏为数极多,多少衙门都缺正官,监生因之大走官运。至于为什么洪武十九年监生任官的竟有千余人之多呢?那是因为上一年闹郭桓贪污案,供词牵连到直省官吏因而系死者有几万人,下级官吏缺得太多的缘故。至于为什么在洪武十五年以后,监生作官的出路一天不如一天呢?那是因为从十五年以后,会试定期举行,每三年一次,进士在发榜后即刻任官,要作官的都从进士科出身,甚至监生也从进士科得官,国子监已不再是唯一的官僚养成所了。进士释褐授给事御史主事中书行人评事太常国子博士和府推官知州知县等官(《明史》卷七〇《选举志》),监生原来的出路为进士所夺,只好去做基层技术工作和到诸司去历事了。

六

明代地方学校的建立,始于洪武二年。明太祖以为元代学校之教,名存实亡,战争以来,人习于战斗,惟知干戈,莫识俎豆。他常说治国之要,教化为先,教化之道,学校为本。如今京师已有太学,而地方学校尚未兴办,面谕中书省臣令府州县都立学校,礼延师儒,教授生徒,讲论圣道。于是大设学校,府设教授,州设学正,县设教谕各一,训导府四州三县二,生员府学四十人,州三十人,县二十人。师生月廪米人六斗,地方官供给鱼肉。(《南雍志》卷一《事纪》,《明史》卷六九《选举志》)

入学生员享受免役特权,除本身外,还免其家差徭二丁(《大明会典》卷七八《学校》)。在学专治一经,以礼乐射御书数设科分教。

统治地方学校情形,完全和国子监一致。洪武十五年颁禁例十二条于全国学校,镌立卧碑,置于明伦堂之左,不遵者以违制论,禁例中最重要的有下列各条:

一,今后州县学生员,若有大事干于己家者,许父兄弟侄具状入官辩诉。若非大事,含情忍性,毋轻至于公门。

一,生员之家,父母贤智者少,愚痴者多,其父母欲行非为,则当再三恳告。

这两条,前一条不许生员交结地方官,后一条要使生员为皇家服务,在民间替朝廷清除"非为"。① 另一条:

一,军民一切利病,并不许生员建言。果有一切军民利病之事,许当该有司、在野贤才、有志壮士、质朴农夫、商贾技艺皆可言之,诸人毋得阻当。惟生员不许!

军民一切利病即政治问题,地方官、在野人士,甚至农工商人都可

---

① "非为"是明太祖的口头和文字上常用术语,含有特别内容,和他常用的"异为"、"他为"同义。

提出建议，任何人都有权讨论政治，惟独不许学生说话。并且在同一条文内，重复地说"不许生员建言"，"惟生员不许"，声色俱厉，呼之欲出。明太祖为什么单单剥夺了生员讨论政治的权利呢？因为他害怕群众，害怕组织，尤其害怕有群众基础有组织能力的知识分子。他认清这个力量，会得危害他的统治，因之，非加以高压，严厉禁止，不许有声音不可。至于其他人士，个别的发言，个别的建议，没有群众作后盾，不发生力量，他不但不禁止，反而形式上加以奖励，学学古代帝王求言的办法，倒使他可以得到好名誉。

知识青年对于现实政治不能说话，不许有声音，明太祖的统治就巩固了。可是，他没有想到代替说话的是农民的竹竿和锄头，朱家的政权，到后来还是被竹竿和锄头所倾覆。

地方学校之外，洪武八年又诏地方立社学（乡村小学），延师儒以教民间子弟。

府州县学和社学都以《御制大诰》和《律令》作主要必修科。（《大明会典》卷七八《学校》）

在官僚政治之下，地方学校只存形式，学生不在学，师儒不讲论。社学且成为官吏迫害剥削人民的手段，明太祖曾大发脾气，申斥地方官吏说：

> 好事难成。且如社学之设，本以导民为善，乐天之乐。奈何府州县官不才酷吏，害民无厌。社学一设，官吏以为营生。有愿读书者无钱不许入学，有三丁四丁不愿读书者受财卖放，纵其愚顽，不令读书。有父子二人，或农或商，本无读书之暇，却乃逼令入学，有钱者又纵之。无钱者虽不暇读书，亦不肯放，将此凑生员之数，欺诳朝廷。

他怕"逼坏良民不暇读书之家"只好住罢（停办）社学，不再"导民为善"了。（《御制大诰·社学第四十四》）

从国子监到社学，必读的书，必考的书，是明太祖所亲自写定的《大诰》（从文理不通、思想昏乱、词语鄙陋、语气狂暴、态度蛮横几点看来，确非儒生所能代笔），想用以为治国平天下、统一思想的"圣经宝典"。他在书末指出：

> 朕出是诰，昭示祸福，一切官民诸色人等，户户有此一本，若犯笞杖徒流罪名，每减一等，无者每加一等。所在人民，熟观为戒。（《御制大诰·颁行大诰第七十四》）

又说：

> 朕出斯令，一曰大诰，一曰续编，斯上下之本，臣民之至宝，发布天下，务必户户有之。敢有不敬而不收者，非吾治化之民，迁居化外，永不令归，的的不虚示。（《大诰续编·颁行续诰第八十七》）

以帝王之威，用减刑用充军，利诱威胁，命令人民读他的"至宝"，命令学生熟读讲解他的至宝，可惜，人民是不识"宝"的，利诱不理，威胁无用。成化时（公元1465至1487）陆容记《大诰》的下落说：

> 国初惩元之弊，用重典以新天下，故令行禁止，若风草然。然有面从于一时而心违于身后者，如《大诰》，惟法司拟罪云有《大诰》减一等云尔，民间实未之见，况复有讲读者乎！（《菽园杂记》卷五）

明太祖有方法统治学校，屠杀学生，可是，他没办法办社学，也没办法使人民读他的《大诰》。有生死人之权，有富贵贫贱人之权，而终于无人读他藏他的"至宝"，不要说读，人民甚至连看都没有看见，这大概是专制独裁者应有的共有的悲哀吧！

一九四八年二月三日于清华园

（原载《清华学报》十五卷一期）

明代之农民

一

按照职业的区分，明代的户口有民户、军户、医户、儒户、灶户、僧户、道户、匠户①、阴阳户②、优免户、女户、神帛堂户③、陵户、园户、海户、庙户④……之别。户有户籍户帖：

洪武三年（1370）十一月辛亥核民数给以户帖。户部制户籍户帖，各书其户之乡贯丁口名岁，合籍与帖，以字号编为勘合，识以部印，储藏于部，帖给之民。仍令有司岁计其户口之登耗，类为籍册以进，著为令。⑤户籍藏于户部，户帖给民收执。"父子相承，徭税以定。"⑥令有司各户比对，不合者遣戍，隐匿者斩，男女田宅，备载于后。⑦若诈冒避免，避重就轻者杖八十，其官司妄准脱免，及变乱版籍者罪同。⑧洪武十四年（1381）改为赋役黄册，以一百十户为一里，推丁粮多者十户为长，余百户为十甲，甲凡十人，岁役里长一人，甲首一人，董一里一甲之事，先后以丁粮多寡为序，凡十年一周曰排年。在城曰坊，近城曰厢，乡都曰里。里编为册，册首总为一图，鳏寡孤独不任役者附十甲后为畸零，僧道给度牒，有

---

① 《弘治会典》卷一一。
② 《弘治会典》卷二〇，引《大明令》。
③ 《明史》卷二八一，《庞嵩传》。
④ 《明史》卷七八。
⑤ 《明太祖实录》卷五八。
⑥ 《明宣宗实录》卷六九。
⑦ 谈迁：《枣林杂俎》，《逸典》。
⑧ 《明律》四，《户》一。

田者编册如民科，无田者亦为畸零，每十年有司更定其册，以丁粮增减而升降之。册凡四，一上户部，其三则布政司、府、县各存一焉。上户部者册面黄纸，故谓之黄册。其后黄册只具文，有司征税编徭则自为一册，曰白册云。①

各色户口中占绝大多数的是民户，民户中占绝大多数的是农民。（也可以说民户即指农民，一小部分的小商也包括在内。曾任官吏的则另别为宦户。）其次是军户和匠户。民由有司，军由卫所，匠由工部管理。②农民人数最多，和土地的关系最密切，对国家的担负也最重。他们的生活也最值得我们注意。

农民中的富民和大地主的子弟有特权享受最好的教育，在科举制度下，他们可以利用所受的教育，一经中试便摇身变成儒户，一列仕途，便又变成宦户。退休后又变成乡绅，不再属于民户。或则买官捐监，也可以使一家的身份提高。贫农中也有由子弟的努力而成为儒户、宦户的，不过身份一改，便面目全非，对国家的负担和社会上的待遇便全然不同。他们不但不再属于民户，反而掉转头来自命为上层阶级，去剥削他从前所隶属的集团了。

二

农民的本分是纳赋和力役，明太祖告诉他的百姓说："为吾民者当知其分。田赋力役出以供上者乃其分也。能安其分则保其父母妻子，家昌身裕，为仁义忠孝之民，刑罚伺由及哉。"③赋役都以黄册为准，册有丁有田，丁有役，田有租，租曰夏税，曰秋粮，凡二等。丁曰成丁，曰未成

---

①《明史》卷七七，《食货志》，《户口》。
②《弘治会典》卷二〇。
③《明太祖实录》卷一五〇。

丁，凡二等。民始生籍其名曰不成丁，年十六曰成丁，成丁而役，六十而免。役曰里甲，曰均徭，曰杂泛，凡三等。以户计曰甲役，以丁计曰徭役，上命非时曰杂役，皆有力役，有雇役，田租大略以米麦为主，而丝绢与钞次之。①

要农民安于本分，使永远不能离开其所耕种的土地，除有黄册登记土地户口外，并设路引的制度，百里内许农民自由通行，百里外即须验引："凡军民等往来但出百里者，即验文引。"②天下要冲去处设立巡检司，专一盘诘无引面生可疑之人。军民无文引必须擒拿送官，仍许诸人首告，得实者赏，纵容者同罪。③此制在洪武初年即已施行：

> 洪武六年（1373）七月癸亥，常州府吕城巡检司盘获民无路引者送法司论罪。问之，其人以祖母病笃，远出求医急，故无验。上闻之曰："此人情可矜，勿罪。"释之。④

于是农民永远被禁乡里，只好硬着头皮为国家尽本分。

田赋和力役只是农民负担一小部分。除了对国家以外，农民还要对地方官吏、豪绅、地主……尽种种义务，他们要受四重甚至五重的剥削。官吏则巧立名目，肆行科敛，即在开国时严刑重法，也还有此种情形，明太祖极为愤怒，他很生气地训斥一般地方官说：

> 置造上中下三等黄册，朝觐之时，明白开谕，毋得扰动乡村。止将黄册底册就于各府州县官备纸札，于底册内挑选上中下三等以凭差役，庶不靠损小民，所谕甚明。及其归也，仍前着落乡村，巧立名色，团局置造，科敛害民。⑤

---

① 《明史》卷七八，《食货志》，《赋役》。
② 《弘治会典》卷一三〇。
③ 《弘治会典》卷一三〇。
④ 《明太祖实录》卷八三。
⑤ 《大诰》第四四。

科敛之害，甚于虎狼。如折收秋粮，府州县官发放，每米一石官折钞二贯，巧立名色，取要水脚钱一百文，车脚钱三百文，口食钱一百文。库子又要辨验钱一百文，蒲篓钱一百文，竹篓钱一百文，沿江神佛钱一百文。①政府之惩治虽严，而官吏之贪污如故，剥削如故，方震孺整饬吏治疏言：

> 一邑设佐贰二三员，各有职掌。司捕者以捕为外府，收粮者以粮为外府，清军者以军为外府，其刑驱势逼，虽绿林之豪，何以加焉。稍上而有长吏，则有科罚，有羡余，曰吾以备朝京之需，吾以备考满之用，上言之而不讳，下闻之而不惊，虽能自洗刷者固多，而拘于常例者不尽无也。又上之而为郡守方面，岁时则有献，生辰则有贺，不谋而集，相摩而来，寻常之套数不足以献芹，方外之奇珍始足以下点，虽能自洗刷者固多，而拘于常例者不尽无也。萧然而来，捆载而去。夫此捆载者非其携之于家，雨之于天，又非输于神，运于鬼，总皆为百姓之脂膏，又穷百姓卖儿卖女而始得之耳。②

其剥削之方法，多用滥刑诛求，英宗时江西按察司佥事夏时言：

> 今之守令冒牧民之美名，乏循良之善政，往往贪泉一酌而邪念顿兴，非深文以逞，即钩距是求。或假公营私，或诛求百计。经年置人于犴狱，滥刑恒及于无辜。甚至不任法律而颠倒是非，高下其手者有之，刻薄相尚，而避己小嫌，入人大辟者有之。不贪则酷，不怠则奸，或通吏胥以贾祸，或纵主案以肥家，殃民蠹政，莫敢谁何。③

地方官以下之粮长吏胥，则更变本加厉，横征暴敛，如《续诰》所记嘉定县粮长金仲芳等额外敛钱之十八种名色：

---

① 《大诰》第四一。
② 《方孩未集》卷一。
③ 《明英宗实录》卷四○。

一定舡钱，一包纳运头米钱，一临运钱，一造册钱，一车脚钱，一使用钱，一络麻钱，一铁炭钱，一申明旌善亭钱，一修理仓廒钱，一点舡钱，一馆驿房舍钱，一供状户口钱，一认役钱，一黄粮钱，一修墩钱，一盐票钱，一出由子钱。①

又如粮长邾阿乃起立名色，科扰粮户，至超过正税数倍：

其扰民之计，立名曰舡水脚米，斛面米，装粮饭米，车脚钱，脱夫米，造册钱，粮局知房钱，看米样中米，灯油钱，运黄粮脱夫米，均需钱，棕软篾钱一十二色。通计敛米三万七千石，钞一万一千一百贯。正米止该一万，便做加五收受，尚余二万二千石，钞一万一千一百贯。民无可纳者，以房屋准者有之，变卖牲口准者有之，衣服段匹布帛之类准者亦有之，其锅灶水车农具尽皆准折。②

隶快书役为害尤甚："民之赋税每郡小者不过数万，大者不过数十万，而所以供此辈者不啻倍之。"③

地方豪绅不但享有优免赋役的特权（参看《大公报·史地周刊》：《明代仕宦阶级的生活》、《晚明之仕宦阶级》二文），并且也创立种种苛税，剥削农民。有征收道路通行税的：

宣德八年（1432）十一月丙午，顺天府尹李庸言："比奉命修筑桥道，而豪势之家，占据要路，私搭小桥，邀阻行人，榷取其利，请行禁革。"上曰："豪势擅利至此，将何所不为。"命行在都察院揭榜禁约。④

有私征商税的：

正统元年（1436）十二月甲申，驸马都尉焦敬令其司副李昺于文

---

① 《续诰》第二一。
② 《续诰》第四七。
③ 吴应箕：《楼山堂集》卷一二，江南汰胥役议。
④ 《明宣宗实录》卷一一七。

明门外五里建广鲸店,集市井无赖,假牙行名,诈税商贩者,钱积数十千。又于武清县马驹桥遮截磁器鱼枣数车,留店不遣。又令阍者马进于张家湾溧阳闸河诸通商贩处,诈收米八九十石,钞以千计。①

有擅据水利的:

正统八年十二月戊戌,吏部听选官胡秉贤言:"臣原籍江西弋阳,县有官陂二所,民田三万余亩借其灌溉。近年被沿陂豪强之人,私创碓磨,走泄水利,稍有旱暵,民皆失望。"②

叶盛《水东日记》卷十四亦记:

杭州西湖傍近,编竹节水,可专菱芡之利,而惟时有势力者可得之。故杭人有俗谣云:"十里湖光十里笆,编笆都是富豪家,待他十载功名尽,只见湖光不见笆。"

盐粮马草之利亦尽为势豪所占,《明英宗实录》卷一一五记:

九年四月壬辰,敕户部曰:"朝廷令人易纳马草、开中盐粮,本期资国便民。比闻各场纳草之人,多系官豪势要,及该管内外官贪图重利,令子侄家人伴当假托军民,出名承纳。各处所中盐粮,亦系官豪势要之家占中居多,往往挟势将杂糙米上仓,该管官司畏避权势,辄与收受,以致给军多不堪用。及至支盐,又嘱管盐官挨越关支,倍取利息。致无势客商,守支年久不能得者有之,丧赀失业,嗟怨莫伸,其弊不可胜言。"

更有指使家人奴仆,私自抽分的。《明律条例》名例条:

成化十五年(1479)十月二十二日节该,钦奉宪宗皇帝圣旨:管庄佃仆人等占守水陆关隘抽分,掯取财物,挟制把持害人的,都发边卫永远充军,钦此!

---

① 《明英宗实录》卷二五。
② 《明英宗实录》卷一一一。

地主则勾结官吏，靠损小民，《续诰》第四五：

> 民间洒派包荒诡寄，移丘换段，这等都是奸顽豪富之家，将次没福受用财赋田产，以自己科差洒派细民。境内本无积年民田，此等豪猾买嘱贪官污吏及造册书算人等，其贪官污吏受豪猾之财，当科粮之际，作包荒名色，征纳小户。书算手受财，将田洒派，移丘换段，作诡寄名色，以此靠损小民。

或隐匿丁粮，避免徭役，一切负担均归小民：

> 宣德六年（1431）六月庚午，浙江右参议彭璟言："豪富人民每遇编充里役，多隐匿丁粮，规避徭役，质朴之民皆首实。有司贪贿，更不穷究。由是徭役不均，细民失业。"[1]

或营充职事，使小民受累，《英宗实录》卷八九记：

> 七年（1442）二月丁酉应天府府尹李敏奏："本府上元、江宁二县富实丁多之家，往往营充钦天监太医院阴阳医生、各公主府坟户、太常光禄二寺厨役及女户者，一户多至一二十丁，俱避差役，负累小民。"

一面以其财力，兼并小农，例如：

> 景泰元年（1450）六月丙申，巡抚直隶工部尚书周忱言："江阴县民周珪本户原置田三百七十二顷，又兼并诱买小民田二百七顷五十余亩，诛求私租，谋杀人命。"[2]

因之，富者愈富，贫者愈贫。更加以苛捐杂税之搜括，农民至无生路可走，甚至商税派征，其负担者亦为农民：

> 榷税一节，病民滋甚。山右僻在西隅，行商寥寥。所有额派税银四万二千五百两，铺垫等银五千七百余两，百分派于各州府持。于是斗粟半菽有税，沽酒市脂有税，尺布寸丝有税，羸特塞卫有税，既非

---

[1]《明宣宗实录》卷七九。
[2]《明英宗实录》卷一九三。

天降而地出，真是头会而箕敛。①

负担过重，伶俐富厚点的也跟着一般地主的榜样，诡谋图免，大部分的农民无法可处，只得展转沟壑，流为盗贼。侯朝宗曾痛论其弊云：

> 明之百姓，税加之，兵加之，刑加之，役加之，水旱灾祲加之，官吏之食渔加之，豪强之吞并加之，是百姓一而所以加之者七也。于是百姓之富者争出金钱而入学校，百姓之黠者争营巢窟而充吏胥。是加者七而因而诡之者二也。即以赋役之一端言之，百姓方苦其积极而无告而学校则除矣，吏胥则除矣，举天下以是为固然而莫之问也。百姓之争入于学校而争出于吏胥者，亦莫不利其固然而为之矣。约而计之，十人而除一人，则以一人所除更加之九人，百人而除十人，则以十人所除更加之九十人，展转加焉而不可穷，争诡焉而不可禁。天下之学校吏胥渐多而百姓渐少，是始犹以学校吏胥加百姓，而其后逐以百姓加百姓也。彼百姓之无可奈何者，不死于沟壑即相率而为盗贼耳，安得而不乱哉。②

除此以外，农民还有两条路可走。第一条大路是当僧道，不过如被发觉，反要吃苦。例如《太祖实录》卷二二七所记：

> 二十六年五月乙丑，道士仲守纯等一百二十五人请给度牒。礼部审实皆逃民避徭役者。诏隶锦衣卫习工匠。

第二条路是抛弃土地，逃出作"流民"。

三

洪武三年（1370）时曾有一次关于苏州一府地主的统计：

---

① 《石隐园藏稿》卷五，《嵩祝陛辞疏》。
② 《壮悔堂文集》，《正百姓》。

先是上问户部天下民孰富，产孰优？户部臣对曰："以田税之多寡较之，惟浙西多富民巨室。以苏州一府计之，民岁输粮一百石以上至四百石者四百九十户。五百石至千石者五十六户。千石至二千石者六户。二千石至三千八百石者二户。计五百五十四户，岁输粮十五万一百八十四石。"①

苏州府在洪武二十六年（1393）时的户口统计是四十九万一千五百一十四户。②二十年中户口相差大致不会很远。如以此数估计，则五十万户中有地主五百户，地主占全户口千分之一。不过这统计不能适用于别处，苏松财赋占全国三分之一，以照此例和在全国所纳的田赋比较，和其他各地至少要相差三十倍，即平均要三万户中才有一户地主。

地主有政治势力的保障，即使有水旱兵灾，也和他们不相干。而且愈是碰到灾荒，愈是他们发财的机会。第一是荒数都分配给地主，农民却须照样纳税。王鏊曾说：

> 时值年丰，小民犹且不给，一遇水旱，则流离被道，饿殍塞川，甚可悯也。惟朝廷轸念民穷，亦尝蠲免荒数，冀以宽之。而有司不奉德音，或因之为利，故有卖荒送荒之说。以是荒数多归于豪右，而小民不获沾惠。③

而且贫农无田，所种多为佃田，即有恩恤，好处也只落在地主身上，如《明英宗实录》卷五所记：

> 宣德十年五月乙未，行在刑科给事中年富言：江南小民佃富人之田，岁输其租。今诏免灾伤税粮，所蠲特及富室，而小民输租如故。乞命被灾之处，富人田租如例蠲免。从之。

第二乘农民最困乏时，作高利贷的剥削。法律所许可的利率是百分之

---

① 《明太祖实录》卷四九。
② 《明史》卷四〇，《地理志》。
③ 《王文恪公集》卷三六，《吴中赋税书与巡抚李司空》。

三十。①遇到灾荒时，地主便抬高利率，农民只能忍痛向其借贷，不能如期偿还，家产人口便为地主所没收，《明英宗实录》卷一六七记：

> 十三年六月甲申，浙江按察使轩輗言："各处豪民私债，倍取利息，至有奴其男女，占其田产者，官府莫敢指叱，小民无由控诉。"

政府虽明知有这种兼并情形，也只能通令私债须等丰收时偿还，期前不得追索。可是结果地主因此索性不肯借贷，政府又不能救济，贫农更是走投无路。只好取消了这禁令，让地主得有自由兼并的机会：

> 景泰二年（1451）八月癸巳，刑部员外郎陈金言：军民私债，例不得追索，俟丰稔归其本息。以此贫民有急，偏叩富室，不能救济。宜听其理取。从之。②

贫农向地主典产，产去而税存：

> 正统元年六月戊戌，湖广辰州府沅陵县奏："本县人民多因赔纳税粮，充军为事贫乏，将本户田产，典借富人钱帛，岁久不能赎，产去税存，衣食艰难。"③

抵押房屋，过期力不能偿，即被没收：

> 正统六年五月甲寅，直隶淮安府知府杨理言："本府贫民以供给繁重，将屋宅典与富民，期三年赎以原本，过期即立契永卖。以是贫民往往趁食在外，莫能招抚。"④

或借以银而偿则以米，取数倍之息，顾炎武记：

> 日见凤翔之民，举债于权要，每银一两，偿米四石。此尚能支持岁月乎？⑤

---

① 《明律》九，《户》六。
② 《明英宗实录》卷二七〇。
③ 《明英宗实录》卷一八。
④ 《明英宗实录》卷七九。
⑤ 《亭林文集》卷三，《病起与蓟门当事书》。

于是小地主由加力剥削而成大地主，贫农则失产而为佃农，佃农不堪压迫，又逃而为流民，《明宣宗实录》卷九四宣德七年八月辛亥条：

> 苏州田赋素重，其力耕者皆贫民。每岁输纳，粮长里胥率厚取之，不免贷于富家，富家又数倍取利，而农益贫。

《明英宗实录》卷一九三景泰元年六月庚辰条：

> 处州地瘠人贫，其中小民，或因充军当匠而废其世业，或因官吏横征而克其资财，或因豪右兼并而侵渔其地，或因艰苦借贷而倍出其偿。恒产无存，饥寒不免。况富民豪横，无所不至，既夺其产，或不与收粮而征科如旧，或诡寄他户而避其粮差，激民为盗，职此之由。

在京都附近的农民，则田产更有无故被夺的危险。例如弘治时外戚王源占夺民产至二千二百余顷。《明史·王镇传》：

> 外戚王源赐田，初止二十七顷，乃令其家奴别立四至，占夺民产至二千二百余顷。及贫民赴告，御史刘乔徇情曲奏，致源无忌惮，家奴益横。

正统时诸王所夺人民庄宅田地至三千余顷。①南京中官外戚所占田地六万三千三百五十亩，房屋一千二百二十八间。②边将史昭、丁信广置庄田，各有二十余所，霸占鱼池，侵夺水利。③景泰初顺天、河间等府县地土，多被宦豪朦胧奏讨及私自占据，或为草场，或立庄所，动计数十百顷。间接小民纳粮地亩，多被占夺，岁赔粮草。④夏言奉敕勘报皇庄及功臣国戚田土疏曾极言其弊：

> 近年以来，皇亲侯伯凭藉宠昵，奏讨无厌，而朝廷眷顾优隆，赐予无节。其所赐地土多是受人投献，将民间产业夺而有之。如庆

---

① 《明英宗实录》卷七二。
② 《明英宗实录》卷二九。
③ 《明英宗实录》卷一〇三。
④ 《明英宗实录》卷二〇一。

阳伯受奸民李政等投献，奏讨庆都、清苑、清河三县地五千四百余顷。如长宁伯受奸民魏忠等投献，奏讨景州、东光等县地一千九百余顷。如指挥佥事沈傅、吴让受奸民马仲名等投献，奏讨沧州静海县地六千五百余顷。以致被害之民，构讼经年，流离失所，甚伤国体，大失群心。①

从天顺以来，又纷纷设立皇庄，至嘉靖初年有皇庄数十所，占地至三万七千五百九十五顷四十六亩，扰害农民，不可记极，夏言云：

> 皇庄既立，则有管理之太监，有奏带之旗校，有跟随之名下，每处动至三四十人……擅作威福，肆行武断。其甚不靖者则起盖房屋，则架搭桥梁，则擅立关隘，则出给票帖，则私刻关防。凡民间撑架舟车，牧放牛马，采捕鱼虾螺蚌莞蒲之利，靡不括取。而邻近土地则展转移筑封堆，包打界至，见亩征银。本土豪猾之民，投为庄头，拨置生事，帮助为恶，多方掊克，获利不赀。输之官闱者曾无什之一二，而私入囊橐者盖不啻什八九矣。是以小民脂膏，吮剥无余，繇是人民逃窜而户口消耗，里分减并而粮差愈难。卒致辇毂之下，生理寡遂，间阎之间，贫苦到骨。②

结果是："公私庄田，逾乡跨邑，小民恒产，岁朘月削。产业既失，税粮犹存，徭役苦于并充，粮草困于重出，饥寒愁苦，日益无聊，展转流亡，靡所底止。以致强梁者起而为盗贼，柔善者转死于沟壑。其巧黠者或投充势家庄头家人名目，资其势以转为良善之害，或匿入海户、陵户、勇士、校尉等籍，脱免徭役，以重困敦本之人。凡所以蹙民命脉，竭民膏血者，百孔千疮，不能枚举。"③这情形是由中央特派调查庄田的官吏所发表，当时的统治阶级也已深知此种举动之不合理，足以引起变乱。然而当这报

---

① 《桂洲文集》卷一三。
② 《桂洲文集》卷一三。
③ 《桂洲文集》卷一三。

告书发表以后，外戚陈万言又向皇帝乞得庄田，这庄田的来源还是"夺民田产"：

> 嘉靖三年，泰和伯陈万言乞武清、东安地各千顷为庄田，诏户部勘闲田给之。给事中张汉卿疏谏，帝竟以八百顷给之。巡抚刘麟、御史任洛复言不宜夺民地。弗听。①

景泰王于嘉靖四十年之国，多请庄田，其他土田湖陂侵入者数万顷。②潞王居京邸时，王店、王庄遍畿内。居藩多请赡田、食盐无不应，田多至四万顷。③福王之国时，诏赐庄田四万顷，中州腴土不足，取山东、湖广田益之。尺寸皆夺之民间，伴读、承奉诸官假履亩为名，乘传出入，河南北、齐、楚间，所至骚动。④

皇室、中官、外戚、勋臣、地方官吏、豪绅、地主、胥役……这一串统治者重重压迫，重重剥削，他们的财富，他们所享受的骄奢淫逸的生活，不但是由括尽农民身上的血汗所造成，并且也不知牺牲了多少农民的性命，才能换得他们一夕的狂欢。"尺寸皆夺之民间"，农民之血汗尽，性命过于不值钱，只好另打主意。

四

在平时，对政府的负担也使农民喘不过气来。因为在立法时并不曾顾虑到地主和贫农的差别悬殊，使他们一律出同样的力役，结果是地主行无所事，而贫农则破家荡产。此弊自元末以来即有之。王祎说：

> 今州县之地，区别其疆界谓之都，而富民有田往往遍布诸都。税

---

① 《明史》卷三〇〇，《陈万言传》。
② 《明史》卷一二〇，《景王传》。
③ 《明史》卷一二〇，《潞王传》。
④ 《明史》卷一二〇《福王传》、《潞王传》。

之所入以千百计者，类皆一户一役而止。其斗升之税不能出其都者，亦例与富民同受役。而又富民之田不肯自名其税，假立户名，托称兄弟所分，与子女所受，及在城异乡人之业，飞寄诡窜，以避差徭。故富者三岁一役曾不以为多，贫者一日受役，而家已立破，民之所病，莫斯为甚。①

至正十年（1350）婺州路始行鱼鳞类姓鼠尾之籍，税之所在，役即随之，甚多田者兼受他都之役而不可辞，少者称其所助而无幸免。②洪武元年（1368）行均工夫之法，田一顷出丁夫一人，不及顷者以他田足之。黄册成后，行里甲法，以上中下三户三等五岁均役。一岁中诸色杂目应役者，编第均之，银力从所便。后法稍弛，编徭役里甲者以户为断，放大户而勾单小，富商大贾免役而土著困，官吏里胥轻重其手而小民益穷蹙。又改行鼠尾册法，论丁粮多少，编次先后，市民商贾家殷足而无田产者听自占以佐银差。可是官府公私所需，仍责坊里长营办，给不能一二，供者或什百。甚至无所给，惟计值年里甲只应夫马饮食，而里甲病。一被佥为上供解户，往往为中官所留难，贡品被挑剔好坏，故意不收，只能就地改买进奉，率至破家倾产。③斗库粮长之役亦使民不聊生，王鏊曾痛陈其弊，他说：

> 田之税既重，又加以重役，今之所谓均徭者大率以田为定，田多为上户，上户则重，田少则轻，无田又轻，亦不计其资力之如何也。故民惟务逐末而不务力田，避重役也。所谓重役者大约有三：曰解户，解军需颜料纳之内库者也。曰斗库，供应往来使客及有司之营办者也。曰粮长，督一区之税输之官者也。颜料之入内府亦不为多，而出纳之际，百方难阻，以百作十，以十作一，折阅之数，不免出倍称之息，称贷于京以归，则卖产以偿，此民之重困者一也，使客往来，

---

① 《王忠文公集》卷六，《婺州路均役记》。
② 《王忠文公集》卷六，《婺州路均役记》。
③ 《明史》卷七八，《食货志》二。

厨传不绝，其久留地方者日有薪炭鳆菜膏油之供，加以馈送之资，游宴之费，罔不取给，此民之重困者二也。太祖患有司之刻民也，使推殷实有行义之家，以民管民，最为良法，昔之为是役者未见其患。顷者朝廷之征求既多，有司之侵牟滋甚，旧惟督粮而已，近又使之运于京，粮长不能自行，奸民代之行，多有侵牟，京仓艰阻，亦且百方，又不免称贷以归。不特此也，贪官又从而侵牟之，公务有急则取之，私家有需则取之，往来应借则取之。而又常例之输，公堂之刻，火耗之刻，官之百需多取于长，长能安不多取于民。及逋租积负，官吏督责如火，则拆屋伐木，鬻田鬻子女，竟不免死于榜掠之下，此民之重困者三也。三役之重，皆起于田，一家当之则一家破，百家当之则百家破，故贫者皆弃其田以转徙，富者尽卖其田以避其役。①

在原则上，都应"佥有力之家充之，名曰大户。究之所佥非富民，中人之产，辄为之倾"②。地主富民能和官吏勾结，受另一集团的保障，中农以下的平民，便只能忍受着破产倾家的苦痛，为国家服务。斗库之害，霍与瑕说得更为明白：

> 慈溪每年于均徭内额编绍兴府余姚县常丰四五仓斗级，每仓四名，每名役银五两，凡遭此役，无不破家，本县徭差内实为上等苦役。据原编常丰四仓斗级某等连名开称，俱为官攒等役剥削科取，每遇斗级上役，仓官先取分例银二十四两，家人取分例银三两，攒典书手各二两，及年烛开仓开印封印猪酒作福猪胙岁造文册歇家包办府县差人饭食，每月买办纸札，迎送新旧官盘费，收粮放粮官并过往官员下程礼物买办家火等项，皆出斗级，每年用百数余两。后浥烂贴补米石，年纳二三百石。③

---

① 《王文恪公文集》卷三六，《吴中赋税书与巡抚李司空》。
② 《明史》卷七八，《食货志》二。
③ 《霍勉斋集》卷一八，《为乞恩痛革仓弊以苏民困事申察院》。

外夷入贡，例于指定地方驻扎，一切支给，俱出里甲。《明英宗实录》卷五十八琉球馆臣是其一例：

> 正统四年八月庚寅，巡按福建监察御史成规言：琉球国往来使臣俱于福州停住，馆谷之需，所费不赀。此者通事林惠、郑长所带番梢人从二百余人，除日给廪米之外，其茶盐醯酱等物出于里甲，相沿已有常例。乃故行刁蹬，勒折铜钱，及今未半年，已用铜钱七十九万六千九百有余，按数取足，稍或稽缓，辄肆詈殴。

政府有特别需要，便行科差，最为贫农之害。凡朝廷科买一物，辄差数人促办。所差之人又各有无赖十数人为之鹰犬，百倍科敛，民被箠楚，不胜其毒，百分之一归官，余皆入于私室。①给价则十不及一，辗转克减，上下靡费，至于物主所得无几，名称买办，无异白取。②有时中间又需经过里长的一道剥削，土产或忍痛奉献，非土产则便要破家为朝廷征求：

> 永乐五年（1407）五月甲子，开平卫卒蒋文霆言：今有岁办各色物料，里长所领官钱悉入己，名为和买，其实强取于民，若其土产，尚可措办，非土地所有，须多方征求，以致倾财破产者有之。凡若此者，非止一端。③

洪熙元年（1425）行在都察院右副都御史弋谦告诉皇帝说："一夫耕作，上农不过百亩，中下之农，仅有其半。除夏秋二税，所存无几，苟再分外侵耗，使民不贫而困者寡矣。"④可是警告虽然提出，科买却依旧举行，三年后宣宗也警告他的臣下说：

> 比者所司每缘公务，急于科差，贫富困于买办，丁中之民，服役连年，公家所用，十不二三，民间耗费，常十数倍。加以郡邑官鲜得

---

① 《明宣宗实录》卷五四。
② 《明宣宗实录》卷三。
③ 《明成祖实录》卷六七。
④ 《明宣宗实录》卷三。

人，吏肆为奸，征收不时，科敛无度，假公营私，弊不胜纪。以致吾民衣食不足，转徙逃亡。凡百应输，年年逋欠。国家仓庾，月计不足。①

他们也明知"竭泽而渔"，不是一个办法。可是还是要图享用，还是要科买，结果是"百姓逃亡，仓廪不足"。

在农民方面，土地分配不均和赋税的过重是当时最严重的问题。例如北直隶的富农与贫农的比较：

> 正统五年（1440）四月庚子，大理寺右少卿李畛奏：北直隶洪武永乐时人稀，富家隐藏逃户，辟地多而纳粮少，故积有余财而愈富，贫家地少而差役繁重，故典卖田宅，产去税存而愈贫。②

税粮的分配也极不公道，例如归有光所记：

> 江右田地不相悬，而税入多寡殊绝。如南昌新建二县仅百里，多山湖，税粮十六万。广信县六，赣州县十，皆六万。南安四县粮二万。三郡二十县之粮不及两县，盖国初以次削平僭伪，田赋往往因其旧贯。论者谓苏州田不及淮安半，而吴赋十倍淮阴，松、江二县粮与畿内八府百二十七县垺，其不均如此。③

又有官粮、民粮之别，政府希望减轻农民的负担，减轻或免除民粮，结果却适得其反，又予地主以兼并的机会：

> 旧例应天、镇江、太平、宁国、广德四府一州官粮减半征收，民粮全免以致富家多民粮，下户多官粮，富者愈富，贫者愈贫。④

官田粮重，民田粮轻，官田价轻，民田价重，地主利粮轻，贫民利价重，故民田多归地主，官田粮重，贫民不能负担，只能逃税，出作流民，王鏊说：

> 吴中有官田，有民田。官田之税一亩有五斗六斗至七斗者。其

---

① 《明宣宗实录》卷三九。
② 《明英宗实录》卷六六。
③ 《震川集》卷二五，《李公行状》。
④ 王恕：《王端毅公文集》卷六，《石渠老人履历略》。

> 外又有加耗，主者不免多收，盖几于一石矣。民田五升以上，似不为重，而加耗愈多，又有多收之弊也。田之肥瘠不甚相远，而一丘之内，咫尺之间，或为官，或为民，轻重悬绝。细民转卖，官田价轻，民田价重，贫者利价之重，伪以官为民，富者利粮之轻，甘受其伪而不疑。久之，民田多归于豪右，官田多留于贫穷。贫者不能供，则散之四方，以逃其税。税无所出，则摊之里甲。故贫穷多流，里甲坐困，去住相牵，同入于困。①

于是有"逃民"，有"流民"。

五

逃民和流民的分别，《明史·食货志》说："其人户避徭役者曰逃户，年饥或避兵他徙者曰流民。"其实都是在本地不能生活，忍痛离开朝夕相亲的田地，漂流异地的贫农。

贫农除开上文所引述的一切人为的压迫和剥削外，又受自然的摧残，一有水旱，便不能生活：

> 困穷之民，田多者不过十余亩，少者或六七亩，或二三亩，或无田而佣佃于人。幸无水旱之厄，所获亦不能充数月之食，况复旱涝乘之，欲无饥寒，胡可得乎？②

或有疾病，便致流离：

> 农民之中，有一夫一妇受田百亩或四五十亩者，当春夏时耕种之务方殷，或不幸夫病而妇给汤药，农务既废，田亦随荒。及病且愈，则时已过矣。上无以供国赋，下无以养其室家。穷困流离，职此

---

① 《王文恪公文集》卷三六，《吴中赋税书与巡抚李司空》。
② 《明英宗实录》卷一八六。

之由。①

或不能备牛具种子，无法耕种自己的田土，只好降为佃农，或乞丐度日，到处漂流。《明英宗实录》卷三四记：

> 正统二年（1437）九月癸巳，行在户部主事刘善言：比闻山东、山西、河南、陕西并直隶诸郡县，民贫者无牛具种子耕种，佣丐衣食以度日，父母妻子啼饥号寒者十室八九。有司既不能存恤，而又重征远役，以故举家逃窜。

洪熙元年（1425）闰七月，广西布政使周干奉命到苏、常、嘉、湖等府巡视民瘼。据他的报告，民之逃亡皆由官府弊政困民及粮长弓兵害民所致：

> 如吴江昆山民田亩旧税五升，小民佃种富室田亩，出私租一石，后因没入官，依私租减二斗，是十分而取其八也。拨赐公侯驸马等项田，每亩旧输租一石，后因事故还官，又如私租例尽取之。且十分而取其八，民犹不堪，况尽取之乎？尽取则无以给私家，而必至冻馁，欲不逃亡，不可得矣！又如杭之仁和、海宁，苏之昆山，自永乐十二年以来，海水沦陷官民田一千九百三十余顷，逮今十有余年，犹征其租，田没于海，租从何出？常之无锡等县，洪武中没入公侯田庄，其农具水车皆腐朽已尽，如而有司犹责税如故，此民之所以逃也。粮长之设，专以催征税粮。近者常、镇、苏、松、湖、杭等府无籍之徒，营充粮长，专掊克小民以肥私己。征收之时，于各里内置立仓囤，私造大样斗斛而倍量之，有立样米抬斛米之名以巧取之，约收民五倍。却以平斗正数付与小民，运付京仓输纳，缘途费用，所存无几，及其不完，着令赔纳，至有亡身破产者，连年逋欠，倘遇恩免，利归粮长，小民全不沾恩。积习成风，以为得计。巡检之设，从以弓兵，本用盘诘奸细，缉捕盗贼。常、镇、苏、松、嘉、湖、杭等府巡检司弓

---

① 《明太祖实录》卷二三六。

> 兵不由府县佥充，多是有力大户令义男家人营谋充当，专一在乡设计害民，占据田产，骗耍子女，及稍有不从，辄加以拒捕私盐之名，各执兵仗，围绕其家，擒获以多桨快船送司监收，挟制官吏，莫敢谁何，必厌其意乃已。不然，即声言起解赴京，中途绝其饮食，或戕害致死。小民畏之，甚于豺虎，此粮长弓兵所以害民而致逃亡之事也。①

苏、松、常、镇、嘉、湖、杭一带，是全国财赋中心，农民所受的压迫，从一位政府官吏口中的报告已是如此，其他各地的情形更可想见了。

各地的赋役都有定额，由被禁锢在土地上的农民负责输纳。逃亡的情形一发生，未逃亡或不能逃亡的一部分农民便为已逃亡的农民负责，尽双重义务。原来的自己所负的一份已觉过重，又加上替人的一份，逼得没有办法，也只好舍弃一切，跟着逃亡。这情形中最先倒霉的是里长，《明成祖实录》卷九十九记：

> 永乐七年（1409）十二月丙寅，山西安邑县言："县民逃徙者田土已荒，而税粮尚责里甲赔纳，侵损艰难，请暂停之，以俟招抚复业，然后征纳。"上谕行在户部尚书夏原吉曰："百姓必耕以给租税，既弃业逃徙，则租税无出。若令里甲赔纳，必致破产，破产不足，必又逃徙，租税愈不足矣。"

次之是贫农，例如沅陵县的农民，多因赔纳而破产：

> 正统元年六月戊戌，湖广辰州府沅陵县奏：本县人民因多赔纳税粮，充军为事贫乏，将本户田产典借富人钱帛，岁久不能赎，产去税存，衣食艰难。②

清苑、临晋两县的未逃农民，幸得邀特典而暂缓赔纳：

> 正统三年正月辛亥，行在户部奏：直隶清苑县，人民逃移五百九十

---

① 《明宣宗实录》卷六。
② 《明英宗实录》卷一八。

> 余户，遗下秋粮六百六十余石，草一万三千四百余束。山西临晋县人民逃移四千五百七十余户，遗下秋粮三万四千一百四十余石，草六万八千二百九十余束。此二县各称，见存人户该纳粮草，尚且逋欠，若又包纳逃民粮草，愈加困苦，乞暂停征。上以民无食故逃，其无征之税责于不逃之民，是又速其逃也，宜缓其征，逃民其设法招抚。①

可是也只怕把未逃的农民也逼逃，这已逃农民的粮草还是要追征，而未逃的农民追征，只是追征的手续叫地方官办得慢一点而已。

农民逃亡的情形，试再举诸城县的情形作例：

> 正统十二年（1447）四月戊申，巡按山东监察御史史濡等奏：山东青州府地瘠民贫，差役繁重，频年荒歉，诸城一县逃移者一万三百余户，民食不给，至扫草子削树皮为食。续又逃亡三千五百余家。地亩税粮，动以万计。②

单是一县逃亡的户数已达一万三千八百户。正统十四年据河南右布政使年富的报告，单是陈、颍二州的逃户就不下万余。③试再就逃民所到处作一比较，同年五月据巡抚河南山西大理寺少卿于谦的报告，各处百姓递年逃来河南者将及二十万，尚有行勘未尽之数。④《明史·孙原贞传》也说：

> 景泰五年冬，（原贞）疏言：臣昔官河南，稽诸逃民籍凡二十余万户，悉转徙南阳唐邓襄樊间，群聚谋生。

成化初年荆襄盗起，流民附贼者至百万。项忠用兵平定，先后招抚流民复业者九十三万余人。⑤成化十二年原杰出抚荆襄，复籍流民，得户

---

① 《明英宗实录》卷三八。
② 《明英宗实录》卷一五二。
③ 《明英宗实录》卷一八四。
④ 《明英宗实录》卷一五四。
⑤ 《明史》卷一七八，《项忠传》。

十一万三千有奇，口四十三万八千有奇。①

农民离开他的土地以后，同时也离去了登记他的户籍的黄册。虽然失去了倚以为生历代相传的田地，可是也从此脱离了国家的约束，不再向国家尽无尽的义务。他可以拣一个荒僻的地带，重新去开垦，作一个自由的农民。例如河南湖广等处的客朋，《明英宗实录》卷十六记：

> 正统元年四月甲子，巡抚陕西行在户部右侍郎李新奏：河南南阳府邓州内乡等州县及附近湖广均州光化等县居民鲜少，郊野荒芜，各处客商有自洪武永乐间潜居于此，娶妻生子成家业者，丛聚乡村号为客朋，不当差役，无所钤辖。

> 郧阳一带多山，地界湖广、河南、陕西三省间，又多旷土，山谷阨塞，林菁蒙密，中有草木，可采掘食，正统二年岁饥，民徙入不可禁，聚既多，无所禀约束。②

从此不再有任何压迫，也不再有任何负担，自耕自食，真是农民的理想生活。然而，地主不肯让农民逃走，因为他们感觉到没有人替他们耕种和服役的恐慌。官吏和胥役不肯让农民逃走，因为农民逃了不回来，他们便失去剥削的对象。国家更不肯让农民躲着不受约束，因为他们最需要农民的力量，农民最驯良，最肯对国家尽责任，国家需要他们的血汗来服役，更需要他们用血汗换来的金钱，供皇家和贵族们的挥霍。

他们都是农民头上的寄生虫，他们非要农民回来不可。于是有招抚逃民之举。

六

凡逃户，明初督令还本籍复业，赐复一年。老弱不能归及不愿归者，

---

① 《明史》卷一五九，《原杰传》。
② 《明史纪事本末》卷三八，《平郧阳盗》。

令所在着籍，授田输赋。①还是要责成所在地的官吏勒令逃民回到原籍去，给以一年的休息，第二年起还是照未逃亡前一样生活着。事实上不能强迫回到原籍去的，便令落籍在所逃亡的地方，照常尽百姓的义务，依旧被圈定在一土地的范畴。仍是不堪剥削，依旧逃亡。宣宗时特增府县佐贰官，专抚逃民。《明宣宗实录》卷七十七宣德六年（1431）三月丁卯条：

> 先是巡按贵州监察御史陈斌言："各处复业逃民，有司不能抚绥，仍有逃窜者。乞令户部都察院各遣官同布政司、按察司取勘名数及所逃之处，取回复业。府县仍增除佐贰官一员，专职抚绥"。上命行在户部兵部议。太子太师郭资等议："在外逃民多有复业而再逃者，今当重造籍册，民若逃亡，籍皆虚妄。今拟南北直隶遣御史二员，各布政司府州县皆添设佐贰官一员，专抚逃民。"上曰："凡郡县官俱以抚民为职，何用增设。官多徒为民蠹，其更令吏部拟议以闻。"至是吏部言："河南、山东、山西、湖广、浙江、江西有巡抚侍郎，其府州县七百三十五处已于额外增官一员，凡七百三十五员，宜改为抚民官。其余府州县宜各添设佐贰官一员。"上从之曰："此亦从权，若造册完，取回别用。"于是增除府州县佐贰官三百七十一员。

因为是刚到十年一度重造黄册的期间，质以特别增设抚民官。希望人口土地和册籍一致。可是这种重床叠屋的官制，头痛医头的办法，仍不能阻止农民的再度逃亡。《明英宗实录》卷十八正统元年六月甲寅条：

> 山西左参政王来言：逃民在各处年久成家，虽累蒙恩诏抚回，奈其田产荒凉，不能葺理，仍复逃去，深负朝廷矜恤之意，请令随处附籍当差。

农民逃亡后在另一地域已开垦成一新家，硬又让他们回到久已荒芜的老家去，自然不能不作第二次的逃亡。同年闰六月戊寅条：

---

① 《明史》卷七七，《食货志》，《户口》。

巡抚河南山西行在兵部右侍郎于谦言："山西河南旱荒,人民逃移,遗下粮草,见在人户包纳。是以荒芜处所,民愈少而粮不减,丰熟地方,民愈多而粮无增。乞令各处入籍,就纳原籍粮草,庶税无亏欠,国无耗损。"

以此重又下令命逃民占籍于所寓地方。同年十一月庚戌条：

　　先是行在户部奏："各处民流移就食者,因循年久,不思故土。以致本籍田地荒芜,租税逋负。将蠲之则岁入不足,将征之则无从追究。宜令各府县备籍逃去之家并逃来之人,移交互报,审验无异,令归故乡。其有不愿归者,令占籍所寓州县,授以地亩,俾供租税。则国无游食之民,野无荒芜之地矣"。上命下廷臣议。至是佥以为便,从之。

这也只是一个理想的办法,因为经过几十年的流移,册籍早已混乱,无从互报。而且即使册籍具在,也不过是文字上的装饰,和实际情形毫不相干。例如宿州知州王永隆所说造册报部的情形：

　　正统二年二月辛酉,直隶凤阳府宿州知州王永隆奏："近制各处仓库储蓄及户口田土并岁入岁用之数,俱令岁终造册送行在户部存照。州县惟恐后期,预于八月臆度造报。且八月至岁终,尚有四月,人口岂无消息,费用岂无盈缩,以此数目不清,徒为虚文。"[1]

正统五年四月又规定逃民抚恤办法：

　　一、各处抚民官务要将该管逃民设法招抚,安插停当,明见下落。其逃民限半年内赴所在官司首告,回还原籍复业,悉免其罪,仍优免其户下一应杂泛差役二年。有司官吏里老人等并要加意抚恤,不许以公私债负需索扰害,致其失所。其房屋田地,复业之日,悉令退还,不许占据,违者治罪。

---

[1]《明英宗实录》卷二七。

一、逃民遗下田地，见在之民或有耕种者，先因州县官吏里老人等，不验所耕多寡，一概逼令全纳逃民粮草，以致民不敢耕，田地荒芜。今后逃户田地，听有力之家尽力耕种，免纳粮草。

一、逃民既皆因贫困不得已流移外境，其户下税粮，有司不恤民难，责令见在 里老亲邻人等代纳，其见在之民被累艰苦以致逃走者众。今后逃民遗下该纳粮草，有司即据实申报上司，暂与停征，不许逼令见在人民包纳。若逃民已于各处附籍，明有下落者，即将本户粮草除豁。违者处以重罪。①

抚民官的派出，目的本在抚辑流亡。可是恰和实际情形相反，恤民之官累设而流亡愈多②，他们不但不能安抚，反加剥削，纵容吏胥里老人等生事扰害。③正统十年从张骥言，取回济南等府抚民通判等官。④一面又于陈州增设抚民知州，令负责招抚⑤，又置山东东昌府濮州同知、直隶凤阳府颍州府亳县县丞各一员，专管收籍逃户。⑥专负抚民的，河南山西巡抚于谦则抚定山东、山西、陕西等处逃民七万余户，居相近者另立乡都里，星散者就地安插。⑦可是不到一年，又复逃徙，同书卷一四六正统十一年十月乙巳条：

> 河南左布政使饶礼奏："外境逃民占河南者，近遇水旱，又复转徙，甚者聚党为非。"

另一面则虽设官招抚，逃民亦不肯复业。例如景泰三年（1452）五月敕巡抚河南左副都御史王暹所言："河南流民，虽常招抚，未见有复业者。"⑧

---

① 《明英宗实录》卷六六。
② 《明英宗实录》卷八二。
③ 《明英宗实录》卷六六。
④ 《明英宗实录》卷一三三。
⑤ 《明英宗实录》卷一三二。
⑥ 《明英宗实录》卷一三五。
⑦ 《明英宗实录》卷一三四。
⑧ 《明英宗实录》卷二一六。

虽然有黄册，有逃户周知册，可是都只是官样文章，簿上的数目和实际上完全不符。由此发生两种现象，第一是户口和土地的减少，第二是分配不均的尖锐化。成化中（1465—1487）刘大夏上疏言：

> 今四方民穷则竭，逃亡过半。版籍所载，十去四五。今为之计，必须痛减征敛之繁，慎重守令之选，使逃民复业，人户充实，庶几军士可充，营伍可实。①

从户口方面看，王世贞《弇山堂别集》卷十八户口登耗之异条：

> 国家户口登耗之异，有绝不可信者，如洪武十四年（1381）天下承元之乱，杀戮流窜，不减隋氏之末，而户尚有一千六百五十万四千三百六十二，口五千九百八十七万三千三百五。其后休养生息者二十余年，至三十五年（建文四年，1402），而户一千六十二万六千七百七十九，口五千六百三十万一千二十六。计户减二万二千五百八十三，口减三百五十七万二千二百七十九，何也？其明年为永乐元年，则户一千一百四十一万九千八百二十九，口六千六百五十九万八千三百三十七。夫是时靖难之师，连岁不息，长淮以北，鞠为草莽，而户骤增至七十八万九千五十余，口骤增至一千二十九万七千三百十一，又何也？明年户复为九百六十八万五千二十，口复为五千九十五万四百七十，比之三十五年，户却减九十四万一千七百五十九，口减五百三十五万五百五十六，又何也？……自是休养生息者六十年。而为天顺七年，户仅九百三十八万五千一十二，口仅五千六百三十七万二百五十，比于旧有耗而无登者何也？然不一年而户为九百一十万七千二百五，减二十七万七千八百七十二，口为六千四十七万九千三百三十，增四百一十二万九千八十，其户口登耗之相反，又何也？成化中户不甚悬绝，二十二年（1486）而口至六千五百四十四万二千六百八十，此盛之极也。二十三年而仅

---

① 《刘忠宣公遗集》卷一，《处置军伍疏》。

五千二十万七千一百三十四，一年之间而减一千五百二十三万五千五百四十六，又何也？……然则有司之造册，与户部之稽查，皆儿戏耳。

实际上这数目突升突降的古怪，倒并不是儿戏，只是一种虚伪的造作。洪武十四年的户口数，也许是实际上经过调查，永乐元年的数字，只是臣下故意假造，去博得皇帝高兴的趋奉行为。以后流亡渐多，原额十去四五，册籍只是具文，州县官臆度造报，中央也就假装不知道。以此忽升忽降，竟和实际情形毫不相干。在田土数目方面也是同样的可怪，洪武二十六年（1393）时核天下水田，总八百五十万七千六百二十三顷，到弘治十五年（1502）天下土田止剩四百二十三万八千五十八顷，一百零九年间，天下额田已减强半。①户口和土田日渐消减，当然有其他种种原因，不过，农民的逃亡却是一个最重要的因素。逃亡的情形因政治的腐败而更加速度发展，登记人口和土田的黄册制度由之破坏，使农民和土地不相联系。这影响，一方面，慢慢的，统治阶级的基础因之日益动摇；一方面治安不能维持，农民叛乱接踵而起。在反面，逃民此往彼来，被抛弃的土地为地主所兼并，农民却跑到另一地带去和人争地。土地分配因之愈加不均，地主和贫农的关系也愈趋恶化。在这情形下，从天顺到正德爆发了几次空前的农民叛乱。

作者附识：这原是我预备要写的《明代的农民》一文中的一段札记。因为篇幅的限制，材料未及全盘整理，行文系统未能如意。凌乱破碎之讥，自知不免。阅者谅之。

十月三日

（原载天津《益世报·史学》第十二、十三期，1935年10月1日、15日）

---

① 《明史》卷七七，《食货志》一。

明代汉族之发展

明初八十年中（西元1368至1448）汉族的发展，可以分作三方面：第一是西南边区，第二是南洋群岛，第三是东北边区的开拓。

明太祖建国以后，蒙古人残留在国内的势力有云南的梁王和东北的纳哈出。到洪武四年（西元1371）消灭了割据四川的夏国（明昇）以后，便立刻着手解决这两个边区，以洪武五年到八年先后派出使臣王祎和吴云到云南招降，都被梁王所杀。到洪武十四年便决意用武力平定，派出傅友德、蓝玉、沐英三将军分两路进攻。这时云南在政治和地理上分作三个系统，第一是直属于蒙古政府以昆明为中心的梁王，第二是在政治上隶属于蒙古政府以大理为中心的土酋段氏。以上所属的地域都被分作路府州县。第三是在上述两系统底下和南部（今思普一带）的非汉族诸部族，就是明代人叫作土司的地域。在这三系统中汉化程度以第一为最深，第二次之，第三最浅或竟未汉化。现在贵州的西部在元代属于云南行省。其东部则另设八番顺元诸军民宣慰使司管理罗罗及苗族土司。元至正二十四年（西元1364）明太祖平定湖南湖北，和湖南接界的贵州土人头目思南（今思南县）宣慰和思州（今思县）宣抚先后降附。到洪武四年平夏后，四川全境都入明版图，和四川接境的贵州其他土司大起恐慌，贵州宣慰和普定府总管即于第二年自动归附。明太祖对待这些土司的办法，也仿照前代成例，仍用其原来头目管理，分别给以土官衔号（宣慰司、宣抚司、招讨司、安抚司、长官司），或设土府州县，即以其酋长充任。这些官都是世袭的并且有一定的辖地和土民，但其继承必须得中央政府的允许。平时对中央政府缴纳少数名义上的赋税，在战时政府如有征调则必须服从。明代中叶对外战争如倭寇建州诸役，湖南、四川、广西各地的土司都曾出了很大的气力，调出最好的士兵，为国家作战。总括地说，土司和中央政府的关系，在土司方面是借中央所给予的地位和权威，来镇慑部下百姓，在中央方面则用爵赏政策牢笼土司，使其约束土民，维持地方安宁，可以说是互相为用的。贵州的土司大部分已经投顺明朝，云南在东北两面便失去屏蔽，明兵便从这两面进攻。一路由四川南下取乌撒（今云南镇雄、贵州威宁等地），这地方是四川、云南、贵州三省的接壤处，恰似犬牙突入，在军事上可以和在昆明的梁王主力军呼应，并且是罗罗族领域的中心。一路由湖南向西取普定（今贵州安顺），进攻昆明。以明军动员那天算起，不过一百多天的工夫，明东路军便已直抵昆明，梁王兵败自杀。明兵再回师和北路军会攻乌撒，把蒙古军消灭了，附近东川（今云南会泽）、乌蒙（今云南昭通）、芒部（今云南镇雄）诸罗罗族都望风降伏。昆明附近诸路也大都以次归顺。洪武十五年正月置贵州都指挥使司和云南都指挥使司，树立了军事统治的中心。二月又置云南布政司，树立了政治的中心。布置一定，又再向西进攻大理，经略西北和西南部诸地，招降麽些、罗罗、扑剌、僰诸族。又分兵南下，以次勘定各土司。分云南为五十二府，六十二州，五十四县，在要害处所设兵置卫。云南边外的缅国和八百媳妇（今暹罗地）都遣使内附，置缅中、缅甸和老挝（今暹罗）、八百诸宣慰司。又令沐英以西平侯（后来进封为黔国公）世守云南。沐家世代都有政治上和军事上的人才，他们竭力输入汉族文化，兴学校，修水利，垦荒地，经过三百年的经营，人文渐盛，到建州入关后，云南竟成为明朝最后一个皇帝（永历帝）的抗战根据地了。在贵州方面，到永乐初年思南和思州两土司因争地自相仇杀，永乐十一年（西元1413）才分贵州为八府四州，设贵州布政使司，以长官司七十五分隶之，在系统上属于户部，都指挥使司领十八卫及七长官司，直隶于兵部。从此贵州也成为内地了。

云贵内属后，中国和安南的关系更加密切。安南东北和广西，西北和云南接壤。洪武元年定两广后，安南王陈日煃即遣使臣进贡纳款，受册封为安南国国王。数传后为国相黎季犛所篡,改国号为大虞,自改姓名为胡一元,子苍改名奃,自称太上皇,以子奃为皇帝。对明朝则诈称陈氏已绝,奃为陈氏外甥,请以奃权署安南国事。明成祖不知是诈,就派使册封为王。可是黎氏父子在国内仍自称帝,并且出兵侵夺广西和云南边境土司的土地。直到永乐二年(西元1404)八月老挝宣慰使派人护送逃亡到老挝来的前安南王孙陈天平到京后,明朝才知黎氏篡逆的情形,立刻遣使责问。黎季犛在表面上非常恭顺,不但派使臣来谢罪,并请求陈天平回国。明成祖高兴极了,派了使臣和几个将军带五千兵护送陈天平回去,不料黎季犛却伏兵在中途,把陈天平和护送的使臣都杀了。明成祖大怒,永乐四年七月派朱能、沐晟、张辅等二十五将军分出云南、广西讨伐安南。朱能在军中病殁,张辅代为统帅。入安南境后,即宣告黎氏罪状和出兵复立陈氏之意。明朝出兵本来名正言顺,得了安南百姓的同情,并且士马精壮,连战都捷,势如破竹。五年大败安南军,获黎季犛父子,安南平。时陈氏子孙已绝,安南人自动请求改为郡县,于是置交趾布政司和都指挥使司按察司,分交趾为十七府,四十七州,一百五十七县。用中国官吏治理,同于内地。一年后,陈氏遗臣简定反,自称日南王,后来又立陈季扩为大越皇帝,自称上皇,声势很是浩大。明成祖再派张辅出兵,擒了简定,招降陈季扩以为交趾右布政使。季扩反复不听命,永乐九年第三次派张辅出征,到十二年才擒获陈季扩,交趾再度平定。明成祖这时感觉到单用武力镇压是不够的,又添设交趾府州县的"儒学"和"医学",努力输入汉族文化。布置稍定,便召张辅回京。不料张辅一走,交趾黎利又反。原来从明成祖即位以后,立下一个惯例,大将出征或戍守必置中官(太监)监军,中官是皇帝的近侍,势力大,这时交趾的监军中官叫马骐,性贪而又残忍,引起交趾人民的痛恨,黎利乘机起事,势力愈来愈大,从永乐十六年到宣德三年(西元1418至1428)明朝始终不能平定。宣德三年七月明兵大败,统帅战死,明宣宗不得已只好放弃交趾,撤退所有的机关和官吏。从此安南又复独立，对中国却仍保持属国关系，按时派使朝贡。

和三征安南同时并行的开拓事业，有郑和的七下西洋。现在的南洋在元明间，叫作东洋和西洋。远在纪元前二世纪，中国和南洋已有交通。以后一千几百年中，中国的商人航海去买卖货物，僧侣去留学求经，外交使臣去封王赏赐，和南洋列国的使臣、僧侣、商人的不断到中国来，两方面的关系已经非常密切。中国商人至迟在唐朝已有侨住南洋生长子孙的。据元人和明初人的记载，当时南洋各地都已有大量的汉人在经营各种事业，势力很大。到明成祖永乐三年（西元1405）为着要耀武海外，和追踪被疑心为逃亡在海外的建文帝，派遣太监郑和率领了六十二条大舶和二万八千名将士，出使南洋。所到的地方宣示皇帝的恩意，赏赐当地君长以种种名贵的物品，谕他们称臣入贡，同时输出中国土产，买进南洋特产。总计郑和在二十八年中（西元1405至1432）前后远征南洋七次，每次的使命都博得伟大的成功。内中最可注意的是第一次远征，肃清苏门答剌的海盗，设置旧港（今巴林旁，在苏门答剌岛上）宣慰使司。成立了第一个海外殖民地的管理机关。第二次远征的俘获锡兰国王，和第三次远征的擒获苏门答剌王子，归国献俘，使大明国威震耀海外。七次远征队所到的地方，除遍历南洋群岛以外，并且还到过非洲的东岸。海外的侨民有强盛的祖国作后盾，移殖的人数日渐加多。事业也愈益发展，南洋群岛的富源因华侨而开辟，交通因华侨而发达，文化因华侨而提高。假如明朝再继续经营下去，也许在欧洲人未东来以前，南洋群岛已成为中国的郡县了。可惜明宣宗死后，政府不再注意南洋。正德以后又因倭寇掠沿海，采取锁国政策，禁止人民出海，这是我国海外移民事业的一大打击。但人民仍有冒险犯禁，秘密出海的。反之，中国的政治势力从南洋退缩，欧洲人则向南洋前进。从西元1516年葡萄牙人东来起，欧洲的商人拿着枪炮，教士捧着圣经，在政府的竭力鼓励之下，源源不绝地到东方来，几十年中就把华侨的势力压下去，霸住了整个的南洋群岛，作为他们的殖民地，从此汉族向南发展的道路完全被阻了。

在西北及东北方面明初也有很大的发展，元顺帝退回蒙古以后，仍拥有极大的土地和实力，西北方面有王保保的大军不断向明朝进攻，东北则有雄踞金山（在开原西北二百五十里，辽河北岸）的纳哈出，养兵蓄马，等候机会南下。辽阳、沈阳、开原一带也都有蒙古军屯聚。洪武四年（西元1371）二月原辽阳守将刘益降后，即置辽东卫指挥使司，七月又置辽东都指挥使司，总辖辽东军马，逐渐地把辽、沈、开原等地征服。同时又从河北、山西、陕西各地几次分兵大举深入蒙古，击败王保保的主力军，到洪武八年王保保死后，蒙古西路和中路的军队日渐困敝，不敢再深入内地侵掠。明太祖乘机以次经营甘肃、宁夏一带，更进一步招抚西部各羌族和回族部落，给以土司名义或王号，使其分化，不能入寇中国，同时也利用他们来阻挡蒙古人的南下。在长城以北今内蒙地方则就各要害地点设置军事中心，逐渐把蒙古人赶往漠北，不使近塞。西北的问题解决后，再转过来对付东北。洪武二十年（西元1387）命冯胜、傅友德、蓝玉等将军率兵北征纳哈出，大军出长城松亭关，筑大宁、宽河、会州、富峪（均在今热河境）四城，留兵屯守，切断纳哈出和蒙古中路军的呼应，再东向用主力进逼金山，纳哈出孤军无援，只好出降，辽东全定。到洪武二十三年蒙古主脱古思帖木儿被弑，部属分散，以后篡乱相继，势力日衰，明朝北边的边防也因之博得一个短时期的安宁。明太祖在这时候便努力经营东北，一方面封子韩王于开原，宁王于大宁（今热河），以控扼辽河之首尾，又封子辽王于广宁（今辽宁北镇），以阻止蒙古及女真之内犯。另一面采分化政策，把辽河以东诸女真部族分为若干卫所，个别地给其酋长以名义并指定住地，使其不能团结为患。女真这一部族原是金人的后裔，分为建州、海西、野人三种。到明成祖即位后，越发遣使四出招抚女真部族，拓地至今黑龙江口，继续设置卫所，连太祖时代所设的共百八十四卫。置奴儿干都司以统之。现在的俄领库页岛和东海滨省都是当时奴儿干都司的辖地。

这些卫所的长官都以原来的酋长充任,许其世袭,并且给以玺书作为允许进贡和互市的凭证。诸卫中以建州卫为最强,建州卫后来又分出左卫和右卫,合称建州三卫。他们的原住地在今朝鲜境内东北部,因朝鲜之凌逼逐渐向西北移徙,和辽东接境,因之渐受汉化。

上文曾说明十六世纪初期因倭寇侵掠沿海,堵住汉族向南发展的路径。在北边也是一样,被蒙古部族所侵扰,明朝用了很大的力量,才能以长城为边界,保住内地。明代人所谓"南倭"和"北虏",可说是汉族向外发展的两大阻力。原来在十五世纪的前期,蒙古瓦剌部兴起。在公元1449年瓦剌把明英宗所亲自统率的大军击败,把明英宗掳去,从此以后明朝不能不用大部分的兵力守住长城,防御蒙古人。正德以后倭患越发厉害,到嘉靖后期(西元1542至1566)北有蒙古别部鞑靼,东南有倭寇,三面都受攻击,明朝用全力抵御,才能幸保无事。可是往外发展的道路却全被堵断了,在这种情形下只好掉过头来充实内部,明代汉族的发展于此转变到第二个阶段"改土归流"。

所谓"改土归流",土是土官,即上文所说过的土司,用世袭的土官按土俗治理。流是流官,即非世袭的,由中央政府任免的普通官吏。"改土归流"的意思就是革去土司,用流官照汉法治理。在文化上可以说是加强汉化,在政治上可以说是各非汉族部族直接收归中央治理。

大概地说来,明代西南部非汉族各族的分布,在湖南、四川、贵州三省接壤处是苗族活动的中心,向南发展到了贵州。广西则是傜族(在东部)和僮族(在西部)的根据地。四川、贵州、云南三省接壤处是罗罗族活动的中心。四川西部和云南西北部则有麼些族,云南南部有僰族(即摆夷)。

在上述各区域中除纯粹由土官治理的土司以外,还有一种参用流官的制度,大致以土官为主官,另外派遣流官去帮他治理地方,使之逐渐汉化。相反的在设立流官的州县,境内却有不同部族的土司存在。从此不但在同一布政司治下,有流官的州县,有土官的土司,有土流合治的州县;

即在同一流官治理的州县内，也有汉人和非汉人杂居的情形。中央政府对付这些部族的政策，在极边区域，只要他们秉承朝命，治民合理，和汉人相安无事，便叫其世世相承，不加干涉。在内地则采逐渐同化政策，如派遣流官助治，和开设学校，选派土人子弟到京师国子监读书等等。这政策的合理和宽大是无可非议的。可是明代中期以后却时时发生土汉的战争，内中尤以成化元年（西元1465）到嘉靖十八年（西元1539）的三次平定广西浔州大藤峡徭，用兵数十万，前后历时七十几年，万历十七年到二十八年（西元1589至1600）的平定播州（今四川和贵州交界）杨应龙，天启元年到崇祯二年（西元1621至1629）的平定贵州水西罗罗族巨酋奢安西族，三役为最著名。土汉战争所以引起的原因，大约不外四种，第一是有地方官吏贪功好杀，虐待土民，引起土司的反抗。第二是土司常因继承问题（土人女子亦有继承权，夫死无子妻可以代袭。又土司多妻，嫡庶子易引起争袭问题，女土司和族人亦易引起纠纷）和土司间的土地争夺发生战争，不受当地官吏制裁，往往由中央政府出兵平定。第三是政府对土司采放任政策，有的势力强大的土司，联合诸部，企图独立，和中央对抗。第四是汉人和土人因经济利益而引起的冲突，例如土人土地之被汉人开垦，商业之被汉人操纵等等。结果汉族自然占了胜利，战败的土司被消灭，所治理的人民和土地便由中央政府派官治理，这是改土归流的第一种方法。第二种是有的土司深受汉化或感受他族逼胁，自动请求改设流官。第三种是土官绝后，无人继承，政府因而改流。在这三种方法下，陆续地把各部族中的重要土司改为流官，设置州县，再以这些州县为根据，去同化其他邻近的土司。这运动到清代前期又继续进行，州县的设置愈多，土司的数目便越少。现在虽然在四川、湖南、贵州、广西、云南五省内还有少数的土司存在，大概不久后也将完全同化于汉族了。

（原载《中央日报·史学》第二十三期，1939年5月30日）

明代之粮长及其他

第一　明代米价

刘辰《国初事迹》："市俗以铜钱一十二文易米一升，一百二十文易米一斗，一千二百文易米一石。"叶盛《水东日记》卷十一《洪武四年闰三月王轸父家书》："浙西米价极廉，白者十文一升，可见太平之时矣。"轸，德清人，其父家书全文见沈节甫《纪录汇编》：此洪武前期之米价也。《明太祖实录》卷一七六："洪武十八年十二月己丑，命户部凡天下有司官禄米，以钞代给之：每钞二贯五百文代米一石。"则以钞价低落，故钞数较钱数为多也。《明史·食货志》："洪武三十年定通赋折色，银一两折米四石。"

《明英宗实录》卷五一："正统四年二月甲戌，山东按察司金事薛瑄奏云，山东每银一两买米五石。"（至六年用兵麓川，转运劳费。军前米一石至费银四两。卷七十六："六年二月辛巳，麓川寇叛，道路险隘，挽运艰苦，米一石易银四两。"）卷六一："四年十一月乙巳，巡御宣府大同右佥都御史卢睿奏，山西上年拨送折粮银一十万两，每银一两准粮四石。今宣府米价腾踊，请每银一两准二石五斗。从之。"卷六三："五年正月辛酉，行在翰林院修撰邵弘誉言，比年辽东边境丰稔，银一两买米六石至十石。"卷八二："八年九月癸卯，南京守备丰城侯李贤、户部右侍郎张凤奏，南京米价腾踊。军民艰食，发锦衣等卫仓粮以济之，计粮八十万石，得银二十一万七千两，差官解京。"仍合银一两米四石。此土木之变以前之米价也。

郎瑛《七修类稿》卷五："嘉靖乙巳（公元1545）天下十荒八九，吾浙百物腾踊，米石一两五钱。时疫大行，饿莩横道。"

天启时吴中饥，守吏责饷急，米价突涨，叶绍袁《启祯记闻录》卷一："天启五年，是岁吴中饥荒，而国储告匮，责饷东南甚急。新漕院奉旨催粮甚峻，提责金坛管粮县丞三十板，立毙杖下，次及各县粮衙，俱欲提责，太尊寇慎亲下仓征比，吴中大为驿骚，米价顿加至每一石一两二钱，盖自此始，从前所未有也。小民甚以为骇，从渐习而安之矣。"

崇祯末年兵灾、天灾交至并作，米价遂成倍的上涨，《明史·左懋第传》："十四年督催漕运，道中驰疏言：'臣自静海抵临清，见人民饥死者三，疫死者三，为盗者四。米石银二十四两，人死取以食，惟圣明垂念。'……又言：'臣去冬抵宿迁，见督漕臣史可法言，山东米石二十两，而河南乃至百五十两'。"黄宗羲《吾悔集》卷四《熊公雨殷行状》："崇祯辛巳（十四年）江南荒疫，人死且半，米价（石）四两有余。"叶绍袁《启祯记闻录》卷二："崇祯十年……米价向来腾踊，冬粟每石一两二钱，白粟一两一钱，此荒岁之价，而吴民习为常矣……十三年，旧岁苏松皆有秋，今春二麦亦登，夏间禾稼盈畴，非荒岁也。只以邻郡水旱，客米不至，米价加至每石一两六钱，未几一两八钱，民心惶惶。七月中冬粟加每石二两之外，真异事也。崇祯十四年正月糙粟每石二两二钱，冬粟二两五钱。是岁田禾，夏苦亢旱，至秋复蝗，大约所收不及十之三四，十月中糙米价至二两八钱，白粟三两之外，凡中人之家，皆艰于食，吴中向推饶丽，今则饿莩在途，豆谷糠秕，皆以为食，贫民皆面无人色。十五年米值至每升九十文有零，人相食。"袁绍苏州人。

第二　小地主之生活

艾南英《天慵子集》卷三《历年租借序》："天启改元辛酉（公元1621）乃借吾父所授产，通计一百十七亩，亩以一石计，自佃与佃人之所入，借而记之。至壬申（公元1632）乃增岁入十之一……食指五十余口，取给于百十七亩之入。每岁至十一月初，则告籴请贷，富人拒者半。而自戊辰至辛未（公元1628至1631）谷价腾踊，苦甚于昔。"南英字千子，江西东乡人。

第三 佃户

黄溥《闲中今古录》："黄岩风俗，贵贱等分甚严。若农家种富室之田，名曰佃户，见田主不敢施揖，俟其过而后行。（方）谷珍父为佃户，过于恭主。谷珍兄弟四人，既长，谷珍谓父曰：田主亦人尔，何恭如此！父曰：我养赡汝等，由田主之田也，何可不恭！谷珍不悦。父卒；兄弟戮力，家遂渐裕，酿酒以伺田主之索租……（因杀之而反）。"《明史·方国珍传》记国珍世以贩盐浮海为业，以"怨家告其通寇"，因杀怨家入海反，所记与此不同。

杨维桢《东维子文集》卷二《代冯县尹送司农丞杭公还京序》："浙地官民田土，夙有成籍，然仰人租额，岁为地主有增无减，阡陌日荒，庄佃日贫，至于今盖穷极无所措手足矣。"《明太祖实录》卷六十八："洪武四年十月甲辰，中书省奏公侯佃户名籍之数，六国公二十八侯，凡三万八千一百九十四户。"卷七三："五年五月，诏佃见佃主，不论齿序，并如少事长之礼。若在亲属，不拘佃主，则以亲属之礼行之。"《英宗实录》卷五："宣德十年五月乙未，行在刑科给事中年富言：江南小民，佃富人之田，岁输其租。今诏免灾伤税粮，所蠲特及富室，而小民输租如故。乞特命被灾之处，富人田租如例蠲免。从之。"

第四 粮长

《明太祖实录》卷六八："洪武四年九月丁丑，上以郡县吏每遇征收赋税,辄侵渔于民,乃命户部令有司料民土田,以万石为率,其中田土多者为粮长,督其乡之赋税。且谓廷臣曰:此以良民治良民,必无侵渔之患矣。"于每粮万石中,选其田土多者为粮长,洪武六年九月又于粮长下设知数、斗级、运粮夫以佐之,《实录》卷八五:"辛丑,诏松江、苏州等府,于旧定粮长下,各设知数一人,斗级二十人,送粮夫千人,俾每岁运纳,不致烦民。"并特令粮长有犯,许纳钞赎罪。《实录》卷一○二:"洪武八年十二月癸巳,上谕御史台臣曰:比设粮长,令其掌收民租,以总输纳,免有司科扰之弊,于民甚便。自今粮长有杂犯死罪及徒流者,止杖之,免其输作,使仍掌税粮。御史台臣言,粮长有犯许纳钞赎罪。制可。"洪武三十年又改设正副粮长,《实录》卷二五四:"七月乙亥,命户部下郡县更置粮长,每区设正副粮长三名,以区内丁粮多者为之。编定次序,轮流应役,周而复始。"《明史·食货志二·赋役》:"粮长者,太祖时,令田多者为之,督其乡赋税。岁七月,州县委官偕诣京,领勘合以行。粮万石,长、副各一人,输以时至,得召见,语合辄蒙擢用。末年更定,每区正、副二名轮充。宣德间,复永充。科敛横溢,民受其害,或私卖官粮以牟利。其罢者,亏损公赋,事觉,至殒身丧家。"英宗时又改永充为轮役,《英宗实录》卷九五:"正统七年八月辛丑,命苏、松、常、嘉、湖、杭六府粮长,岁一更之,从监察御史柳寻奏也。"《明史·食货志二》:"景泰中草粮长,未几又复。自官军兑运,粮长不复输京师,在州里间颇滋害。"嘉靖二年"谕德顾鼎臣条上钱粮积弊四事:一曰催办岁征钱粮:成、弘以前,里甲催征,粮户上纳,粮长收解,州县监收。粮长不敢多收斛面,粮户不敢搀杂水谷糠秕,兑粮官军不敢阻难多索,公私两便。近者,有司不复比较经催里甲负粮人户,但立限敲扑粮长,令下乡催征。豪强者则大斛倍收,多方索取,所至鸡犬为空。孱弱者为势豪所凌,耽延欺赖,不免变产补纳。至或旧役侵欠,责偿新佥,一人逋负,株连亲属,无辜之民死于笞楚囹圄者几数百人。且往时,每区粮长不过正、副二名，近多至十人以上。其实收掌管粮之数少，而科敛打点使用年例之数多。州县一年之间，辄破中人百家之产，害莫大焉。宜令户部议定事例，转行所司，审编粮长，务遵旧规。如州县官多全粮长，纵容下乡，及不委里甲催办，辄酷刑限比粮长者，罪之，致人命多死者，以故勘论"。"疏下，户部言：'所陈俱切时弊，令所司举行。'迁延数载如故。"以上有明一代粮长制之沿革也。

粮长制之设，宋景濂曾原其立法之意为之说，《朝京稿》卷五《上海夏君新圹铭》："国朝有天下，患吏之病细民，公卿建议以为吏他郡人，与民情不孚，又多蔽于黠胥宿豪，民受其病固无怪。莫若立巨室之见信于民者为长，使主细民土田之税，而转输于官。于是以巨室为粮长，大者督粮万石，小者数千石。制定而弊复生，以法绳之，卒莫能禁。"吴宽《匏翁家藏稿》卷五二《恭题粮长敕谕》则以为粮长之制特重于东南，至颁以重其事："昔在高皇帝初定天下，以苏、松等府粮饷所资，择产厚之民，俾理其事，号曰粮长，每岁将征敛例赴阙下，而听宣谕而还。自鼎迁于北，累朝恪遵其制，率下敕词于南京户部，人给一道。"太祖所谓田土多者，景濂所谓巨室，匏翁所谓产厚之民，以今名释之，即大地主也。平居鱼肉兼并之不足，一旦假以事权，责之收纳，如虎傅翼，其恶乃愈肆，驯至富者愈富，贫者愈贫，而民生乃不可问。其弊胎于立法之际，炽于犯罪许赎之时，而极于永充之日。至中叶以后，朝政不纲，任役者家业立碎，则巨室产厚者又以贿去其籍，贫难下户一被佥发，率举室逃散，视为畏途矣。此制为明太祖所亲定，顾不廿年而弊端百出，太祖虽悔之而不能改，则以其立国之基，固凭借于厚产之巨室也。其弊之见于官书者，如太祖所亲颁之《大诰续诰》第二十一：

嘉定县校长金仲芳等三名，巧立名色（虐民）凡一十有八：一定舡钱　一包纳运头米　一临运钱　一造册钱　一车脚钱　一使用钱　一络麻钱　一铁炭钱　一申明旌善亭钱　一修理

仓廒钱　　一点舡钱　　一馆驿房舍钱　　一供状户口钱　　一认役钱　　一黄粮钱　　一修墩钱　　一盐票钱　　一出曲子钱

同书第四十七：

粮长郝阿乃起立名色，科扰粮户。其扰民之计，立名曰舡水脚米，斛面米，装粮饭米，车脚钱，脱夫米，造册钱，粮局知房钱，看米样中米，灯油钱，运黄粮脱夫米，均需钱，棕软篾钱一十二色，通计敛米三万二千石，钞一万一千一百贯，正米止该一万，便做加五收受，尚余二万二千石，钞一万一千一百贯。民无了纳者，以房屋准之者有之，揭屋瓦准者有之，变卖牲口准者有之，衣服段匹布帛之类准者亦有之，其锅灶、水车、农具尽皆准折。

宣宗时，南京监察御史李安上言粮长苛征之害，《宣宗实录》卷七四：

宣德五年闰十二月壬寅，南京监察御史李安言：各处粮长皆殷实之家以承充之，故习于豪横，威制小民，妄意征求，有折收金银段匹者，有每石征二三石者，有准折子女、畜产者；任情费用，或纵恣酒色，或辗转贩卖。营私有余，输官不足，稽其递年税粮完者无几。宜禁革以便民，命行在户部计议施行。

江西耆民则陈诉永充粮长之怙势害民，《宣宗实录》卷七四：

宣德五年闰十二月庚戌，江西庐陵、吉水二县耆民建言：永充粮长怙势害民，如征夏税，一图不及一石，而甲首十人各科棉布一匹，又折使用棉布五匹，至二十倍有余。若征收秋粮，每石加倍以上，又征用绵布十五匹。复以官府支费为名，每甲首一人别科银二两。甚至在乡强占灌田陂塘，阻遏水利，民多怨苦。皆因永充之故。

监察御史张政又痛陈粮长之作奸犯科，《宣宗实录》卷七八：

宣德六年四月癸亥，监察御史张政言：洪武间设粮长专办税粮。近见浙江嘉、湖、直隶、苏、松等府粮长，兼预有司诸务，徭役则纵富役贫，科征则以一取十，词讼则颠倒是非，粮税则征敛无度，甚至役使善良，奴视里甲，作奸犯科，民受其害，乞为禁治。命行在户部禁约。

仁、宣两代在明代号为极盛，吏治修明，民生乐业，史家多艳称之，顾粮长之弊，乃与续诰所言无异，甚且过之。小民困不聊生。国库输纳不足，损民蠹国，而粮长乃愈肥，大地主乃愈大。英宗时常熟知县郭南言粮长奸敝，负欠税粮《英宗实录》卷五：

> 宣德十年五月辛卯，直隶苏州府常熟县知县郭南奏：各州县佥替粮长，多不循公，致奸弊不一，负欠税粮。乞遇佥替时，令州县官选丁多殷实为众所服者充投，仍具姓名，申达上司。奏下行在户部，请如其言，从之。

次年江南县民复奏粮长违诏科征，巧立名色，以致小民逋欠，《英宗实录》卷一四：

> 正统元年二月丁未，应天府江宁县民奏：本县抛荒官田，令民佃种，已有诏例准民田起科，而粮长不遵，一依官田全征，民受其害。又巧立过乡名色，每年夏税秋粮索取麦稻，以致小民逋欠。奏下行在户部，覆奏令巡抚侍郎体实具闻，以凭究问。上恐累及平人，但令移交禁止之。

驯至剖理词讼，屈抑无辜，正统十一年特诏禁止，《英宗实录》卷一四一：

> 正统十一年五月甲戌，湖广布政使萧宽奏：近年民间户婚、田土、斗殴等讼，多以粮长剖理，甚至贪财坏法，是非莫辨，屈抑无辜。乞严加禁约，今后不许粮长理讼。从之。

黄省曾《吴风录》记粮长之兼并，及与地方官勾结之情形云：

> 自郭令信任巨万富粮长，纳其赃贿千万，以至粮长倍收人户，吞并乡民，莫之控诉，而粮长自用官银买田、造宅、置妾，百费则又开坐于小户，谬言其逋。至今粮长虎噬百姓，以奉县官。

政府以巨室为爪牙，巨室复假国家之威灵以遂其鱼肉兼并之计，而蚩蚩小民，乃无复有所告诉。农为民本，国本既穷，国斯不国，此太祖所遗之虐政，亦明室积贫积弱之主因也。

第五　田价

钱泳《履园丛话·旧闻门》云："前明中叶田价甚昂，每亩直五十余两至百两，然亦视其田之肥瘠。崇祯末年，盗贼四起，年谷屡荒，咸以无田为幸，每亩止值银一二两，成田之稍下者，送人亦无有受诺者。至顺治初，良田不过二三两，康熙年间涨至四五两不等，雍正间仍复顺治初价值。至乾隆初年田价渐涨。然余五六岁时，亦不过七八两，上者十余两，今阅五十年，竟亦涨至五十余两矣。"

钱谦益《有学集》卷二七《扬州石塔寺复雷塘田记》："近寺有雷塘田一千二百五十余亩，寺僧开垦作常住田。乃者开荒清丈，寺僧奉甲令估纳价银一千四百五十九两。"

第六　徙民垦田

自元末群雄兵起，至太祖统一区宇，前后历时凡二十年。农民转徙沟壑，田畴芜为蒿莱，旷土沃野，往往皆是。谋国者因议徙狭乡之民于宽乡，使田畴增辟，游民就农，足国富民，二利具举。于是有徙民垦田之举，移南实北，徙狭就宽，前后凡三十年。《明史·食货志》虽略记之，顾不详备，今采《明史·太祖本纪》、《明太祖实录》徙民之文著于篇。

《明太祖实录》卷五三："洪武三年六月丁丑，济南府知府陈修及司农官上言：北方郡县近城之地多荒芜，宜召乡民无田者垦辟，户率十五亩，又给地二亩与之种蔬菜，有余力者不限顷亩，皆免三年租税。其马驿、巡检司、急递铺应役者，各于本处开垦，无牛者官给之。守御军屯远者，亦移近城。若王国所在，近城存留五里，以备练兵牧马，余处悉令开耕。从之。"《明史·太祖本纪》："洪武三年六月辛巳，徙苏州、松江、嘉兴、湖州、杭州民无业者田临濠，给资粮牛种，复三年。四年三月乙巳，徙山后民万七千户屯北平。六月徙山后民三万五千户于内地。又徙沙漠遗民三万二千户屯田北平。"《食货志》谓此举也，"置屯二百五十四，开地千三百四十三顷"。寻"复徙江南民十四万户于凤阳"。《本纪》："九年十一月戊子，徙山西及真定民无产者田凤阳。"《实录》卷一四八："十五年九月，晋府长史致任桂彦良言：中原为天下腹心，号膏腴之地，因人力不至，久致荒芜。近虽令诸军屯种，垦辟未广。莫若于四方地瘠民贫、户口众多之处，令有司募民（移宽乡）开耕。愿应募者资以物力，宽其徭赋，使其乐于趋事。及凡犯罪者亦谪之屯田，使荒闲之田，无不农桑，三五年间，中州富庶，则财用丰足矣。"卷一九三："二十一年八月癸丑，户部郎中刘九皋言：古者狭乡之民，迁于宽乡，盖欲地不失利，民有恒业，今河北诸处，自兵后田多荒芜，居民鲜少。山东西之民，自入国朝，生齿日繁，宜令分丁徙居宽闲之地，开种田亩。如此，则国赋增而民生遂矣。上谕户部侍郎杨靖曰：山东地广，民不必迁，山西民众，宜如其言。于是迁山西泽、潞二州民之无田者，往彰德、真定、临清、归德、太康诸处闲旷之地。令自便置屯耕种，免其赋役三年，仍户给钞二十锭，以备农具。"卷一九六："二十二年四月乙亥朔，命杭、湖、温、台、苏、松诸郡民无田者，许命往淮河迤南滁、和等处就耕。官给钞户三十锭，使备农具，免其赋役三年。上谕户部尚书杨靖曰：朕思两浙民众地狭，故务本者少，而事末者多，苟遇岁歉，民即不给。其移无田者于有田处就耕，庶田不荒芜，民无游食……国家欲使百姓衣食足给，不过因其利而利之，然在处置得宜，毋使有司侵扰之也。"卷一九七："二十二年九月壬申，后军都督朱荣奏：山西贫民徙居大名、广平、东昌三府者,凡给田二万六千七十二顷。"卷二一六:"二十五年二月庚辰,监察御史张式奏徙山东登、莱二府贫民无恒产者五千六百三十五户,就耕于东昌。"卷二三一:"二十七年二月丁酉,迁苏州府崇明县无田民五百余户于昆山开种荒田。时昆山县民上言,其邑田多荒芜,而赋额不蠲,故有是命。"卷二三九:"二十八年七月乙未,山东布政使杨镛奏,青、兖、登、莱、济南五府民五丁以上及小民无田可耕者,起赴东昌,编籍屯种,凡一千五十一户,四千六百六十六口。"综上所记,知太祖一朝之徙垦,初年山东地旷人稀,临濠(凤阳)帝乡,北平则北边重镇地,徙民垦辟,甫十数年而山东西之民生齿日繁。中原(河南北)则以人力不至,久致荒芜,洪武二十年以后始徙民垦辟河南北,二十二年始徙两浙民垦淮南。就宽狭论,则登、莱等五府就近徙东昌,山西泽、潞二府徙彰德、大名等四府,两浙垦淮南,崇明迁昆山,此其大较也。垦田总数及增收田租,仅东昌等三府彰德等四府著于史,《太祖实录》卷二四三:"二十八年十一月戊寅,后军都督佥事朱荣言:东昌等三府屯田,迁民五万八千一百二十四户,租三百二十二万五千九百八十余石,棉花二百四十八万斤。右军都督佥事陈春言:彰德等四府屯田凡三百八十一,屯租二百三十三万三千三百一十九石,棉花五百二万五千五百余斤。"成祖即位后,又徙山西民实北平,《成祖实录》卷十二下:"洪武三十五年九月乙未,命户部遣官核实山西太原、平阳二府泽、潞、辽、沁、汾五州丁多田少及无田之家,分其丁口以实北平各府州县,仍户给钞,使置牛具、种子,五年后征其税。"此洪武朝徙民之尾声也。盖自开国以来,经三十余年之休养生息,经数十次之迁徙垦辟,益以军屯、商屯,生齿日繁,沃土尽辟。成祖而后,盖已不复有事于徙民矣。

第七　户帖

《明史·太祖本纪》："洪武三年十一月辛亥，诏户部置户籍、户帖，岁计登耗以闻，著为令。"按《明史》此条史源，出《明太祖实录》卷五八。《实录》云："洪武三年十一月辛亥，核民数给以户帖。户部制户籍、户帖，各书其户之乡贯、丁口、名、岁，合籍与帖，以字号编为勘合，识以部印，籍藏于部，帖给之民。仍令户部岁计其户口之登耗，类为籍册以进。著为令。"《明史·食货志·户口》："太祖籍天下户口，置户籍、户帖，具书名、岁、居地，籍上户部，帖给之民。有司岁计其登耗以闻。"《明宣宗实录》卷六九："宣德五年八月乙未，兼掌行在户部事兵部尚书张本言：天下人民，国初俱入版籍，给以户帖，父子相承，徭税以定。"则户帖盖洪武十四年编定全国赋役黄册以前之制度，户帖给之民，综户帖而为户籍，藏于户部，合籍与帖，又以字号编为勘合，以便稽校。丁产岁有增减，则又岁计登耗，类册以进也。

按户帖之制，先行于宁国，创行者为宁国知府陈灌，《明史》卷二八一《陈灌传》："创户帖以便稽民。帝取为式，颁行天下。"《宁国府志》记："知府庐陵陈灌作户帖以定版籍，民甚德之。后以其法诏行天下。"其规制则谈迁记之甚详，《枣林杂俎·逸典》："洪武三年十一月辛亥，给民户帖。以户部半印勘合，令有司各户比对，不合者遣戍，隐匿者斩。男女田产备载于后。户部尚书邓德、左侍郎程进诚、侍郎某、员外郎某、主事某各押名，又本州县正、以官知印吏亦押名，部官押名俱刻本州县，押名细书。帖不满二尺。"

王鏊《王文恪公集》卷三五有邢丽文家藏洪武三年定户口勘合帖一文，亦记当时规制。

第八　户口

明制户口以籍为定，《明律》卷四《户》一："凡军、民、驿、灶、医、卜、工、乐诸色人户，并以籍为定。若诈冒脱免、避重就轻者，杖八十；其官司妄准脱免及变乱版籍者，罪同。"《明史·食货志》记洪武二十六年、弘治四年、万历六年三次户口总数，计

时代	户数	口数
洪武二十六年（公元1393）	16 052 870	60 545 812
弘治四年（公元1491）	9 113 446	53 281 158
万历六年（公元1578）	10 621 436	60 692 856

《食货志》因谓："太祖当兵燹之后，户口顾极盛。其后承平日久，反不及焉。靖难兵起，淮以北鞠为茂草，其时民数反增于前。后乃递减，至天顺间为最衰。成、弘继盛，正德以后又减。"周忱推论户口之所以减削，谓一投倚于豪门，二冒匠窜两京，三冒引贾四方，四举家舟居，莫可踪迹。此殆笃论。

顾犹有进者，我国往昔官场，调查呈报，第为文具，下行上报，徒美观瞻，史籍所具数字，根本不可置信。就不可信之数字而推论其增减之由，直空中楼阁耳，试举二例，以实吾说。《明英宗实录》卷二七："正统二年（公元1437）二月辛酉，直隶凤阳府宿州知州王永隆奏：近制各处仓库储蓄及户口、田土，并岁入岁用之数，俱令岁终造册，送行在户部存照。州县惟恐后期，预于八月臆度造册报。且八月至岁终尚有四月，人口岂无消息，费用岂无盈缩，以此数目不清，徒为虚文。请令有司今后岁终造册，期以次年二三月至部，则无臆度之患矣。从之。"由此知正统以前之岁终报部，率由臆度，徒为虚文也。部臣综州县之呈报，汇为户口总数，《实录》据之，编年排列，《明史》复据之以论明代户口升降。永隆所陈虽经报允，而绳以往者官场之颟顸，证以今日官场之等因奉此，则其

效亦可睹矣，今试再以《明实录》所记之洪武二十四年户口总数，与《食货志》所记作一对比，《明太祖实录》卷二一四：

郡县更造赋役黄册成，计

人户 10 684 435

口 56 774 561

地名	户数	口数
直隶十四府四州	1 876 638	10 061 873
浙江布政司	2 282 704	8 661 640
山东布政司	720 282	5 672 543
北平布政司	340 523	1 980 895
河南布政司	330 294	2 106 991
陕西布政司	294 503	2 489 805
山西布政司	593 065	4 413 437
广东布政司	607 241	2 581 719
江西布政司	1 566 613	8 105 610
湖广布政司	739 478	4 091 905
广西布政司	208 047	1 392 248
福建布政司	816 830	3 293 444
四川布政司	232 864	1 567 654
云南布政司	75 690	354 797

各布政司之呈报非不详备也。浙江户多于直隶四十万，而口则少于直隶一百四十万，河南户多于陕西四万，而口则减于陕西三十八万。再与后二年之户口数对比：

洪武二十四年（公元1391）户10 684 435　口56 774 561

洪武二十六年（公元1393）户16 052 860　口60 545 812

则相隔甫二年而户增五百三十三万，口增三百七十七万，约一丁为二户，或一户而仅有半丁，此固事理之不可能，其为臆度报部之成果又无疑也。执此以论明代户口，则尽信书不如无书，执此以论明代户口升降之故，则直是痴人说梦矣。

第九 明初之大地主

明祖起于侧微，定浙东后，礼聘宋濂、刘基、叶琛、章溢四人入幕室，参谋议。四人皆儒生，亦浙东之大地主也。刘、章尤魁杰，聚兵保乡里，一呼万人立集，苗军之变，刘基一言而定处州，章氏父子则以所部兵转战立功。其他各地之巨室输粮助饷，望风投顺以求庇佑者，盖不可以数计。明祖借其力以缔王业，然实深忌之。吴元年平张士诚，以苏民为张氏固守故，徙其富民于濠州①，此盖师秦政故智，所谓强干弱枝者也。建国后又次第徙各地富民实京师。事先经缜密之调查，《明太祖实录》卷四十九：

> 洪武三年二月庚午，先是上问户部，天下民孰富？产孰优？户部臣对曰：以田税之多寡较之，惟浙西多富民巨室。以苏州一府计之，民岁输粮一百石以上至四百石者四百九十户，五百石至千石者五十六户，千石至二千石者六户，二千石至三千八百石者二户，计五百五十四户，岁输粮十五万一百八十四石。

至洪武三十年（公元1397）遂徙东南富民田赢七顷以上者实京师，《明太祖实录》卷二五二：

> 洪武三十年四月癸巳，户部上富民籍名。奏云南、两广、四川不取，籍得浙江等九布政司、直隶应天十八府州田赢七顷者，万四千二百四十一户，列其户名以进。命藏于印绶监，以次召至，量

---

①《明太祖实录》卷二十六。

才用之。

同年八月，又徙山东、河南、淮东富民实京师，《实录》卷二五四：

> 戊申，吏部尚书杜泽言：富民既名登天府，宜依次取用。上命先取山东、河南、淮东者至京选用之。

选用富民事别详下文。洪武、永乐二代之迁徙富民，亦详见《明史·食货志》：

> （太祖）惩元末豪强侮贫弱，立法多右贫抑富。尝命户部籍浙江等九布政司、应天十八府州富民万四千三百余户，以次召见，徙其家以实京师，谓之富户。成祖时，复选应天、浙江富民三千户，充北京宛、大二县厢长，附籍京师，仍应本籍徭役。供给日久，贫乏逃窜，辄选其本籍殷实户佥补。宣德间定制，逃者发边充军，官司邻里有隐匿者俱坐罪。弘治五年，始免解在逃富户，每户征银三两，与厢民助役，嘉靖中减为二两，以充边饷。太祖立法之意，本仿汉徙富民实关中之制，其后事久弊生，遂为厉阶。

被徙者率破家，至贫困不能自存，《明史》卷一六一《黄润玉传》：

> 黄润玉，字孟清，鄞人。永乐初，徙南方富民实北京，润玉请代父行，官少之。对曰："父去，日益老，儿去，日益长。"官异其言，许之。

《明英宗实录》卷九：

> 宣德十年九月庚午，免得胜关富户原籍户丁徭役。时耆民翟原奏：本关富户王永保等一千四百五十七户，俱系各布政司府州县取来填实京师，岁久贫乏，乞免原籍户丁徭役供给。奏下行在户部，议免二丁，从之。

其被徙实凤阳者，以潜回原籍有禁，率多托为游丐，回籍省视，习俗相沿，至今东南沿海一带，犹时见凤阳花鼓沿村卖唱。清赵翼《陔余丛考》卷四一《凤阳丐者》条：

> 江苏诸郡，每岁冬必有凤阳人来，老幼男妇成群逐队，散入村

落间乞食，至明春二三月间始回，其唱歌则曰："家住庐州并凤阳，凤阳原是好地方，自从出了朱皇帝，十年倒有九年荒。"以为被荒而逐食也。然年不荒，亦来行乞如故。《蚓庵琐语》云："明太祖时徙苏、松、杭、嘉、湖富民十四万户以实凤阳，逃归者有禁。是以托丐潜回省墓探亲，遂习以成俗，至今不改。"理或然也。

江南巨室，以次被徙而日零落。其中魁桀豪长则特被宠召，任以中外要职。盖徙之使去乡土，所以弭其蟠结雄长之患，而官之则以科举之制未定，官司需人急，巨室子弟多通文，縻以爵禄，荣以衣冠，又坐收四方豪杰之用也。明祖之权略，大率类是。《明史·太祖本纪》：

> 洪武八年十月丁亥，诏举富民素行端洁达时务者。

所举者名人材亦曰税户人才，吴宽《匏翁家藏集》卷七五《施孝先墓表》：

> 国初科举法未定，诏选富民入官，有初命为方岳牧守者，号曰人材。

其著者如乌程严震直，《匏翁家藏集》卷四十三《尚书严公流芳录》序：

> （震直）公湖之乌程人，世力田，为旧族。洪武初设粮长，郡县推择得公，每岁率先输粮，乡民素感公德，恐逾期累公，无逋负者。时方征富民出仕，号税户人才。上察公朴直勤事，授布政司参议，而留治通政司事，累迁工部尚书。

浦江郑沂兄弟，《明史·郑濂传》：

> 濂受知于太祖，昆弟由是显。濂以赋长诣京师，帝欲官之，以老辞。弟湜，擢为左参议。二十六年，擢濂弟济与王勤为春坊左右庶子。后又征濂弟沂，自白衣擢礼部尚书。濂从子幹官御史，棠官检讨。他得官者复数人。济、棠皆学于宋濂，有文行。

诛之使穷，官之使贵，而犹未能尽销巨室之势力，收魁杰之效用，则以党案株锄之，大肆屠戮，巨室死丧尽，其家产则籍没而收为国用。自洪武十三年后有胡惟庸之狱，李善长之狱，蓝玉之狱，郭桓之狱，空印之狱。

前后十数年，其所诛夷无虑十数万，而东南之巨室无不破家荡产矣。方孝孺《逊志斋集》卷二十二《采苓子郑处士（濂）墓碣》：

> 妄人诬其家与权臣（胡惟庸）通财，时严通财党与之诛，犯者不问实不实，必死而覆其家。当是时，浙东西巨室故家，多以罪倾其宗，而处士家数千指特完，盖忠信之报云。

正学先生与郑济棠同出宋景濂之门，所记自得实，至云"犯者不问实不实，必死而覆其家"，当时之恐怖情形可以想见。抑由此可知明祖兴党狱之用意，不在实不实，而在必死巨室，必覆其家也。吴宽《匏翁家藏集》多为东南巨室作碑碣，其述明初事，有足与史印证者，如卷六十一《先考封儒林郎翰林院修撰府君（融）墓志》：

> 先祖生值元季，逮国初，能晦匿自全……所居城东，遭世多故，邻之死徙者殆尽，荒落不可居。

卷五十七《先世事略》：

> 先祖生元末……生平畏法，不入府县门，每戒家人闭门勿预外事。
> 故历洪武之世，乡人多被谪徙或死于刑，邻里殆空，独能保全无事。

此匏翁记其父祖幸免之事迹也。此外如华亭朱氏以出居免，卷七十四《山西提刑按察司副使朱公墓表》：

> 国初其祖士清为邑乌溪（华亭）大姓赵惠卿赘婿，赵以富豪于一方。士清逆知其家必罹法禁，出居于外以避之。后竟保其家。

吴江莫氏以附尺籍免，卷五十八《莫处士（辕）传》：

> 时莫氏以赀产甲邑中，所与通姻，皆极一时富豪。处士窃忧之，每指同姓棣浑海卫者一人曰是吾族也，人莫测其意。后党祸起，芝翁（浞）与其子侍郎公（礼）相继死于法，余谪戍幽闭，一家无能免者，而处士卒以尝附尺籍免。

无锡华氏以散财免，卷七十三《怡隐处士墓表》：

> 家故多田，富甲邑中。至国初，尽散所积以免祸。

匏翁于《莫处士传》中更畅论三吴巨室所以致罪之由曰：

> 吴自唐以来，号称繁雄。延及五代，钱氏跨有浙东西之地，国俗奢靡，用度不足，则益赋于民，不胜其困。宋兴，钱氏纳土，赖其臣湛其藉于水，更定赋法，休养生息。至于有元，极矣。民既习见故俗，而元政更弛，赋更薄，得以其利自私，服食宫室，僭拟逾制，卒之徒足以资寇兵而已。皇明受命，政令一新，豪民巨室，划削殆尽，盖所以鉴往弊而矫之也。

《贝琼清江集》卷十九《横塘农诗》序二，记巨室尽倾其宗，而秦文刚侥幸独全，其述文刚言曰：

> 三吴巨姓，享农之利而不亲其劳。数年之中，既盈而覆，或死或徙，无一存者。吾以业农独全，岁于贡赋外，则击鲜酿酒，合族人乡党，酌而相劳，荣辱得丧，举不挠吾胸中矣。

前朝所遗之巨室，以徙，以诛夷而略尽，代之而起者则为帝室之皇庄，公侯勋戚宦寺之庄田，大官老吏之轻裘，举人进士乡宦所营之投献田土，一害去，四害增，统治者饱，小民哭。

（原载《云南大学学报》第一期，1938年）